det werden

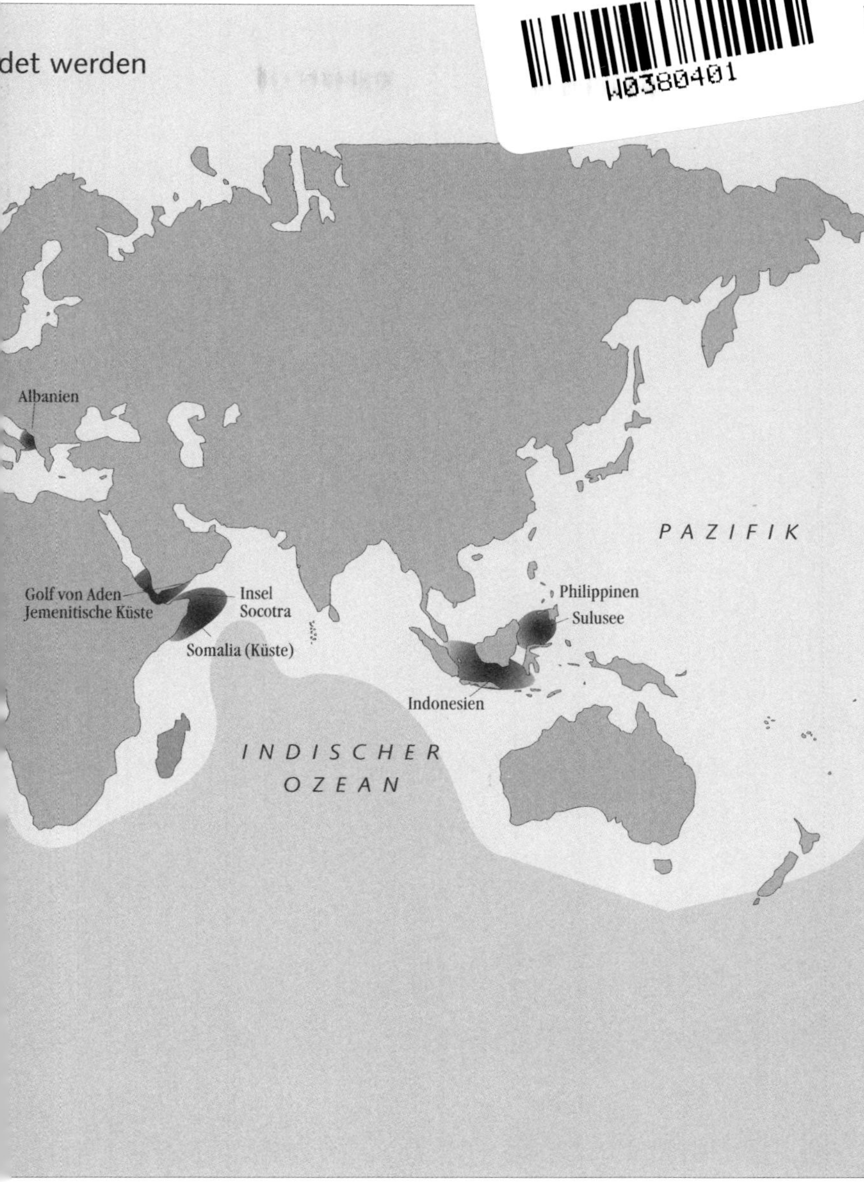
Albanien
Golf von Aden
Jemenitische Küste
Insel
Socotra
Somalia (Küste)
Philippinen
Sulusee
Indonesien
PAZIFIK
INDISCHER
OZEAN

DELIUS KLASING

Klaus Hympendahl

Yacht-Piraterie

Die neue Gefahr

Delius Klasing Verlag

Gewidmet Tim Berner-Lee,

dem Wegbereiter des Internets

\- - -

Die Deutsche Bibliothek – CIP-Einheitsaufnahme

Klaus Hympendahl:
Yacht-Piraterie : die neue Gefahr
\- 1. Aufl. - Bielefeld : Delius Klasing, 2002
ISBN 3-7688-1389-4

1. Auflage
ISBN 3-7688-1389-4

Titelfoto: Hans-Günter Kiesel
Copyright der Fotos: Dargestellte Personen bzw. Schiffseigner, so weit nicht anders gekennzeichnet
Übersetzungen: Klaus Hympendahl
In einem Fall konnten die Rechteinhaber des Originaltextes nicht ermittelt werden. Berechtigte Ansprüche werden selbstverständlich abgegolten.
Schutzumschlaggestaltung:
Buchholz / Hinsch / Hensinger, Hamburg
Druck und Einband: GGP Media, Pößneck
Printed in Germany 2002

Delius Klasing Verlag
Siekerwall 21, D-33602 Bielefeld
Tel. (0521) 559-0, Fax (0521) 559-115
E-mail: info@delius-klasing.de
www.delius-klasing.de

Inhalt

Vorwort von Jimmy Cornell 9

Einleitung 11

Mit diesem Brief fing alles an 29

Beinahe wäre ich für ewig verschwunden 31

Europa 37

Die kühndreiste Attacke auf ein Charterschiff 39

Piraten schnappen auch nach kleinen Yachten 48

Kapverdische Inseln 55

Bobby Schenk: Es war der schlimmste Ankerplatz unseres Lebens 56

Wenn eine Yacht zum Treibgut wird 58

Brasilien 66

Als sie Vögel beobachten wollten, erlebten sie eine böse Überraschung 67

Von Piraten umgeben 73

Piraten erschießen Sir Peter Blake 80

Karibik 89

Sie wurden nie überfallen – waren aber auf Piraten vorbereitet 90

Antillen 96

Auf der Hochzeitsreise überfallen 98

Am selben Ankerplatz der zweite Überfall in einer Woche 109

Piraten an einem der beliebtesten Ankerplätze der Welt 115

Venezuela 123

Brutaler Überfall auf See 125
Schnelle Hilfe durch EPIRB und Amateurfunk 134
Feuergefecht am Ankerplatz 136
Brief einer überfallenen Seglerin 144
Beamte in Räuberzivil als Piraten 145
Zur Situation in Venezuela 155

Kolumbien 156

Der Mann, der auf Piraten spuckte ... 157

Nicaragua / Honduras 165

Terror vor der Moskitoküste 166
Begegnung mit der Augenklappe 177
Für Piraten zählt ein Menschenleben nicht 180

Guatemala 187

Die Situation am Rio Dulce 189
Ein Mann und zwei Kinder gegen drei Piraten 191
Gefährlicher Ankerplatz 203

Amerikanische Pazifikküste 204

Mit durchschnittenem Hals dem Tod überlassen 205
Piraten und Einhandsegler 211
Sein Leben hing am seidenen Faden 212

Ozeanien 225

Südostasien 226

Nächtliche Ankerwachen in Südostasien 228
Kein Hurrikan und keine Piraten konnten sie fangen 229
Die etwas andere Piratengeschichte 238
Wie man mit Angelleinen Piraten fängt 239

Somalia – Horn von Afrika 251

Erst Lebensgefahr – dann Lösegeld 252
Die Piraten erspähten ihr Opfer vom Leuchtturm aus 261
Brief des Skippers Boris Kulpe 271

Jemen – Golf von Aden ---------- 272
Überfall auf eine Nussschale ---------- 273
Gegenwehr rettete ihr Leben ---------- 279
Ausgeraubt, angeschossen und nochmals in Gefahr 286
Segeln im Konvoi ---------- 296

Eritrea ---------- 299
Entführt, verhört, gefangen und nie angeklagt ---- 300

Suezkanal ---------- 309
Unser Fehler: Wir wählten den Suezkanal, segelten nicht um Südafrika ---------- 310

Anhang
Die aktuelle Routenplanung ---------- 317
Manche Piraten überfallen die Segler an Land ---- 318
Piratenüberfälle sind wie Epidemien ---------- 319
Ein Blick zu den Berufsschiffen ---------- 320
Waffen an Bord – eine gute und eine schlechte Idee 322
Über ganz andere Waffen ---------- 330
Notrufe über Funk ---------- 334
Psychologische Abwehrmaßnahmen ---------- 339
Achtung vor fremden Schiffen ---------- 342
Eine aktuelle Strategie: der Konvoi ---------- 343
Der Abwehrplan ---------- 343
Ist die Fahrtensegelei durch Piraten gefährdet? --- 344
Nützliche Adressen ---------- 344
Danksagung ---------- 347

Vorwort

Durch einen merkwürdigen Zufall schreibe ich diese Zeilen an fast derselben Stelle, an der sich vor einigen Jahren einer der schrecklichsten Überfälle auf eine Yacht ereignet hat: AVENTURA III ankert vor der Insel Barbuda in der östlichen Karibik, wo vor einigen Jahren Eindringlinge auf der Yacht COMPUCENTRE vier Menschen ermordet haben. Man hat die Täter gefangen genommen und verurteilt.

Im Zusammenhang mit diesem Überfall erhitzten sich die Gemüter der Fahrtensegler. Obwohl es in diesem Teil der Welt auch früher ab und zu Überfälle gegeben hatte, war dieser doch der Erste mit tödlichem Ausgang. Die Kernfrage in dieser Debatte lautete: War es ein Piratenfall oder ein bewaffneter Raub? Genau das ist das Thema von Klaus Hympendahl. Seine gründliche Recherche analysiert einige der bekanntesten Überfälle der letzten Jahre und zeichnet ein nicht ganz rosiges Bild der derzeitigen Segelszene.

Vor noch gar nicht langer Zeit galt die Hauptsorge von Fahrtenseglern vor Beginn einer großen Reise dem Wetter. Aus diesem Grund führten die meisten Atlantikreisen oder Weltumseglungen in tropische Zonen, hierbei mied man die Saison tropischer Stürme. Es gab nur wenige Gebiete mit Piratentätigkeit (die Sulu-See, die kolumbianische Küste sowie die berüchtigte Insel Socotra), die man umsegelte. So weit ich mich erinnere, habe ich niemals von einem Segler gehört, der aus Sorge um seine persönliche Sicherheit nicht auf große Fahrt gegangen wäre. Jedenfalls hat sich in den letzten Jahren hier radikal etwas geändert. Nach einer umfangreichen Untersuchung unter Fahrtenseglern im Jahr 2001 kann ich feststellen, dass die

Bedrohung der persönlichen Sicherheit heutzutage als das größte Risiko angesehen wird. Aber: Obwohl es keinen Zweifel gibt, dass die Situation sich in den letzten Jahren verschlechtert hat, sollte man doch die Dinge in der richtigen Perspektive sehen. So erschreckend und verwerflich die Vorfälle auch sein mögen, so wage ich zu vermuten, dass es mindestens genau so viele gewalttätige Überfälle und sogar Morde in bekannten Touristenorten an Land gibt. Und dennoch zieht kaum jemand ernsthaft in Betracht, nicht nach Los Angeles, Südafrika, Ägypten oder nach Moskau zu reisen. Deshalb halte ich für den wertvollsten Teil des Buches die Schlussfolgerungen, die aus den Vorfällen gezogen werden, die Lektionen, die man von denjenigen lernen kann, die überfallen wurden.

Jimmy Cornell in der Antarktis.

Man erhält viele Ratschläge über das Verhalten nach dem »gesunden Menschenverstand«. Ich bin froh sagen zu können, dass viele Überfälle mit Voraussicht und einer guten Portion Vorsicht hätten vermieden werden können. Es ist das größte Verdienst dieses exzellenten Buches, dass es zeigt, wie man den meisten gefährlichen Situationen aus dem Weg gehen kann. Und es zeigt auch, dass durch einfache Vorsichtsmaßnahmen das Segeln auf den Meeren genauso sicher sein kann wie das Leben an Land – wenn nicht sogar sicherer.

Jimmy Cornell
AVENTURA III,
Barbuda, 2. Januar 2002

Einleitung

Die Geschichte der Weltumseglung mit Yachten fängt mit einer Piratengeschichte an. Joshua Slocum, der erste Einhandweltumsegler, erzählt in seinem bemerkenswerten Buch ›Sailing Alone Around the World‹, wie die Indianer Feuerlands nachts auf seiner Segelyacht SPRAY heimlich auftauchten. Zu seinem Schutz hatte er Reißnägel auf Deck verteilt, sodass sich die barfüßigen »Piraten« ihre Füße verletzten und von weiteren Diebeszügen absahen. Das war im Jahr 1895. Es ist höchst erstaunlich, dass in all den Jahren hunderte von Büchern über Segelreisen veröffentlicht wurden, in denen kaum etwas über Piraten stand. Offensichtlich war das kein Thema. Aber leider, wie wir sehen werden, hat sich in den letzten Jahren einiges auf diesem Gebiet negativ verändert.

Während meiner Weltumseglung (1986–1991) ist mir kein einziger Fall von Piraterie auf Yachten begegnet. Auch über die weltweit operierenden Amateurfunknetze oder die berühmte »Kokosnusstelegrafie«, die Gerüchteküche der Blauwassersegler, ist mir in diesen fünf Jahren kein Akt von Piraterie zu Ohren gekommen. Wo immer wir ankerten, ließen wir die Luken und die Niedergangstür offen. Ja, wir hatten ein starkes Gefühl: Uns passiert nichts, wir werden nicht krank, niemand wird uns überfallen. Und so war es denn auch.

Bei meiner Rückkehr konfrontierten mich Freunde und Bekannte erstmals mit dem Begriff Piraterie. Denn die zwei meistgestellten Fragen lauteten: Hattet ihr Waffen an Bord? Hattet ihr denn gar keine Angst vor Piraten? Beide Fragen zeigten mir, wie unsere Medien Furcht und Ängste verbreiten. Wie ganz anders hatten doch die Fragen der Bewohner abseits gelegener Inseln im Pazifik oder in Asien gelautet. Wie viele Kinder habt ihr? Könnt ihr ein Lied aus eurer Heimat für uns singen?

Einige Jahre lang hatte ich die felsenfeste Überzeugung, Piraten gibt es nicht mehr auf See – die sind jetzt alle an Land. Als in der größten deutschen Segelzeitschrift *Yacht* 1996 ein mehrseitiger Bericht über Piraten erschien, wollte ich einen Leserbrief schreiben. Im Sinne, das sei doch übertrieben, an den Haaren herbeigezogen, hier ginge es um Angstmacherei. Es war gut, dass ich diesen bereits geschriebenen Brief nicht abgeschickt habe.

Als ich zum ersten Mal mit Piraten etwas zu tun hatte, war es eigentlich zum Lachen. Unsere Weltumseglung hatte unfreiwillig in der Kemer Marina in der Türkei geendet. Auf den Malediven war unser Motor kaputt gegangen. Erst in Larnaca, Zypern, wurde er repariert. Auf dem Weg nach Malta versagte er wieder und einen Tag später brach bei Sturm das Vorstag. Wir machten ein Hilfsrigg, langsam ging es dem nächsten Land entgegen: die Türkei, die Kemer Marina.

Während wir auf das Ende der Reparaturen warteten, plante die Touristenstadt Kemer einen Karnevalsumzug. Jedes der großen Hotels bekam ein Thema. Der Marina gab man das Motto *Piraten* – wie trefflich. Der Leiter der Marina bat mich, ihn bei den Vorbereitungen zu unterstützen. Also mobilisierten wir alle Segler. *Sailors have more fun*, heißt es, und so fiel es nicht schwer, uns als Piraten zu verkleiden. Schwieriger war es für mich, den türkischen Arbeitern und Angestellten das Lied beizubringen *What shall we do with the drunken sailor*. Doch irgendwann konnten alle die drei Strophen auswendig. Auch sie verkleideten sich aufs Prächtigste als Piraten, Erkennungszeichen: schwarze Augenklappe. Wir bildeten unseren Zug, wirbelten mit Holzsäbeln und wiederholten stundenlang in der heißen Julisonne die einstudierten Strophen. Das Ergebnis: Die Piraten der Marina Kemer gewannen den ersten Preis für die beste Vorstellung. Ich erzähle das so ausführlich, weil der Begriff Piraterie bei mir jahrelang positiv besetzt war. Oder anders ausgedrückt: Für mich gab es bis vor kurzem keine Piraten, die Yachten überfallen.

Nur ganz langsam wich diese Überzeugung. Das geschah fast im Unterbewussten und war das Resultat einer zunehmenden Zahl von Berichten über Piraten in der internationalen Presse und von Erzählungen mir persönlich bekannter Segler. So richtig realisiert habe ich erst Anfang des Jahres 2001, dass Überfälle auf Yachten häufiger werden. Damals segelte ich für zwei Monate zwischen Trinidad und Antigua und hörte von zunehmenden Überfällen im benachbarten Venezuela. Im *Caribbean Compass* und in der Zeitschrift *Boca* las ich von weiteren Überfällen. Zurück in Deutschland erhielt ich von Freunden auf der Yacht PUSTEBLUME eine E-Mail über zwei Piratenüberfälle – mit der Aufforderung, das wäre doch ein wichtiger Stoff für ein Buch.

Ich verstand den Tipp, las sogleich in Heften des deutschen Trans Ocean Vereins (TO), in Bulletins der Seven Seas Cruising Association (SSCA), in internationalen Segelmagazinen, surfte durch die einschlägigen Websites und hatte schnell zwei Dutzend Überfälle aus den letzten Jahren registriert. Was ich anfänglich nicht für möglich hielt, wurde in kürzester Zeit zu einer bitterbösen Realität. Ich musste die Rückkehr der Piraten feststellen. Und ich erfuhr, dass es – in bestimmten Segelrevieren – um Leben und um Tod geht. *Tempora mutantur* ... die Zeiten ändern sich. Vielleicht musste jemand wie ich, der das Problem der Piraterie lange nicht wahrhaben wollte, der Erste sein, der diese Schattenseiten des Fahrtensegelns aufzeigt. Erst jetzt, nachdem das Buch fertig gestellt ist, weiß ich, dass es höchste Zeit war, darüber der Öffentlichkeit zu berichten.

Wer sind Piraten? Ein Pirat ist jemand, der auf See plündert und raubt. Nach einem Gesetz, das Heinrich VIII., König von England, erlassen hatte, galten jedoch nicht nur räuberische Überfälle auf hoher See als Piratenakte, sondern auch alle Verbrechen, Diebstähle und Morde, die in einem Hafen, einer Bucht, auf einem Fluss und überall dort verübt wurden, wo die Admiralitätsgerichte zuständig waren.

Das Lexikon (Brockhaus) definiert Piraterie wie folgt: »Seeräuberei, auf hoher See durch die Besatzung oder die Fahrgäste eines privaten Schiffes ... gegen ein anderes Schiff begangene rechtswidrige Gewalttaten, Freiheitsberaubungen oder Plünderungen. Die an der Piraterie Beteiligten dürfen von jedem Staat auf hoher See verfolgt und bestraft werden.«

Was bedeutet hohe See?

Nach der UNCLOS (United Nations Convention on the Law of the Sea) beginnt die hohe See außerhalb der 30-Seemeilen-Zone. So gesehen, hätten wir es mit wenigen Piratenüberfällen auf Yachten zu tun, da fast 99 Prozent in Küstennähe oder vor Anker liegend geschehen. Um jedoch alle Überfälle zu registrieren, egal wo sie passiert sind, spricht das ICC International Maritime Bureau in seinen jährlichen Reporten auch von *piracy and armed robbery against ships* (das schließt Berufsschifffahrt und Yachten ein) – also von »Piraterie und bewaffneten Raubüberfällen auf Schiffe« – und macht in seinen Berichten keinen Unterschied, wo sich das Schiff zur Zeit des Überfalls befand: ob am Kai, vor Anker oder auf hoher See.

Diesem Vorgehen schließe ich mich an. Denn der Segler, der seine Reise plant, will die Gefahren in dem Revier kennen, egal ob es auf hoher See liegt oder nicht. Es werden weltweit keine genauen Statistiken über Yachtpiraterie geführt. Anders als bei der Berufsschifffahrt gibt es keine Organisation, die hierfür zuständig ist. Durch die massive Zunahme von Piratenüberfällen in der Handelsmarine hat das IMB (International Maritime Bureau), Barking, Großbritannien, mit der ICC (International

Chamber of Commerce) in Kuala Lumpur, Malaysia, die Koordination übernommen. Vor kurzem hat die ISAF (International Sailing Federation) eine freiwillige Registrierung überfallener Yachten eingeführt, die jedoch keinen repräsentativen Rückschluss erlaubt.

In diesem Buch geht es ausschließlich um Überfälle auf Yachten, nicht auf Berufsschiffe. Eines der ersten Resultate meiner Recherchen hat deutlich gemacht, dass sich Piratenüberfälle auf Berufsschiffe wesentlich von denen auf Yachten unterscheiden. Piraten, die es auf Schiffe der Handelsmarine absehen, sind in Banden organisiert. Sie haben Anführer, sind paramilitärisch ausgebildet, wie moderne Soldaten bewaffnet, oft weitflächig organisiert. Sie haben ihre Mittelsmänner meist auch in Schiffsagenturen großer Häfen platziert. Oft arbeiten sie mit bestochenen Beamten zusammen. Auf diese Weise erfahren sie genau, welche Ware auf welchem Schiff in welchem Container geladen ist. Diese Banden haben eine mafiaähnliche Struktur und gehen besonders im asiatischen Raum sehr brutal vor. Ihre Motivation ist Gier.

Bei den von mir registrierten Yachtüberfällen fehlen diese Strukturen. Hier sind fast nur die organisierten Clans in Somalia eine Ausnahme. Piraten, die Yachten überfallen, sind meist Einzelgänger, oft Fischer oder kleine Räuberbanden von der Küstenregion, die sich eher zufällig zusammenfinden, um einen Raub auszuführen. Ihre Motivation sind die Not, die Armut, die Verzweiflung.

Die Gebiete, in denen Yachten häufig überfallen werden, unterscheiden sich von den Regionen, in denen Piraten Jagd auf die Großschifffahrt machen. Die gefährlichsten Gebiete für Großschiffe sind die Straße von Malakka, das Südchinesische Meer, der Indische Ozean, die Küsten Somalias und Ostafrikas, Teile der Westküste Afrikas, Teile Südamerikas. Piratenüberfälle auf Yachten konnte ich registrieren im Küstengebiet von Somalia, Golf von Aden, in der Straße Bab-el-Mandeb, in Indonesien, Venezuela,

Guatemala, Nicaragua, Honduras, Brasilien und den Kapverden. Bis auf das Küstengebiet von Somalia, Brasilien sowie Indonesien gibt es demnach kaum Überschneidungsregionen zwischen Überfällen auf Berufsschiffe und auf Yachten.

Auf Yachten bezogen gibt es drei unterschiedliche Gruppen von Piraten.

Da sind zum einen die Clanführer in Somalia, die fest organisierte Banden aufs Meer schicken, um Yachten und Großschiffe zu überfallen. Diese Männer sind paramilitärisch ausgebildet, mit automatischen Gewehren bewaffnet. In den Gebieten des angrenzenden Jemen sowie in Indonesien handelt es sich um Fischer, die traditionell Waffen tragen und immer wieder zu Raubzügen aufs Meer fahren, um sich an Yachten und deren Crews zu bereichern. In beiden Ländern zählt Piraterie seit Jahrtausenden zum traditionellen Broterwerb. Übrigens stammt das erste Handbuch über Reisen von Suez nach Ostafrika (›Periplus der eritreischen See‹) mit Hinweisen auf Piraten aus dem ersten Jahrhundert v. Chr.

Anders ist die Situation in den erwähnten Ländern Mittel- und Südamerikas. Hier hat Piraterie keine Tradition unter der Küstenbevölkerung. Natürlich gab es die historisch bekannten Piraten wie Captain Morgan und Captain Kidd, aber die kamen aus Europa. Piraterie der Einheimischen gibt es in diesem Ausmaß erst seit wenigen Jahren. Es hat ein Prozess stattgefunden, der manche Küstenbewohner erst neuerdings zu Piraten werden ließ.

Was ist vorgefallen?

Ich will das an einem Beispiel erklären: In den Buchten, in denen ich vor 15 Jahren mit meiner Yacht AFRICAN QUEEN allein geankert habe, liegen heute gleichzeitig 10 bis 30 Yachten, beispielsweise in einer Bucht einer der Grenadine-Inseln in der südlichen Karibik. Ich habe sie mehrfach besucht und konnte so feststellen, wie rapide im Laufe der Zeit die Zahl der Yachten zugenommen hat. Ich sehe folgendes Bild vor mir: Ein Fischer saß vor 15

Jahren vor seiner Hütte und betrachtete mit Neugierde eine einzige Yacht in seiner Bucht. Skipper und Fischer kamen sich näher, man erzählte seine Geschichten, lud sich gegenseitig ein, der eine schenkte einen Fisch, der andere ein T-Shirt, man aß und trank zusammen, mal an Land, mal an Bord, und mit einem Lächeln verabschiedete man sich.

Heute sieht für den Fischer die Welt ganz anders aus. Von Jahr zu Jahr sieht er mehr Yachten in seiner Bucht. Diese sind viel größer geworden und haben einen Luxus an Bord, den er sich nicht einmal ausmalen kann. Der Fischer hat auch keinen Kontakt mehr mit diesen Seglern auf den vielen luxuriösen Yachten. Inzwischen hat er ganz andere Probleme. Seine Bucht ist leer gefischt. Zu Hause wartet eine große Familie, denn viele Kinder zu haben ist in Mittel- und Südamerika fast ein Statussymbol. Diese Kinder brauchen eine Schulausbildung, aber dafür ist kein Geld vorhanden. Geld gibt es für den Fischer kaum zu verdienen; nicht in seiner Bucht, nicht im nächsten Ort, auch nicht in der gesamten Provinz. Naturkatastrophen wie Erdbeben oder Hurrikane (Nicaragua, Honduras), sozialer Notstand durch korrupte Regierungen (Guatemala, Venezuela), Verarmung der Landbevölkerung (Brasilien) haben eine große Not gebracht. Hier hat sich eine Gewaltbereitschaft in der Bevölkerung entwickelt. Anders ausgedrückt: Grundsätzlich spiegelt sich die herrschende Kriminalitätsrate der jeweiligen Region zu Lande auch auf den angrenzenden Gewässern wider.

In einem der gefährlichsten Piratengebiete, am Rio Dulce in Guatemala, hat nur jeder zehnte Mann Arbeit. Und diese Wenigen schuften für ein Taschengeld. Ein Mann wie besagter Fischer ist über seine Aussichten verzweifelt. Wenn zu dieser Verzweiflung noch eine gewisse kriminelle Energie kommt, dann kann aus einem ordentlichen Küstenbewohner ein Pirat werden. Besonders dann, wenn die Gesetzgebung lasch ist oder gar gesetzlose Zustände herrschen. (Der Grenzgebietstreit zwischen Nicaragua und Honduras wird am Internationalen Gerichtshof in Den Haag verhandelt. Ein neuer Streit ist unter anderem um die Insel San Andrés zwischen Kolumbien und Nicaragua entstanden.) Das soll keine Entschuldigung sein, vielmehr der Versuch einer Erklärung für den Hintergrund seines Handelns. Ein von Piraten Überfallener erklärte in seinem Schreiben an mich das soziale Gefälle zwischen armem Fischer und reichen Yachteignern mit der Frage: »Weshalb gibt es in Dänemark keine Piraten?«

Hinzu kommt heutzutage ein weiterer Faktor: Drogen. Über einige der geschilderten Angriffe berichten die Opfer, dass die Täter während des Überfalls Drogen genommen beziehungsweise offensichtlich unter Drogeneinfluss gestanden hätten. So plädieren auch die Verteidiger der Mörder von Sir Peter Blake, dass der Todesschütze vor der Tat Drogen genommen habe.

Eine weitere Erklärung über das Anwachsen der Piraterie liegt in der großen Zahl der Yachten vor Ort begründet. Mit dem Aufkommen der vereinfachten Navigation durch GPS-Geräte erlebte die internationale Yachtszene einen unvergleichlichen Boom. Aus den reichen Industriestaaten wagten sich tausende von best ausgestatteten Yachten auf die Weltmeere. Vielleicht heißt ein Teil der Formel: wenige Yachten – wenige Piraten; viele Yachten – zunehmend mehr Piraten.

In der Karibik sind in der Hochsaison zirka 10 000 Yachten mit durchschnittlich zwei bis drei Personen an Bord unterwegs (einschließlich Charteryachten). Das entspricht einer Kleinstadt mit 30 000 Einwohnern. Die Besonderheit dieser Kleinstadt: Es sind wohlhabende Menschen (im Vergleich zur durchschnittlichen Bevölkerung der Karibikstaaten), einige Millionäre, die sich nicht einmal, wie an Land üblich, durch Zäune, Mauern, Alarmanlagen und Sicherheitsschlösser schützen können. Es gibt auch keine Polizei, die innerhalb von wenigen Minuten kommt. Diese privilegierten Menschen leben in der Umgebung von meist armen Einheimischen. Das heißt, dass quasi 30 000 wohl situierte bis reiche Menschen sich völlig ungeschützt in diesem weiten Raum der Karibik aufhalten. Verglichen mit der Kriminalstatistik einer mittleren Kleinstadt ist die Zahl der hier registrierten Yachtüberfälle gering!

Anders als vor Jahren sind die Wege der Kommunikation heute sehr kurz. Jeder kleinste Vorfall wird über Funk und Telefon schnell bekannt und öffentlich. Ich habe nie davon gehört, dass irgendwo auf den weiten Meeren eine Yacht von Piraten gekapert wurde. Nicht im Pazifik, nicht im Nord- und Südatlantik, nicht im Indischen Ozean. Meist geschah der Angriff an Ankerplätzen, selten in Küstennähe. Die Ausnahme bilden überfallene Yachten vor der Küste Jemens, Somalias und zwischen indonesischen Inseln. Hier empfiehlt zum Beispiel das Handbuch für Somalia, man solle sich 100 sm von der Küste fernhalten.

So wie es keine zuverlässigen Daten über die Anzahl von Fahrtenseglern gibt, die über die Meere ziehen, so gibt es auch keine genauen Zahlen in Bezug auf die überfallenen Yachten. Ich habe aus den Jahren 1996 bis 2002 von zirka 100 betroffenen Yachten mit Namen und Überfallgebiet erfahren. Aus dieser Recherche weiß ich, dass viele Eigner und Crews ein Trauma seit dem Überfall haben und keine Einzelheiten preisgeben wollen. Andere halten jede Meldung für zwecklos, weil sie in die Behörden der jeweiligen Länder kein Vertrauen haben oder nicht versichert sind. Deshalb gibt es beträchtliche Dunkelziffern. Schließlich gibt es auch jedes Jahr einige Yachten, die spurlos verschwinden – von denen nie jemand erfahren wird, ob sie im Sturm verschollen sind oder nach einem Überfall versenkt wurden. Unter diesen Umständen gehe ich von einer Schätzung von zirka 200 Piratenüberfällen in den letzten sechs Jahren aus.

Wie viele Fahrtenyachten aus aller Herren Länder, die durch die Sieben Meere kreuzen, mag es geben? Die meisten deutschen Fahrtensegler sind Mitglied im Trans Ocean Verein. Die neuesten Zahlen aus dem Jahr 2001 sagen, dass 462 Segelyachten in der Karibik, in Nord- und Südamerika unterwegs sind, zuzüglich 208 Yachten, die sich auf einer Weltumseglung befinden. Macht 670 Yachten. Nimmt man noch die nicht im TO organisierten deutschen Yachten hinzu, dann kommt man auf zirka 800 Yachten unter deutscher Flagge, die über die Weltmeere segeln.

Deutschland hat einen Bevölkerungsanteil von zirka einem Fünftel Westeuropas, das ergibt hochgerechnet ungefähr 4000 europäische Yachten. Hinzu kommen noch die Yachten aus den Vereinigten Staaten, aus Kanada, Australien, Neuseeland und anderen weniger stark vertretenen Segelnationen. So komme ich auf eine Zahl von zirka 7000 Segelyachten, die die Weltmeere bereisen. Zirka 200 Yachten wurden in den letzten sechs Jahren überfallen, macht im Jahr zirka 33 Yachten. Wenn zirka 7000 Fahrtenyachten weltweit segeln und zirka 33 Yachten pro Jahr überfallen werden, dann bedeutet das, dass etwa 0,5 Prozent aller Yachten von Piraten überfallen werden – das heißt, jede zweihundertste Blauwasseryacht ist gefährdet.

Wie fragwürdig diese Statistik jedoch ist, zeigt das Beispiel einer Fahrtenyacht, deren Skipper beschließt, keines der in diesem Buch erwähnten gefährlichen Gebiete anzusteuern. Dann ist die Gefahr, Piraten zu begegnen, gleich null, vorausgesetzt, er segelt bei einer Weltumseglung von Ost nach West durch den Indischen Ozean, am Kap der Guten Hoffnung vorbei in den Atlantik.

Dieses Buch soll helfen, Piratenüberfällen durch kluge Voraussicht aus dem Weg zu gehen. Das Buch soll keine Anhäufung von Horrorberichten sein. Vielmehr gibt es die Möglichkeit, durch die Erfahrung anderer zu lernen. Wenn man aus den beschriebenen Beispielen Gefahren mindernde Schlüsse ziehen kann, dann hat das Buch seinen Zweck erfüllt. Deshalb habe ich auch die veröffentlichten Artikel daran gemessen, ob sie ein neues, noch nicht erwähntes Spektrum aufzeigen.

Es gibt brutale Überfälle mit Toten, aber auch Fälle, in denen nichts geraubt wurde und keine Menschen zu Schaden kamen. Manche Segler hatten einen Fast-Überfall oder eine zweifelhafte Piratenbegegnung. Dennoch habe ich auch diese veröffentlicht. Wichtig erscheint mir, in die Psyche anderer Menschen zu schauen – zweitrangig, was ihnen angetan wurde. Relevant ist: Wie stellt man sich als Segler auf einen möglichen Überfall ein, wie verhält man sich in der Not?

Ich selber wurde vor Sri Lanka von einem rostenden, schwarzen, qualmenden Dampfer verfolgt. Er war nur eine gewisse Zeit auf gleichem Kurs hinter uns. Aber ich weiß, welche Gedanken einem dann durch den Kopf schießen, wie man sofort an das Schlimmste denkt. Im Nu wird aus einem friedlichen Segler ein Gejagter. Was kann ich als Skipper für unsere Sicherheit tun, fragte ich mich. Wie kann ich fliehen? Wen kann ich benachrichtigen? Wie kann ich mich wehren? Was muss ich verstecken?

Von großer Bedeutung erschien mir die Authentizität der einzelnen Berichte. Alle Informationen beruhen deshalb auf persönlichen Aussagen der Überfallenen. Mit jedem Überfallenen oder Beteiligten hatte ich direkt Kontakt. Es wurden keine Berichte anderer Medien abgeschrieben oder inhaltlich übernommen. Nur in einem Ausnahmefall, der gekennzeichnet ist, habe ich mich auf seriöse Berichte aus der Presse stützen müssen.

Für ein Buch wie dieses hätte vor einigen Jahren nur unter größten Schwierigkeiten recherchiert werden können – falls überhaupt. Mit Hilfe der klassischen Briefkorrespondenz wäre es bei den wandernden Yachten mit ihren wechselnden Adressen niemals möglich gewesen. Hier waren E-Mails und das Internet notwendig. Auf vielen Yachten gehört ein E-Mail-Anschluss inzwischen zur

Standardausrüstung. Und wer keinen hat, geht im Hafen ins nächste Internet Café und schreibt dort seine Post. In Dankbarkeit widme ich das Buch deshalb dem Engländer Tim Berner-Lee, dem viel zu jung verstorbenen Entwickler des Internets. Denn ohne seine Pioniertat hätte ich dieses Buch nicht schreiben können.

Rückblickend kann ich sagen, dass ich mich parallel zum Schreiben an diesem Buch zum Privatdetektiv ausgebildet habe. Mehr als die Hälfte meiner Zeit ist auf die Recherche nach den Adressen und Aufenthaltsorten der Überfallenen gefallen. Irgendwo liest man von einem Überfall auf eine Yacht im Gebiet des Rio Dulce, in Guatemala. Über Zwischenmänner (Segler) blieb ich auf der Fährte. Ehe ich das überfallene Seglerehepaar erreichte, waren sie um die halbe Welt gesegelt. In diesem Fall kam ihre Antwort aus Neuseeland.

Oder: Bei meinen Recherchen bin ich auf eine französische Yacht gestoßen, auf der bei der Ankunft in Aden ein junger englischer Mitsegler fehlte. Je mehr ich nachforschte, desto mysteriöser wurde der Fall. Bis nach Neuseeland recherchierte ich, um vom Vater zu erfahren, dass er vermute, sein Sohn sei nicht, wie vom Skipper angegeben, von somalischen Piraten, sondern auf der Yacht ermordet worden. Über diesen Fall unterhielten sich sogar die Außenminister Englands und Frankreichs.

Niederschmetternd war auch das Ergebnis meiner Recherche im Fall des Kanadiers Leo Reichnamis auf seiner Yacht BALTIC HERITAGE, der in Venezuela überfallen worden sein sollte. Ich fand schließlich heraus, dass er nie wieder aufgetaucht ist. Es gab zu dieser Zeit keine Schwerwettermeldungen. Reichnamis befand sich am Ende seiner Weltumseglung. Es ist zu vermuten, dass ihn venezolanische Piraten überfallen und getötet haben.

Ich habe bewusst auf eine mögliche Einteilung der verschiedenen Piratenüberfälle verzichtet, etwa nach dem Muster: eingebildete Piratenüberfälle, leichte Piratenüberfälle (Diebstähle etc.) und schwere Piratenüberfälle (Verletzte, Tote). Im Gegenteil, ich mische sie alle durcheinander. Was der Leser als einen leichten Überfall bewertet, bedeutete für die Crew oft eine furchtbare Marter. Die Frage ist doch: Muss es erst zu Toten kommen, ehe es ein Piratenfall ist, oder genügt nicht schon die Bedrohung?

Ich weiß natürlich, dass einzelne Vorkommnisse fragwürdig sein können, weiß, dass ich mich bewusst in die Abhängigkeit der Überfallenen begebe. Aber das nehme ich in Kauf. Gewiss wird mancher Segler in der Erinnerung übertreiben, vielleicht entstehen auch neue Helden auf dem Papier. Andererseits neigen auch viele dazu, den Vorfall herunterzuspielen. Ich glaube, jeder vernünftige Mensch weiß, dass es Grenzfälle der Wahrnehmung gibt. Hat man einen aufdringlichen Fischer vor sich oder einen potenziellen Räuber? Hat das Schiff achteraus zufällig denselben Zielhafen oder ist es ein Verfolger? Hat das Boot ein falsches Manöver gemacht oder will es rammen? War das nun ein Küstenwachboot, dessen Besatzung Bakschisch wollte oder einen Überfall plante?

Zum Procedere: Jeder Beteiligte hat einen standardisierten Fragebogen zugeschickt bekommen. So folgen alle Schilderungen dem gleichen Aufbau. Das ermöglicht es dem Leser, die Artikel zu vergleichen. Er kann seine individuelle Auswertung vornehmen, muss also nicht der des Autors folgen.

Es gibt aber auch Gründe für Überfälle, die bei uns Seglern selber liegen. Fehlverhalten kann eine psychologische Stimmung aufheizen, die Angriffe provoziert.

Jacqueline Fehle aus der Schweiz: »Zu meinem Aufenthalt an Bord muss ich noch einen für mich jedenfalls wichtigen Punkt hinzufügen. Auf der einen Insel sind wir an Land gegangen. Der Skipper hatte kein T-Shirt an. Wir gingen dann kurzentschlossen in ein Strandrestaurant, wo drei Generationen in der Küche und im Restaurant, die Frauen zum Teil verschleiert, tätig waren. Der Skipper wurde recht unfreundlich bedient, man putzte den Tisch nur vor uns, nicht vor ihm, etc. Die Yacht lag zirka 100 m vor der Moschee vor Anker. Meine Freundin duschte oben ohne, ohne sich hierzu wenigstens hinter den Besanmast zu stellen. Ich sprach sie einmal darauf an, dass ich zwar meine Lebensweise anderen nicht aufzwingen möchte, es mir jedoch peinlich sei, wenn als Gast in einem Land mit einer anderen Kultur und Religion nicht gewisse Regeln eingehalten werden. Die Antwort war unmöglich, nach dem Motto: Ich finde die Sitten in den moslemischen Ländern übertrieben und werde mich nicht verschleiern, da sie ihren Schleier ja auch bei uns tragen. Da lohnte es sich nicht, noch auf die Warnungen bezüglich des Verhaltens der Yachties und zum Thema Piraterie im ›Cruising Guide‹ von Davies & Morgan hinzuweisen, den ich ihnen mitgebracht hatte.«

Die holländischen Weltumsegler Jimmy und Tineke Lengkeek, SY GABBER: »Auch bei anderen Passagen durch gefährliche Gebiete hatten wir im Konvoi keine Probleme. Aber man sollte schon ein wenig intelligent sein. Bei all den Fällen, von denen wir hörten, sie seien überfallen worden, handelte es sich um Yachten, die allein segelten oder allein in Buchten, zum Beispiel Venezuelas, ankerten. Man hört dann von Frauen, die, nur von einem Bikini bedeckt, einsam an fremden Stränden wandern. Menschen, die so leichtsinnig handeln, können selbst im Westen ausgeraubt und misshandelt werden.«

Weltumsegler Holger Strauss, SY GOLEM: »[...] Am nächsten Morgen treffen wir unseren amerikanischen Freund. ›Stellt euch vor, mir haben sie den Motor geklaut, gestern Nacht, hier auf dem Strand‹, erzählt er ganz aufgebracht. ›Der war doch angeschlossen‹, sage ich. ›Ja‹, antwortet er, ›aber sieh mal, dort sind die Reste meines Schlauchboots. Die haben mit Macheten das ganze Boot zerhackt, haben den Spiegel rausgetrennt und den Motor mit Spiegel abtransportiert. Im Dorf soll es einen Polizeiposten geben, da gehe ich jetzt hin.‹

Wir sind interessiert und gehen mit ihm.

Zwei Polizisten hören sich den Vortrag des Amerikaners aufmerksam an. ›Das tut uns wirklich sehr Leid‹, sagt der etwas Ältere, ›so was hat es hier noch nie gegeben.‹ ›Wir werden das regeln, den Motor finden wir wieder‹, beteuert der Jüngere und fängt an zu telefonieren. Der Superintendent selbst nimmt die Sache in die Hand, sagt, als er den Hörer auflegt: ›Unsere Kollegen wissen ziemlich genau, wer hier auf der Insel so was gemacht haben kann. Dort werden wir sicher Ihren Motor finden.‹

›Ich glaube, das hat keinen Zweck‹, antwortet der Amerikaner. ›Ich glaube auch nicht, dass Sie den Motor finden. Solche Sachen verschwinden doch spurlos und tauchen erst nach langer Zeit wieder auf, da bin ich längst weg. Am besten ist es, Sie schreiben mir jetzt ein Protokoll über den Diebstahl und die Zerstörung des Bootes. Und machen Sie ordentlich viele Stempel drauf.‹ Der Amerikaner dreht sich zu uns, grinst uns an und fährt fort, sodass es auch die beiden Beamten hören: ›Ich bin doch gut versichert, neu für alt, und wenn ich das einreiche, wird mir der Schaden ersetzt. Da bekomme ich sogar einen besseren Motor und auch ein neues Dingi.‹

Christa und ich schauen uns verwundert an. Yachties machen sogar noch Profit bei einem Diebstahl? Wenn sich so etwas bei der Bevölkerung rumspricht – und das geht schnell –, ist es doch kein Wunder, dass das Rechtsbewusstsein sinkt, Diebstähle sich häufen, ein Nährboden für Piraten entsteht.«

Der seit vielen Jahren in der Karibik segelnde Schweizer Hugo Bangerter, SY MATAHARI: »[...] Wenn ich bei solchen Vorfällen etwas hartnäckig nachforsche, sind fast alle Fälle sehr ähnlich. Einige Yachties lassen sich mit billigen *locals* [Einheimischen, der Autor] ein, um an Stoff zu kommen. Meistens bleiben diese mehrere Tage oder Wochen in einer Bucht und lassen die Einheimischen an Bord. Die Folgen sind auch sehr oft dieselben. [...]«

Die Recherchen haben gezeigt, dass in den betroffenen Gebieten Behörden kaum an der Aufklärung von Piratenfällen interessiert sind. Hafenmeister, Immigration, Zoll, Polizei, die Justizbehörden helfen in den seltensten Fällen. Einer der Segler berichtet von der venezolanischen Küstenwache, die einen Überfall auf eine Fahrtenyacht provoziert hat, um offensichtlich ihr Einkommen aufzubessern. Die Bestechlichkeit vieler Behörden ist bekannt, aber aus der Marine-Uniform in Räuberzivil zu wechseln und dann Pirat zu »spielen« ist eine andere Ebene.

Die meisten Beispiele zeigen, dass überfallene Segler mit der Unterstützung einheimischer Behörden nicht rechnen können. Noch schlimmer: Auch die Landesvertretungen, die Konsulate und Botschaften, sind oft von großer Zurückhaltung, wenn es um Aufklärung und Hilfe für die Überfallenen geht. Es scheint, als ob die Gemeinschaft der Fahrtensegler keine starke Fraktion ist. Oder um es krass auszudrücken: keinen guten Ruf hat. Ihr haftet anscheinend das Image von reichen Einzelgängern an; die sollen sich selber helfen. Dass fast jeder Yachteigner von sich sagen kann, sein Leben lang für dieses Schiff und diese Reise hart gearbeitet und gespart zu haben, interessiert kaum einen.

Nachdem ich mich intensiv mit dem Thema Piraten beschäftigt habe, möchte ich eindringlich davor warnen, Piraten als schneidige, romantische Figuren zu glorifizieren, wie man sie uns in den Piratenfilmen verkauft hat, als Männer, auch Frauen, die für Gerechtigkeit sorgen. Das Gegenteil ist der Fall. Piraten sind Menschen, die in der Regel Jagd auf Beute machen, für die andere Menschen hart und ehrlich gearbeitet haben. Piraten zögern nicht, zu töten. Sie schlagen ihre Opfer zu Krüppeln, quälen sie, vergewaltigen Frauen und scheuen sich auch nicht, auf Kinder zu schießen. Ihr Interesse ist es, Beute auf Kosten anderer zu machen. Piraten sind die Feinde aller seegehenden Frauen und Männer. Ich gehe sogar so weit, sie als ganz besondere Kriminelle einzustufen, denn sie haben keine Ehre, keinen Kodex, keine Würde und keine Ideologie. Ein Segler schrieb: »Piraterie ist die Pest der Meere.«

Angeregt durch meine Ergebnisse und durch viele Briefe von Seglern aus der ganzen Welt erkenne ich eine neue Herausforderung darin, der Piraterie und ihrer Bekämpfung international zu öffentlicher Beachtung zu verhelfen. Ich plane so etwas wie eine zentrale Anti-Pirate-Agency zu gründen. Anders als für die Berufsschifffahrt gibt es für tausende von Blauwasserseglern keine wirklich effiziente Organisation, die sich dem Thema widmet. Das Aufgabenfeld soll folgende Bereiche umfassen:

- Mitteilung aller bekannten Überfälle an die entsprechenden Behörden und Botschaften in den gefährlichen Ländern
- Weitergabe des gesamten recherchierten Materials an das ICC International Maritime Bureau und andere interessierte Institutionen
- Pressearbeit in den Medien der betroffenen Länder
- Publikationen in internationalen Segelzeitschriften
- Piraten-Website mit Veröffentlichung aller bekannten Überfälle und ständiger Aktualisierung
- Veröffentlichung einer Roten Liste der Länder und Regionen, die gefährlich sind, aber auch solcher, die inzwischen *clean* sind
- Aufstellung der wichtigsten Verhaltensmaßnahmen im Internet
- Erstes interaktives Forum zum Thema Yacht-Piraterie.

Die Website www.yachtpiracy.org steht seit Sommer 2002 zur Verfügung.

Während ich an dem Buch schrieb, erhielt ich die Meldung von der Ermordung Sir Peter Blakes durch brasilianische Piraten. Bei der Recherche zu dem Überfall auf seine Yacht SEAMASTER las ich einen Nachruf des holländischen Seglers Henk de Velde. Er segelte zu der Zeit einhand auf dem Weg nach Sibirien.

»Vor allem war ich bestürzt, dass er nach all diesen Meilen auf See, nach Stürmen und Windstillen, nach dem Sieg jedes existierenden Segelwettbewerbs, an Land, nicht auf dem Meer, ums Leben kam. Das Land betrachteten Seeleute immer als eine Küste der Zuflucht. Doch die Ermordung von Sir Peter Blake zeigt, dass das Meer vielleicht doch der sicherste Ort auf Erden ist.«

Es bleibt den örtlichen Behörden noch viel Arbeit bei der Bekämpfung der lokalen Piratenbanden. In diesem Buch wurde erstmals mit dem Finger auf die Versäumnisse der Küstenwachen, der Polizei-, Hafen- oder Zollbehörden in den gefährlichen Gebieten gezeigt und die Hintergründe der Piraterie definiert, damit diese Szene, die zu lange im Dunkeln lag, für Segler transparenter wird.

Weshalb sollte die weltweite Piraterie auf Yachten nicht eingedämmt werden können, so wie auch das Hijacken von Flugzeugen weit gehend unterbunden werden konnte? Ein Buch wie dieses kann den Anfang dazu machen. *A trend is a trend is a trend. But the question is, will it bend?*

Januar 2002
Klaus Hympendahl

Mit diesem Brief fing alles an

Moin Klaus,

wir sind um 05.00 Uhr aus der Prickly Bay, Grenada, ausgelaufen und waren knapp vor Einsetzen der Dunkelheit um 18.00 Uhr am Ankerplatz Pigeon Point auf Tobago, wo etwa 50 Pelikane auf der Jagd nach Fischen immer wieder direkt neben uns im Sturzflug ins Wasser klatschten. Ein Haufen Möwen machte ihnen beim Auftauchen den Fang streitig. Unterwegs haben wir noch eine wunderschöne Golddorade (Mahi-Mahi) von 1,20 m gefangen, was Fisch für fünf Tage bedeutete.

Die Nachrichten aus Venezuela sind bedrückend. Vor etwa zwei Wochen wurde eine schwedische Yacht 3 sm vor der Küste, nahe der Grenze zu Trinidad, von Fischern überfallen und total ausgeraubt, wobei der Skipper in den Rücken geschossen und schwer verletzt wurde. Die Fischer hatten nach Zigaretten gefragt, und als der Skipper welche aus dem Schiff holen wollte, wurde plötzlich und völlig überraschend geschossen.

Vor einer Woche geschah ein Überfall vor der Insel Tortuga (Venezuela), wo wir auch schon mehrfach waren. Fünf Männer sind von einem Fischerboot aus nachts auf die deutsche Yacht JAN WELLEM III *gestiegen, machten sich an dem Außenborder des Dingis zu schaffen und versuchten, den geschlossenen Niedergang aufzubrechen. Als das nicht gelang, versuchten sie, durch eine Deckluke einzusteigen. Da schoss Rudi, der Skipper, Warnschüsse durch die offene Luke. Die Piraten feuerten zurück und zerschossen das Schlauchboot und die Windschutzscheibe, ließen sich aber durch mehr als 20 Schüsse vertreiben.*

Skipper Rudi meldete sich dann um 09.00 Uhr bei Hugo auf dem auch Dir gut bekannten Karibik-Netz, wo sich die meisten deutschsprachigen Yachten melden. So erfuhren wir alle aus erster Quelle den Hergang und in Windeseile war überall bekannt, dass es sich bei den Piraten um Männer von einem Küstenwachboot (Guardia Nacional) gehandelt hat, deren übrige Crew die Yacht anschließend scheinheilig auf Drogen durchsuchte. Rudi hatte als Sportschütze zum Glück die Waffe offiziell deklariert, sonst hätte er vermutlich auch in diesem Fall von eindeutiger Selbstverteidigung große Schwierigkeiten bekommen.

Als wir vor fünf Jahren hier waren, gab es schon einmal einen Fall, bei dem eine deutsche Yacht in einer einsamen Bucht auf Margarita nachts von bewaffneten Leuten der Drogenfahndung im Schlaf überrascht wurde. Auch sie kamen schwer bewaffnet in sehr salopper Kleidung bis hin zur Badehose. Seitdem ist bei uns der Niedergang immer dicht, ganz egal, wo wir ankern oder festgemacht haben.

Vielleicht solltest Du Dein nächstes Buch der Piraterie widmen. Ein inzwischen äußerst heißes Thema weltweit.

Herzlichst
Heide und Günther
SY PUSTEBLUME
Tobago, 3.4.01

Beinahe wäre ich für ewig verschwunden

Yachtname:	NORDSTERN IV
Yachttyp:	*17,60 m Stahlslup designed by Fred Parker*
Werft:	*Joyke Marine, Southampton*
Eigner:	*Manfred Lehnen*
Heimathafen:	*Düsseldorf, Deutschland*
Vermisst:	*Seit sie am 18.3.1977 Antigua verließ*

Ich stelle die Geschichte vom Verlust der NORDSTERN IV ebenfalls an den Anfang dieses Buches. Die Vorkommnisse liegen weit zurück, sie sprengen den von mir gesetzten Zeitraum, von Überfällen zu berichten, die nicht länger als zirka sechs Jahre zurückliegen. Aber durch die persönliche Verbindung mit dem möglichen Piratenüberfall sehe ich durchaus einen engen Bezug zu diesem Buch.

Vor über 26 Jahren, es war der Herbst 1976, wollte ich erstmals als junger Mann in der Karibik auf einer Yacht eine Koje chartern. Damals gab es in der deutschen Zeitschrift *Yacht* nur ein paar Anzeigen mit Angeboten aus dieser für damalige Verhältnisse fernen Gegend. Man wusste noch ganz wenig über die Leeward und Windward Islands und mit dem Flugzeug anzureisen war ein Abenteuer.

Ich ließ mir zwei Angebote kommen. Eines war ein Prospekt mit der knallroten Segelyacht NORDSTERN IV. Die andere Yacht, die in Frage kam, hieß MÜNSTER; sie war eine wunderschöne italienische Ketch von der Werft Sangermani. Wochenlang hatte ich beide Angebote vor mir auf dem Schreibtisch liegen – von der schönen Roten und der schönen Italienerin. Letztendlich entschied ich mich für die Italienerin, was mir vielleicht das Leben gerettet hat.

Bis heute ist der Fall der NORDSTERN IV, deren Akte die Polizei in Düsseldorf noch nicht geschlossen hat, ungeklärt. Wie dieser Fall die Gemüter immer noch bewegt, mag man danach beurteilen, dass die Zeitschrift *Carribbean Compass* noch 1999 einen langen, gut recherchierten Bericht über das Schicksal dieser Yacht und ihrer Besatzung brachte.

Manfred Lehnen hatte es, offen gesagt, satt, hinter der Metzgertheke in Düsseldorf zu stehen und Fleischwaren zu verkaufen. Und so verkaufte er 1976 sein gut gehendes Geschäft. Radikal brach er auch gleich die Bande zu seiner Familie ab. Er nahm einen hohen Kredit bei der Bank auf und kaufte sich eine große Yacht. Für die damalige Zeit war die NORDSTERN IV mit ihren 17,60 m auffallend groß. Er verlegte das in England gebaute Schiff ins Mittelmeer und war nun von Beruf Charterskipper.

Manfred Lehnen hatte sich das Chartergeschäft einfacher vorgestellt; jedenfalls bekam er im Mittelmeer nicht genügend Gäste, um die Bankschulden von 130 000 DM abzubezahlen. Also segelte er im Dezember 1976 in die Karibik, um dort bessere Geschäfte zu machen.

Der Verkauf seiner Firma, das Verlassen seiner Familie, die Bankschulden scheinen aus dem 42-jährigen Lehnen, der die Freiheit suchte, keinen glücklicheren Menschen gemacht zu haben. Jedenfalls füllte ihn sein neues Leben nicht aus. Einem seiner ersten Chartergäste, der die NORDSTERN IV auf Grenada Ende Februar 1977 verließ, vertraute Lehnen an, dass er bald mit diesem Chartergeschäft aufhören wolle und »abzuhauen« gedenke. So berichtete der Zeuge später der Polizei.

Anfang März war die NORDSTERN IV auf Antigua. Hier traf sich Lehnen mit seiner Schweizer Freundin Christine Kump, einer Diplomchemikerin. Sie hatten sich im Mittelmeer kennen gelernt. Auch sie hatte ihre Familie samt zwei Kindern verlassen, um ein neues Leben auf See anzufangen.

Manfred Lehnen hatte für die mehrwöchige Rückreise

von Antigua nach Lissabon sein Schiff mit Chartergästen ausgebucht. Es war ein Stopp auf den Azoren geplant. Mitte April trafen dann auch die vier Chartergäste aus Deutschland ein – von denen ich einer hätte gewesen sein können – und richteten sich in ihren Kabinen ein: Ulrike Müller, 22 Jahre alt, Medizinstudentin; Jürgen Gross, 33 Jahre alt, Richter; Helmut Kuhn, 34 Jahre alt, Chirurg; Hugo Rosel, 44 Jahre alt, Ingenieur. Sie hatten 4000 DM für das Abenteuer ihres Lebens bezahlt. Alle waren mit der Yacht zufrieden und ziemlich aufgeregt, denn Atlantiküberquerungen waren zu der Zeit noch nicht so häufig und wurden als ein außergewöhnliches Abenteuer eingestuft.

Die NORDSTERN IV mit Manfred Lehnen und Christine Kump plus vier Chartergästen wurde beim Verlassen von English Harbour auf Antigua von dem deutschen Katamaransegler Rudolph Wagner gesehen. Das war am Spätnachmittag des 18.3.1977. Als die NORDSTERN IV nicht auf den Azoren ankam, die Angehörigen auch keine Nachrichten bekamen, wurde die Polizei in Antigua und in Deutschland benachrichtigt. Zu dieser Zeit dachte man noch an eine Havarie auf See, an ein Leckschlagen der Yacht im Sturm. Dann sickerte in der Öffentlichkeit das Gerücht durch, dass die NORDSTERN IV von Drogendealern gekapert worden sei, die Crew getötet und das Boot zum Drogenschmuggel zwischen Süd- und Nordamerika eingesetzt worden wäre. Dieses Gerücht hielt sich in mehreren Variationen für viele Jahre in der Presse.

Bald schon hatten Angehörige die Recherchen in der Karibik aufgenommen. Auch die Polizei und die deutsche Presse engagierten sich in der Suche nach Schiff und Mannschaft. Besonders setzte sich das Magazin *Stern* ein, das Reporter in die Karibik schickte, hoffend, dass es hier eine ganz große Story am Haken hätte, denn die Polizei hatte schnell herausbekommen, dass es in dem entsprechenden Zeitraum kein schlechtes Wetter, keine Stürme gegeben hatte. Die Yacht konnte natürlich durch ein Feuer an Bord, ein Leck oder eine Kollision untergegangen sein, aber die Polizeirecherche kam zu dem Schluss, dass die NORDSTERN IV mit Lehnen und Kump in einem solchen Fall »überlebt« hätte und alle Theorien vom Untergang des Schiffes unhaltbar seien.

Dr. Antje Kuhn und Brigitte Hardert, Frau und Freundin zweier Vermisster, suchten fünf Wochen lang in der Karibik. Als Erstes erfuhren sie, dass Lehnen, seine Yacht und die Crew nicht in Antigua ausklariert hatten, was für eine anstehende Atlantiküberquerung völlig ungewöhnlich war. Allerdings berichteten Augenzeugen, dass man so viel Proviant gebunkert hätte, wie das nur für eine lange Reise üblich ist. Am 23.3. wurde die tomatenrote Yacht mit dem breiten gelben Streifen dann von dem Geschäftsmann Heino Müller, einem Chartergast auf einer anderen Yacht, in Fort de France auf Martinique erkannt. Im Mai wurde sie noch einmal vor Martinique, später bei Dominica gesehen. Der Historiker Nolly Simmons konnte sich gut daran erinnern, die Yacht im selben Monat vor der Insel Bequia gesehen zu haben. Er hatte sie an ihren leuchtenden Farben und den klassischen Linien erkannt. Im Juni und Juli 1977 tauchte sie vor der Insel Grenada auf. Der Hafenlotse Mike Forshaw und der Bootsbauer Ray Smith konnten das vor der Polizei bezeugen. Inzwischen zeigte sie allerdings andere Farben, anstatt Rot und Gelb jetzt Weiß mit einem blauen Streifen.

Die Verwandten der vermissten Chartergäste zeigten den Zeugen Fotos der Vermissten, einschließlich Porträts des Eigners und seiner Freundin. Auch die Reporter zeigten Behörden und einheimischen Zeugen immer wieder Fotos der sechs Vermissten. Alle Zeugen identifizierten nur Lehnen und Kump, die sie nach dem 18.3.77 gesehen hätten, niemals die Gäste.

Im Juli 1977 erkannte ein Bekannter von mir, der Grafiker und Walzähnehändler Peter Frey, der damals auf seinem Boot in Bequia lebte, Christine Kump auf einem Foto. Er konnte sich an das Gespräch mit ihr nicht mehr erinnern, um so deutlicher aber an ihr Äußeres. »Solch ein Gesicht vergisst man einfach nicht!«, soll er gesagt haben.

Danach verlieren sich alle Spuren. Von diesem Zeitpunkt an gibt es nur noch Spekulationen. Die Polizei und die Verwandten – Helmut Kuhns Frau hielt sich Monate lang in der Karibik auf, um auf eigene Faust den Tod ihres Mannes aufzuklären – glauben nicht an die Geschichte mit den Drogenpiraten. Sie gehen davon aus, dass Lehnen und Kump für den Tod der vier Chartergäste verantwortlich sind. Die Theorie heißt: Lehnen hatte Schulden, sah keinen Weg, diese abzubezahlen, ihm drohte die Konfiszierung seiner Yacht nach der Rückkehr nach Europa. Er plante deshalb, von der Bildfläche zu verschwinden – zusammen mit dem Boot – und wollte ein neues Leben mit seiner Freundin Christine Kump anfangen. Das setzte voraus, bedingte, einen Unfall vorzutäuschen, bei dem Schiff und Besatzung »untergehen« mussten.

Vielleicht haben sie gedacht, dass die Suche nach den Vermissten erst später stattfinden würde, wähnten sich in den Monaten nach dem Verschwinden der NORDSTERN IV in Sicherheit. Dann kamen ihnen Zweifel und sie strichen den Rumpf ihrer Yacht um. Als ihnen das karibische Pflaster zu heiß wurde, gingen sie nach Südamerika. Vielleicht ist Lehnen hier in den Drogenhandel eingestiegen, um schnell Geld zu machen. Zu diesem Zeitpunkt könnten sich die beiden getrennt haben. Die letzten Gerüchte besagen, dass Christine Kump (heute Anfang Sechzig) auf einer kleinen Insel leben soll. Manfred Lehnen (heute Ende Sechzig) soll sein Geld als Metzger verdienen und sich in Südamerika verstecken.

Polizei und Nachkommen sprechen von Spekulationen. Ich persönlich glaube nicht, dass Lehnen und seine Komplizin noch leben. Es ist auszuschließen, dass sich ein Mörderpaar nach der Tat noch in seinem Revier zeigt. Wer die erwähnten Inseln der Karibik kennt, der weiß, dass die Yachtszene sehr eng ist, dass jeder Segler über jeden spricht. Käme ein Mann wie Lehnen wieder nach Bequia zurück, dann würde er mit Fragen überschüttet werden. Es ist auch auszuschließen, dass im Jahr 1977 auf den Inseln (St. Vincent and the Grenadines und Grenada) eine so große Yacht heimlich übermalt werden könnte. Davon hätten viele Einheimische gewusst und es später den recherchierenden Polizeibehörden gemeldet. Ich glaube, dass zur Blütezeit des Drogenschmuggels zwischen Kolumbien und den USA, mit Zwischenstopp auf den Bahamas, die NORDSTERN IV als schnelles Drogenkurierschiff von Piraten gekapert und die Crew liquidiert wurde.

In einem langen Bericht in der deutschen Segelzeitschrift *Yacht* (Heft 1/78) berichtet der Karibikkenner Dieter Timm: »Wenn die NORDSTERN IV tatsächlich nach dem geplanten Abreisetermin noch drüben gesehen worden ist, so liegt die Vermutung nahe, dass nicht mehr die deutsche Crew an Bord war. Dann ist das Stahlschiff, das sich nach einem ausgeführten ›Auftrag‹ leicht versenken ließe, von Piraten gekapert worden. Die Inselgruppe der Grenadines ist zum Hauptumschlagplatz der Drogenschmuggler geworden.«

Europa

Die Seegebiete Europas gelten als piratenfrei. Allerdings gibt es zwei Küstengebiete, in denen erhöhte Aufmerksamkeit geboten ist. Zum einen ist es das Küstengebiet Albaniens, aus dem mehrere Überfälle bekannt geworden sind. Diese Überfälle haben sich über ein Seegebiet bis zu den Ankerplätzen der griechischen Insel Korfu erstreckt. Hier wurde der Skipper einer englischen Motoryacht ermordet und es wurden andere Yachten überfallen. Mir liegen auch mehrere Berichte von Seglern aus dem Küstengebiet vor Marokko vor, die mit ihren Yachten, von der Straße von Gibraltar kommend, auf dem Weg zu den Kanarischen Inseln nachts in Fischernetze gerieten. Nach den Berichten zu urteilen, handelte es sich um Fallen. Vorsicht ist also in diesen südwestlichen europäisch-afrikanischen Grenzgewässern besonders nachts beim Aufkommen vieler Lichter von Fischerbooten geboten – am besten im weiten Bogen umsegeln. Ein Brief beweist es:

Lieber Klaus Hympendahl,

meine Erfahrung, die ich 1996 vor der marokkanischen Küste auf dem Weg von St. Tropez in die Karibik gemacht habe, fällt eher in den Grenzbereich zwischen Piraterie, Gelegenheitserpressung und dem unguten Gefühl, es hätte auch mehr passieren können.

Es war am 23.10.1996, auf zirka 35°42′N, 06°22′W. Auf dem Weg von Gibraltar nach Lanzarote segelten wir bei mäßigem NW gen Süden. Gegen 20.30 UTC gerieten wir rund 30 Meilen vor der marokkanischen Küste in ein Treibnetz. Der Mond war noch nicht aufgegangen. In der hohen

Dünung waren die kleinen weißen Blitzlichter kaum auszumachen; etliche waren wohl auch ausgefallen. Wir bemerkten dies erst, als die Yacht, eine Ketch 45', an Fahrt verlor. Weder gelang es uns, unter Segeln aus dem Netz herauszusegeln, noch mochten wir unter diesen Umständen die Maschine starten. Der Versuch, das Boot mit dem motorisierten Dingi herauszuziehen, misslang, vielmehr drückte der Wind das Boot immer weiter in das Netz. Dies bestand aus einem starken Draht, vielleicht 2 bis 3 cm Durchmesser. Bevor wir uns daran machen konnten, dem Draht mit Bolzenschneider und Eisensäge zu Leibe zu rücken, erschien auf der anderen Seite des Netzes aus stockdunkler Nacht ein unbeleuchtetes Boot. Der Form nach ein Fischerboot, klein, aber mit etwa 12 Personen an Bord. Man blendete uns mit starken Scheinwerfern. Wir befanden uns zu dem Zeitpunkt mit 7 Personen an Deck, die meisten mit Bootshaken und anderem Werkzeug in den Händen. Mag sein, dass dies nach einer starken Besatzung aussah. Jedenfalls wurden Verhandlungen begonnen, die Fischer verlangten 1 Mio. französische Franc, vermutlich meinten sie alte Franc, und mehrere Flaschen Schnaps. Nach langwierigen Gesprächen einigten wir uns auf 200 US-Dollar und eine Flasche Whisky. Daraufhin verschwand, öffnete sich oder sank das Netz wie von Geisterhand und wir konnten die Fahrt fortsetzen.

Zwar habe ich nichts Vergleichbares von anderen Seglern gehört, und ich bin ab und an auf der Strecke unterwegs, aber ich halte mich seither gut von der marokkanischen Küste fern, mindestens 50 Meilen und gebe diese Empfehlung auch regelmäßig weiter.

Mit freundlichem Gruß,
Franck Düvell

Die kühndreiste Attacke auf ein Charterschiff

Yachtname:	ERATO
Yachttyp:	*Gib'Sea 422*
Eigner:	*Aris Calothis*
Heimathafen:	*Poros, Griechenland*
Überfallgebiet:	*Hafen von Navplion, Peloponnes*
Koordinaten:	*37°34.1′N, 22°47.6′E*
Datum des Überfalls:	*27.7.2000*

Ich entsinne mich dieses Falles besonders gut, denn am 27.7. habe ich Geburtstag. Ich hatte mir am Tag nach meiner Geburtstagsfeier ein ausgiebiges Frühstück gegönnt und lange in der Zeitung gelesen. »Pirat entführt Charteryacht«, hieß es da und ich kann mich noch gut an meine erste Reaktion erinnern: »Jetzt sind die Piraten schon im Mittelmeer angekommen.« Erst ein Jahr später recherchierte ich diesen Fall, der Ende Juli 2000 durch die Weltpresse ging.

Aris Calothis lebte auf der griechischen Insel Poros, der Nachbarinsel von Hydra. Schon als Junge drängte es ihn zur See und er erhielt im Königlichen Segelclub von Griechenland Unterricht. Diesen Club, in dem auch der segelbegeisterte Ex-König Konstantin, Gewinner der Olympischen Goldmedaille im Drachen (damalige olympische Einheitsklasse) Mitglied war, gibt es heute nicht mehr. Aus dem Hobby wurde für Aris ein Beruf. Mit 20 Jahren unternahm er seine erste Seereise von Marseille nach Piräus und bald danach war er am Ziel seiner Berufsträume: Er wurde Skipper auf Charterbooten und bei Überführungstörns. 1991 machte er sich selbstständig, kaufte eine Gib'Sea und taufte sie auf den Namen ERATO. Nachdem er viele Jahre das Boot als *bare boat* (ohne Skipper) verchartert hatte, fuhr er als Skipper auf seinem eigenen Boot.

Mitte Juli 2000 kommt zum dritten Mal die vierköpfige Schweizer Familie an Bord der ERATO: Andy Hagger, seine Frau Gaby und die kleinen Kinder Jasmin und Joel. Dieses Mal hat Andy Hagger noch seine Schwester Corinne Michelle mitgebracht, denn es gibt genügend Kojen. Der Chartertörn führt am 27. Juli zur Hafenstadt Navplion im Kólpos (Golf) Argolikós, dem östlichen Peloponnes. Sie kommen am Nachmittag an. Es ist heiß und alle erfrischen sich mit einer Dusche, bevor man gemeinsam am Abend zum Essen in die Stadt schlendert. Weil ein Chartergast einen Rollstuhl benötigt und ein Baby dabei ist, holt Skipper Aris die Erlaubnis des Hafenmeisters ein, längsseits am Kai zu liegen. Man teilt ihm eine Stelle im Hafen zu, die etwas abseits von den anderen Yachten liegt, die mit Anker und Achterleinen festmachen.

Nach letzten Gesprächen im Cockpit gehen alle in dieser immer noch heißen Sommernacht vor Mitternacht zu Bett. Ohne dass es jemand an Bord merkt, betritt in den frühen Morgenstunden ein Mann das Boot. Es ist noch dunkel. Er löst leise die Leinen, startet den Motor, legt den Gang ein und motort zur Hafenausfahrt.

Sofort schreckt der Skipper auf. Er hastet bei den ersten fremden Geräuschen zum Niedergang. Hier blickt er in eine Pistole. Er kann nur eine Hand und den Arm erkennen, nicht den Mann selbst. Um so deutlicher hört er die Stimme: »*Get down!*«

Da es noch dunkel ist und das Sonnensegel über dem Cockpit die Lichter der Kaimauer nicht ins Cockpit lässt, kann er nur die Konturen eines Mannes ausmachen. Der Skipper ist verwirrt. Was geht hier vor?,

Charterskipper Aris Calothis im Cockpit seiner ERATO.

fragt er sich. Er begibt sich in den Salon und denkt nach: Ist das der Andy, mein Chartergast? Ist der krank? Was macht er da draußen im Cockpit? Aris findet keine Erklärung. Und schon gar keine dafür, dass er mit einer Waffe bedroht wird. Schließlich greift er zum Mikrofon des UKW-Radios und ruft die Küstenwache an. Er schildert, was passiert ist. Nach dem Gespräch begibt er sich wieder zum Niedergang, um mit dem Mann im Cockpit, von dem er annimmt, dass es sein Chartergast Andy Hagger ist, ein vernünftiges Gespräch zu beginnen.

»Schließlich kannte ich ihn als intelligenten und zurückhaltenden Menschen«, so die spätere Erklärung des Skippers.

Als er die erste Stufe betritt, redet der Skipper den Mann im dunklen Cockpit mit dem Namen seines Chartergastes an. Aber sofort kommt wieder derselbe Befehl aus dem Cockpit: »*Get down!*«

Aris befolgt die Anweisung und trifft im Salon auf Andy Haggers Schwester. Sie ist gerade aufgewacht und fragt sich, weshalb das Schiff schon unterwegs ist. Skipper Aris hält es für schier unmöglich, sie zu fragen, ob der Bruder verrückt sei. Schließlich fragt er sie, ob sie sich vorstellen könne, dass ihr Bruder mit einer Pistole im Cockpit sitzen könnte. Er wird deutlicher, erklärt ihr, dass ihr Bruder am Ruder stehe, die Leinen losgemacht und den Motor gestartet habe und losgefahren sei.

»Das ist nicht mein Bruder! Mein Bruder ist hier!« In diesem Moment zeigt sie durch die geöffnete Kabinentür auf den schlafenden Bruder.

»Ich war wie vor den Kopf geschlagen! Was ging hier vor? Also war der Mann am Steuer nicht Andy.«

Skipper Aris begibt sich wieder zum UKW-Radio und informiert die Küstenwache von seinen neuen Erkenntnissen. Er geht zurück zum Niedergang und fragt den Fremden, was er beabsichtige. Er steht dieses Mal als klares Ziel im Niedergang. Ohne Aggression in der Stimme und in ruhiger Haltung wartet er auf die Antwort des

Fremden. In diesem Moment denkt Aris Calothis nicht daran, dass dieser nur den Abzug ein klein wenig zu drücken braucht. Er ist sogar so mutig, dem Mann am Ruder zu raten, weniger Gas zu geben, die hohe Umdrehungszahl sei nicht gut für den Motor.

Die Antwort kommt prompt: »Geh runter und in einer halben Stunde sage ich dir, was ich will.«

All das hört die Schweizer Familie, die in ihren Kojen liegt. Die Eltern haben die Kinder zu sich genommen. Ihnen erzählen sie die Geschichte vom Räuber Hotzenplotz und zu Aris' Erstaunen verstehen alle den Ernst der Lage. Der Skipper wartet auf weitere Befehle des Piraten. Er macht sich eine Tasse Kaffee, die Erste von vielen, die an diesem Tag noch folgen werden. Er raucht dazu seine Morgenzigarette und überdenkt die Situation. Noch viele Zigaretten werden an diesem Tag folgen.

Es wird nicht mehr lange dauern, bis die Küstenwache erscheinen wird, hofft er. Er wird aus seinen Gedanken gerissen, als der Motor stoppt, neu gestartet wird, dann wieder stoppt. An – aus, so geht es ein paar Mal. Bis der Starter versagt. Dann versucht der Eindringling, die Segel zu setzen, merkt aber schnell, dass er das nicht beherrscht. Der Skipper wird an Deck gerufen. Er hat eine Zigarette im Mund und seinen Kaffeebecher in der Hand.

Später erzählt Aris: »Für mich war das nichts Ungewöhnliches, aber ich wollte diesem Piraten auch signalisieren, dass ich entspannt bin. Dass ich keine Angst habe und mich nicht durch seine Pistole eingeschüchtert fühle. Ich hatte mich ihm schon drei Mal gezeigt; er hatte nicht geschossen, also wollte er mich auch nicht töten. Er wollte wohl nur, dass ich seine Wünsche erfülle.«

»Mein Name ist Charly. Ich will nach Casablanca!«, sagt der Mann mit der Pistole in der Hand. Er sagt es wieder auf Englisch, mit einem rollenden Akzent wie jemand aus Osteuropa.

Der Skipper nimmt dieses Reiseziel auf, als ob ihm einer seiner Chartergäste sagen würde, dass sie ein Ziel anlaufen wollen, das gegen die Windrichtung liegt. Er sagt: »Bis Casablanca kann es Wochen dauern.«

Die Antwort aus dem Cockpit: »Ich habe Zeit.«

Und dann erklärt der Skipper ruhig die Sachlage. Sie hätten kaum Proviant, nicht genügend Wasser, keine Seekarten für diese Reise und bald würde die Küstenwache hinter ihnen her sein, weil sie das Land ohne Abmeldung verlassen müssten.

Das beeindruckt den Piraten nicht. Er macht den Eindruck, als ob man das alles organisieren könne. Als Erstes befiehlt er dem Eigner, die Segel zu setzen. Wie schon immer, schießt Aris zuerst die Festmacherleinen auf, dann nimmt er das Sonnensegel über dem Cockpit ab und setzt schließlich das Großsegel.

So beginnt einer der langsamsten Törns in der Segelkarriere des Aris Calothis. Der Wind ist nämlich eingeschlafen. In den nächsten 13 Stunden schafft die ERATO gerade eine Seemeile. Der Pistolenmann versteht die Welt nicht mehr. Er kann sich nicht vorstellen, dass es Flauten gibt, dass Motoren nicht starten wollen.

Plötzlich ertönt das Klingeln des Bordhandys. Die Küstenwache fragt, wie sich die Situation an Bord entwickelt hat. Dann klingelt es wieder. Journalisten haben von dem

Die Schweizer Familie Hagger mit Skipper Aris in der Mitte.

Piratenüberfall gehört. Sie wollen alles wissen, erfahren aber nichts. Sie wittern eine Sensation, riechen eine heiße Story. Aris wimmelt sie ab. Aber Reporter, die eine Spur aufgenommen haben, sind wie Bluthunde, sie lassen sich nicht abschütteln. Im Gegenteil, sie mieten sich Motorboote und nähern sich der ERATO. Teleobjektive werden montiert. Man ruft aus sicherer Entfernung nach dem Skipper, will Auskünfte.

Dann rufen Freunde und Verwandte übers Handy an. Besorgt natürlich, denn Reporter haben auf Poros jeden angerufen, der Calothis heißt. Selbst aus der Schweiz erhält Aris an diesem Tag einen Anruf. Es ist der Chartergast vom vorhergegangenen Törn, der sich besorgt zeigt und seine Hilfe anbietet.

Diese Telefonate sind für den Eigner ein Drahtseilakt. Einerseits darf er den Piraten nicht reizen, andererseits muss er seine Chartergäste durch seine Aufmerksamkeit beruhigen.

Der Pirat will aus dem Golf heraus, das bedeutet einen Südkurs. Während jetzt der Skipper am Ruder steht, sitzt der Mann mit der Pistole auf der Cockpitbank. Die Chartergäste sind in ihren Kabinen. Das Gespräch zwischen Eindringling und Eigner ist ruhig, man ist höflich zueinander. So erfährt Aris Calothis, dass der Eindringling Tscheche ist. Er sei ein ausgebildeter Soldat und habe sich in den letzten zehn Jahren als Söldner verpflichtet, meist in Namibia, Afrika. Auch im Krieg *Desert Storm* sei er dabei gewesen. Er sei verwundet gewesen – Narben kann Aris am Hals erkennen – und habe viele Monate in einem Krankenhaus gelegen. Er sei nicht mehr derselbe, der er früher gewesen war. Nun sei er auf dem Weg, einen neuen Job zu suchen. Jetzt sei er 38 Jahre alt. Nein, frei reisen könne er nicht. Man würde ihn suchen. Er erkundigt sich, wer noch im Schiff ist. Später verlangt der Pirat über das Handy des Skippers nach einem schnelleren Boot, sogar nach einem Wasserflugzeug.

Die Küstenwache spielt auf Zeit.

Unten im Schiff folgen die Schweizer Chartergäste der Unterhaltung. Die Ungewissheit nagt an ihren Nerven. Manchmal erkennen sie sich nähernde Schiffe, schöpfen Hoffnung auf eine schnelle Rettung. Doch nichts geschieht. Und das bei einer Temperatur von 40° bis 45 °C im Schiff.

Nicht ganz so heiß ist es an Deck. Die Situation zwischen beiden Männern entspannt sich weiter. Sie respektieren sich gegenseitig, es gibt keinerlei Streitgespräche oder Anschuldigungen. Jedes Mal, wenn sich der Kapitän einen Kaffee zubereitet, fragt er den Söldner, ob er auch einen haben möchte oder einen Tee oder Wasser. Trotz der zunehmenden Hitze, die um so stärker wird, weil der kühlende Wind fehlt, nimmt der Tscheche kein Getränk an. Auch Essen lehnt er ab. Auch dem Skipper ist nicht nach Essen zu Mute.

Die Zeit in der Flaute vergeht besonders langsam. Stunde um Stunde sitzen sie herum. Kein Windhauch kommt auf. Die beiden Kontrahenten beschließen, eine Partie Schach zu spielen.

Am Nachmittag taucht das Boot der Küstenwache auf. Der Kommandant will über UKW-Radio wissen, wie sich die Situation an Bord der ERATO entwickelt hat. Der Pirat scheint sich seiner Situation so sicher, dass er keinen Einwand hat, als sich Aris mit seinen Landsleuten auf dem Küstenwachboot unterhält. Nur ab und zu nimmt er seine Pistole aus der Tasche, zielt auf das Boot der Polizei und schreit, alle sollen verschwinden. Der Eigner kann sogar diese Haltung akzeptieren und winkt ebenfalls der Küstenwache zu, nicht zu nahe zu kommen. Die Männer befolgen diesen Wunsch und halten auch andere Boote davon ab, sich der ERATO weiter zu nähern.

»Ich wollte einfach keine Reporter in der Nähe haben. Wollte verhindern, dass diese schwierige Situation eskaliert.«

Die Reporter fügen sich.

Es ist Spätnachmittag. Immer noch ist es sehr heiß. In dem Moment, als der Skipper sich in der Pantry frischen

Kaffee brüht und der Revolvermann allein an Deck ist, bereiten die Spezialeinheiten der Küstenwache einen Blitzüberfall vor. Schnell sind sie nahe genug, um den Tschechen durch ihre Scharfschützen ins Visier zu nehmen. Gewehrsalven erschüttern die Ruhe im Golf.

Unten im Schiff, dessen Rumpf und Aufbauten von mehreren Kugeln getroffen werden, klingen diese Einschüsse für die Schweizer Familie wie Todessalven. Dann stürzen Soldaten ins Schiff. Sie suchen Charly, den Piraten. Schließlich finden sie ihn im Wasser, tot.

»Es war ein sehr ergreifender Moment für mich, als ich den Leichnam des Piraten sah. Ich wollte seinen Tod nicht. Ich hatte auch keinen Zorn auf ihn. Schließlich war es doch nur ein Zufall, dass er ausgerechnet meine Yacht genommen hatte. Er hatte ja auch nichts gegen mich persönlich. Ich hatte ihm sogar vorgeschlagen, nachts in der Nähe des Landes das Boot unbemerkt zu verlassen. Das wäre eine gute Lösung für alle gewesen. Er hatte diesem Plan auch zugestimmt. Aber nun war es zu spät.«

»Nach unserer Befreiung wurden wir den Löwen zum Fraß vorgeworfen«, so ergänzte Andy Hagger später den Vorgang in den Medien, die sich um die Beute rissen.

\- - -

K. HYMPENDAHL: *Hatten Sie Waffen an Bord?*

A. CALOTHIS: Keine Waffen.

Was haben Sie rückblickend falsch gemacht?

Ich kann nicht sagen, dass ich etwas direkt falsch gemacht hätte. Aber im Nachhinein kann ich sagen, dass ich es dem Piraten einfach gemacht habe. Ich habe das Schiff an einer einsamen Stelle am Kai festgemacht. Und ich habe die Starterbatterie nicht abgeschaltet. Dadurch konnte der Mann sofort den Motor starten. Andererseits wäre er sonst vielleicht ins Schiffsinnere gekommen und wer weiß, wie dann die Geschichte ausgegangen wäre.

Was haben Sie richtig gemacht?

Ich behandelte den Mann höflich und ohne Furcht zu haben. Meine Gäste habe ich sofort beruhigt und sie überzeugt, dass ich die Situation in der Hand hätte. Ich hielt den Piraten von meinen Gästen fern – er hat sie niemals gesehen. Ich verhandelte mit den Behörden und verhinderte vielleicht eine voreilige Aktion. Und ich vermied eine Einmischung der Reporter vor Ort. Sie kamen nicht in die direkte Nähe zum Schiff. Erst als alles vorbei war.

Was würden Sie in Zukunft anders machen?
Es ist natürlich theoretisch, denn man kann die Absichten von Piraten schlecht einschätzen. In einer ähnlichen Situation würde ich wieder die Einmischung von außen verhindern.

Was würden Sie anderen Seglern empfehlen?
Mein Fall ist so außergewöhnlich. Ich weiß nur, dass solch ein Piratenüberfall in Griechenland keine Chance hat. Dennoch zwei Tipps: die Stromzufuhr zur Starterbatterie abschalten.
Und wenn etwas passiert, versuchen cool zu bleiben.

Piraten schnappen auch nach kleinen Yachten

Yachtname:	RUMTREIBER
Yachttyp:	*Shark 24, trailerbare Yacht*
Eigner:	*Georg Nigl*
Heimathafen:	*Attersee bei Salzburg, Österreich*
Überfallgebiet:	*Adria, 18 sm vor Albanien*
Datum des Überfalls:	*14.5.2001*

Seit ihrem zehnten Lebensjahr sind die Österreicher Georg Nigl und Markus Sittinger Freunde. Zweimal im Jahr treibt es die beiden 26-jährigen Segler gemeinsam aufs Wasser. Da Georg Nigl keine Charteryachten mag, hat er sich für eine andere Lösung entschieden. Er kaufte sich eine kleine Shark 24 samt Trailer. Den spannte er hinter sein Auto und gemeinsam fuhren die Freunde dahin, wo es ihnen gefiel. Folgerichtig nannten sie die Yacht RUMTREIBER. Rumgetrieben haben sich die beiden Österreicher schon bei den Liparischen Inseln in Süditalien, an der Côte d'Azur, bei den Balearen und in der Adria.

Im Frühjahr 2001 war wieder die Adria angesagt. Georg und Markus segelten von Italien los und wollten nach Korfu. Genau gesagt, nach Kérkira, dem Haupthafen von Korfu, der an der Ostseite der Insel liegt. Hier wollten sie einklarieren. Dazu mussten sie die nur zirka 60 sm schmale Stelle der Adria, den Canal d'Otranto, durchfahren, um zur Nordspitze der Insel Korfu zu gelangen und weiter zwischen dem albanischen Festland und der Insel nach Süden segeln. Hier ist die Wasserstraße zwischen Festland und Insel nur zirka 2 sm breit.

Am 14. Mai segeln die Freunde auf der Höhe von Vlore, Albanien, sie sind noch über 20 sm von der albanischen Küste entfernt. Ihr Plan sieht vor, noch bei Tageslicht ihren Landfall zu machen. Aber der Wind lässt nach und dreht ständig. Am Abend ist der Wind vollkommen eingeschlafen und sie starten ihren 9,9-PS-Außenborder, einen umweltfreundlichen Honda-Viertakter.

Georg Nigl hat in seine Shark 24, die nur ein Jahr jünger ist als ihr Eigner, 300 Arbeitsstunden investiert. Er hat das Boot den Bedürfnissen seiner geplanten Seereisen angepasst. So fertigte er eine Sprayhood an, legte die Fallen so um, dass er sie aus dem Cockpit bedienen kann. Da es über längere Seewege im Mittelmeer gehen sollte, montierte er eine Rettungsinsel, legte *livelines* und baute einen kardanisch aufgehängten Kocher ein, Leesegel wurden installiert, eine mechanische Ankerwinde kam aufs Vorschiff und vieles andere mehr. Er war stolz auf seine Leistung, träumte aber wie so mancher Eigner von einem größeren Boot.

Der 14. Mai ist ein warmer Frühsommertag. Es ist noch hell, als Georg und Markus um 20.00 Uhr ein Boot hinter sich sehen, das ihnen seit geraumer Zeit in einem Abstand von zirka einer Seemeile folgt. Der Eigner greift zum Fernglas und erkennt ein für die Mittelmeergegend typisches Fischerboot. Da am Horizont mehrere Schiffe und auch Yachten zu sehen sind, messen die beiden Österreicher diesem Fischerboot keinerlei Bedeutung bei. Woher sollen sie wissen, dass von diesem Boot eine Bedrohung für sie ausgehen wird? Als die Sonne untergegangen ist, wird auf der RUMTREIBER vorschriftsmäßig die Navigationsbeleuchtung eingeschaltet. Der Skipper holt sein Nachtsichtgerät und sucht den Horizont ab. Er erkennt auch wieder das Fischerboot achteraus, macht sich aber immer noch keine Gedanken über dessen Kurs in ihrem Heckwasser. In der Dunkelheit kann er trotz des Nachtsichtgeräts nicht viel erkennen. Er hatte bei Einbruch der Dunkelheit die Geschwindigkeit verringert, damit sie den Landfall nicht nachts machen, und hat ausgerechnet, dass sie erst in den frühen Morgenstunden in der Meerenge zwischen dem albanischen Festland und der Insel Korfu eintreffen werden.

Um 02.00 Uhr hat Freund Markus Wache. Georg ist unter Deck und bereitet Kaffee für die Thermosflasche. Die RUMTREIBER macht jetzt eine Fahrt von vier Knoten. Georg kommt mit dem Kaffee ins dunkle Cockpit. Sie genießen den Wachmacher und schmieden Pläne für weitere Törns in anderen Revieren. Zur Untermalung der nächtlichen Stimmung lassen sie das Radio laufen und hören Musik.

Durch das Brummen ihres Außenbordmotors und die Musik bekommen sie nicht mit, dass sich das Fischerboot genähert hat. Plötzlich taucht es aus der finsteren Nacht neben ihnen an Steuerbord auf. Im Cockpit der kleinen Shark sitzt man tief, um so bedrohlicher erscheint der quasi aus dem Nichts kommende hohe Rumpf des Fischerbootes. Am Bug hängen zwei Gestalten, bereit zum Sprung aufs Deck der RUMTREIBER. Eine dritte Gestalt steht am Ruder.

Markus, der am Ruder der RUMTREIBER sitzt, gibt instinktiv über die Fernsteuerung Vollgas. Gleichzeitig drückt er blitzschnell die Pinne nach Steuerbord und die Shark 24 zieht nach Backbord weg. Im Nu springt der Skipper auf und greift zu seiner Hängetasche am Niedergang. Es ist die Notfalltasche mit seinem .45 Colt Govern-

Schwesterschiff der RUMTREIBER, *einer trailerbaren Shark 24, die vor Albanien attackiert wurde.*

ment plus drei zusätzlichen Magazinen. Er hat keine Zeit, seinen Schmerz auszuschreien, als sich in diesem Moment der heiße Kaffee aus der Thermoskanne über seine Hose ergießt. Gerade als er die Pistole zu fassen bekommt, macht der Steuermann auf dem Fischerboot einen zweiten Versuch, RUMTREIBER zu rammen und seine Vorderleute auf ihr abzusetzen. Wieder gelingt es Markus durch ein schnelles Ausweichmanöver zu entkommen. Dabei müssen die beiden Männer auf dem Vorschiff, die schon zum Sprung bereit außenbords hängen, den Skipper mit seiner auf sie gerichteten Pistole gesehen haben. Sofort verschwinden die Gestalten hinter dem Schanzdeck. Unter heftigem Geschrei und den drohenden Fäusten der beiden Freunde verschwindet das Piratenboot in der schwarzen Nacht, so schnell wie es gekommen ist.

Sofort werden auf der Yacht die Navigationslichter ausgeschaltet und das Radio abgestellt. Noch lange Zeit liegt der Skipper mit durchgeladener Pistole im Anschlag im Cockpit, wartet auf den Folgeangriff, der wahrscheinlich besser vorbereitet sein wird. Aber die Piraten starten keinen weiteren Angriff. Bis in die Morgenstunden fahren die beiden Österreicher ihrem Ziel in einem Zickzackkurs entgegen. Das ist ihre einzige Antwort, einer möglichen zweiten Attacke zu entgehen. Aber wie sie am nächsten Morgen feststellen, hätte auch das nicht viel genutzt, denn sie hatten ihren Radarreflektor in der Saling hängen, sodass die Piraten sie jederzeit auf dem Radar hätten verfolgen können.

Bei Tageslicht überlegen die beiden Österreicher, weshalb die Piraten ausgerechnet ihre kleine Yacht überfallen wollten. Weshalb hatten sie sich nicht eine von den größeren Charteryachten ausgewählt? Wer waren diese Männer? Woher kamen sie? Was macht ein Fischerboot 18 sm vor der albanischen Küste? Es war ein klassisches Fischerboot mit niedrigen Aufbauten, einem Innenbordmotor und mit einem angehängten Ruder. Fischten sie so weit von ihrer Küste entfernt? Waren es Schmuggler?

Sicherlich hätten viele Ausrüstungsgegenstände der RUMTREIBER einen sehr guten Preis auf dem albanischen Markt gebracht.

»Tagsüber haben sie uns ausgesucht, um uns nachts zu überfallen. Die haben nur darauf gewartet, bis keine Schiffe mehr in unserer Umgebung waren. Das war ein logisches Konzept«, sagt Georg Nigl später. Der Skipper geht in seinem Bericht davon aus, dass sie von Albanern überfallen worden sind. Später im Hafen von Korfu bekam er hierfür die Bestätigung. Entweder waren es Fischer, die, enttäuscht darüber, nichts im Netz zu haben, sich ein Zubrot verdienen wollten. Oder es waren Profischmuggler – egal ob sie Menschen oder Ware schmuggeln.

In Korfu erstatteten die beiden Segler bei der Polizei Anzeige gegen Unbekannt. Natürlich wollte die Polizei Schiffs- und Personennamen wissen.

Worauf Georg Nigl dem Beamten antwortete: »Gerade in dem Moment, als ich die Gentlemen nach ihren Namen fragen wollte, habe ich mir unglücklicherweise meinen frisch zubereiteten Kaffee über die Beine geschüttet. Und als ich mich von dem Schreck erholt hatte, waren sie schon weg.«

Ein Mitarbeiter des Hafenkapitäns nickte ihm zu: »Ja, ja, in Albanien ist jedes Stück Brot ein Schatz und jede Schraube so viel Wert wie Gold. Ihr wart nicht die Ersten und wahrscheinlich nicht die Letzten.«

War also doch etwas an den Geschichten dran, die ihnen Segler in ihrer österreichischen Heimat erzählt hatten, dass sie auf dem Törn nach Griechenland überfallen worden waren? Georg Nigl hatte damals geglaubt, das sei Seemannsgarn.

\- - -

K. HYMPENDAHL: *Hatten Sie Waffen an Bord?*

G. NIGL: An den europäischen Küsten und Binnenseen, wo an jeder dritten Ecke ein Polizist verfügbar ist, lehne ich eine Bewaffnung ab. Wer jedoch fernab der Küsten – und sei es mitten in Europa – über offenes Wasser segelt, der sollte sich darüber im Klaren sein, dass Polizei und Hilfe trotz Handy weit weg sind. Ich bin ausgebildeter Sicherheitsunteroffizier der Miliz (unter anderem ausgebildet im Umgang mit allen gängigen Waffentypen) und betreibe ein Bewachungsunternehmen. Ich habe auf allen meinen Segeltörns neben meiner Signalpistole auch eine legal erworbene und registrierte Pistole vom Typ Colt Government Kaliber .45 ACP an Bord. Als Bedingung für das Führen einer Waffe an Bord eines österreichischen Schiffes ist neben einer Genehmigung (Waffenpass, Waffenbesitzkarte und EG Feuerwaffenpass) vor allem ein verschließbarer Schrank (Tresor) notwendig. Ich empfehle, die Botschaften der Reiseländer vor der Abreise zu kontaktieren und eine Genehmigung vorab zu erwirken oder den entsprechenden Schriftverkehr mitzuführen.

Nach dem Piratenüberfall habe ich mich intensiv damit beschäftigt, wie die optimalen Verteidigungswaffen für eine Yachtcrew aussehen sollen (auch im Hinblick auf eine geplante Langfahrt auf einem größeren Boot im Jahr 2003). All jenen, die eine entsprechende Berechtigung zum Führen einer Waffe haben, empfehle ich eine großkalibrige Pistole (mindestens Kaliber 9 mm). Mein Colt Government hat neben einfacher Handhabung den Vorteil, dass er groß ist und auch auf Entfernung als Waffe ausgemacht werden kann. Eine Pistole bringt folgende Vorteile gegenüber einem Revolver mit sich: größere Magazinkapazität und schnelleres Nachladen durch einfachen Magazinwechsel. Um sich Angreifer aus größerer Distanz zu erwehren, empfehle ich zusätzlich die Anschaffung eines Jagdgewehrs mit Zielfernrohr. Damit kann man auch auf größere Entfernung trotz schwankenden Decks zum Beispiel einen Außenborder eines Piratenschiffs kaputtschießen. Auf kürzere Distanzen von einigen Bootslängen ist eine Schrotflinte im Kaliber .12 eine sehr effiziente Waffe, da auf Grund der Schrotstreuung nicht sehr genau gezielt werden muss. Man sollte jedoch bedenken, dass man auch für Gewehre einen abschließbaren Waffenschrank an Bord benötigt.

Segler, die keine Gelegenheit und Genehmigung haben, sich derartige Waffen zu besorgen, sollten sich am besten mit einer zweiten Signalpistole und entsprechend viel Munition versorgen. Ich bin sicher, dass kein Mensch unbeeindruckt bleibt, wenn ihm rote und weiße Signalsterne um die Ohren fliegen. Für die Verteidigung an Bord empfehle ich große Pfeffergassprays, die es mittlerweile auch in Spraybehältern so groß wie Feuerlöscher gibt. Zusätzlich

empfehle ich Teleskopschlagstöcke aus dem Waffenhandel. Ich rate dringendst von der Anschaffung von Gas- und Schreckschusspistolen ab. Ein Angreifer wird solche Waffen immer für scharfe Waffen halten und entsprechend reagieren. Hat er eine scharfe Waffe, dann kommt es meist zu einer tödlichen Auseinandersetzung. Ich kann nur jedem den Rat geben, sich die Genehmigung zur Anschaffung einer Waffe zu besorgen, auch wenn es schwierig ist. Eine illegale Waffe sollte man besser nicht in Erwägung ziehen, denn die meisten Staaten reagieren bei Übertretungen mit harten Strafen.
Egal ob Sie sich gegen oder für Waffen an Bord entscheiden – egal für welche –, trainieren Sie den Umgang mit Ihren Verteidigungswaffen und spielen Sie alle möglichen Situationen durch. Wenn Sie sich erst einmal für Waffen entschieden haben, dann sollte das mit dem festen Willen verbunden sein, mit den Waffen immer wieder zu trainieren und diese im Fall des Falles auch anzuwenden.
Für meine geplante Langfahrt werde ich außer meiner Pistole meine automatische Schrotflinte im Kaliber .12 sowie mein Marlin Selbstladegewehr mitnehmen. Ich bin oft gefragt worden: ›Hättest du geschossen?‹, und ich gebe immer die gleiche Antwort: ›Hätten sich die Seeräuber noch einen einzigen Zentimeter in Richtung meines Bootes bewegt, ich hätte keine Sekunde gezögert, abzudrücken.‹

Was würden Sie in Zukunft anders machen?
Zurück in Österreich habe ich in mein Boot eine UKW-Seefunkanlage eingebaut. Zur Zeit des Überfalls hatte ich keine Funkanlage und konnte mich mit den Behörden oder anderen Schiffen nicht verständigen.

Was würden Sie anderen Seglern empfehlen?
Raten kann ich Seglern nur: Seien Sie stets misstrauisch gegenüber anderen Schiffen, auch wenn sie im Moment keine Bedrohung darstellen mögen. Halten Sie Abstand zu Albanien, machen Sie am besten einen großen Bogen um das Land. Bleiben Sie wenn möglich auf der italienischen Seite. Das Anlaufen von Korfu empfehle ich nur am Tag.

Wie war die Unterstützung durch die Behörden?
Die Behörden haben meinen Bericht als Räuberpistole abgetan und die Geschichte nicht wahrhaben wollen. Wer hat es schon gerne, dass vor seiner Haustür die Piraten lauern?

Kapverdische Inseln

Die Republik Kap Verde ist erst 1975 von Portugal in die Selbstständigkeit entlassen worden. Viele Schwarzafrikaner fliehen dorthin. Mittellos kommen sie an und sehen in Raubzügen auf Yachten eine gute Möglichkeit, sich zu bereichern oder gar mit der Yacht zu verschwinden.

Man sollte sich also immer nach der aktuellen Lage auf den einzelnen Inseln erkundigen – diese kann sich sehr rasch verändern.

Auch die Einheimischen mancher Inseln entwickeln neuerdings eine gewisse kriminelle Energie. Meist handelt es sich um Einbrüche, Diebstähle bis hin zur Entwendung von Yachten. Es sind spontane Taten, keine organisierten Überfälle von Banden. Alle bisher gemeldeten Überfälle geschahen an Land oder auf ankernden Yachten. Deshalb ist besondere Vorsicht an Land geboten: Geld gut im Brustbeutel oder an einem ähnlich sicheren Ort verstecken. Keine glitzernden Uhren und Schmuck mitnehmen. Beim Festbinden des Dingis sollte einer in Richtung Land und Menschen schauen, während der andere sich um das Festmachen des Dingis kümmert. Oft beschäftigen sich beide Segler mit ihrem Dingi, eine Gelegenheit, die gerne von Landpiraten ausgenutzt wird, die Abgelenkten zu überfallen. Nachts Niedergänge und Luken von innen verschließen. Bewegungsmelder anschließen. Eventuell Nachtwache gehen.

Bobby Schenk: Es war der schlimmste Ankerplatz unseres Lebens

(Auszug aus der Website
www.yacht.de/schenk)

Mindelo ist einer der wenigen Ankerplätze mit bescheidenen Einkaufsmöglichkeiten auf den Kapverden und somit für zahlreiche Yachten ein Sprungbrett für die Atlantiküberquerung. Was nicht zu verkraften war, war die kriminelle Energie der Einheimischen. Ich rate jeder Yacht ganz dringend davon ab, jetzt und in naher Zukunft Mindelo anzulaufen.

Das Unglück fing damit an, dass wir am helllichten Tag von einer Horde von 12 bis 14 Jahre alten Kindern am Beibootssteg überfallen wurden. Die Kids erleichterten uns mit Hilfe ihrer Eisenhaken um ein paar hundert Dollar und um unsere Kreditkarten.

Keine Kreditkarten mehr, kein Bargeld! Anruf zu Hause: »Lieber Nicolai, bring bitte *cash* mit!«

Nicolai kam abends um 09.00 Uhr auf unserer Yacht an. Fünf Stunden später war er um 3000 Dollar ärmer. Ein Dieb war bei verschlossener Niedergangstür durch die geschlossene, aber nicht verschlossene Luke eingestiegen, hatte sich seelenruhig in der Achterkabine aus der Hose des daneben schlafenden Nicolai bedient. Wie sich am nächsten Tag herausgestellt hat, waren von den vorhandenen 20 Yachten immerhin sechs, also 30 Prozent, ziemlich zur selben Zeit überfallen worden. Eine Belgierin ertappte einen Dieb, wurde aber von ihm mit Fußtritten im Gesicht verletzt. Jetzt wurden auch andere Fälle aus jüngster Zeit bekannt.

Ab da verließen wir die Yacht kaum noch. Carla bekam schon Angstzustände, wenn ihr auf der Straße ein Kind folgte. Normalerweise essen wir abends immer am Ankerplatz im Restaurant, aber in Mindelo wagten wir es nicht, ein einziges Mal abends von Bord zu gehen. In der Nacht wurden Außenborder und Beiboot immer an Deck gelagert.

In der nächsten Nacht ging es weiter. Täter wurden fotografiert; sie waren z.B. zum Schiff geschwommen und wurden in der Navigationsecke erwischt.

Wir hätten den Ankerplatz schon längst verlassen, wenn wir nicht auf die Ankunft von Freunden hätten warten müssen. Endlich, am Mittwoch, kam Wolfgang aus Linz. In der Nacht dann wieder die üblichen Schreiereien am Ankerplatz. Aber dieses Mal hatte sich einer der Ganoven verrechnet. Er hatte sich schwimmend mit einem langen Messer – eine neue Dimension – als Opfer den Katamaran KATHAIS ausgesucht, der mit zehn sportlichen Franzosen bemannt war. Zwar brachte der Räuber zwei von ihnen Schnittwunden bei, doch konnte er überwältigt werden. Der Räuber war so stark, dass die Segler die Winschen zu Hilfe nehmen mussten, um den ›Verbrecher‹ (politisch korrekt: Intensivkriminellen) zu fesseln. Die weithin zu hörenden Schmerzensschreie deuteten darauf hin, dass die Franzosen nicht besonders rücksichtsvoll vorgegangen waren.

Zur Zeit unseres Aufenthalts im Dezember 2001 hatte jeder Segler eine Fifty-fifty-Chance, ausgeraubt, überfallen oder bestohlen zu werden. Von den üblichen Schutzgeldzahlungen an junge Männer wegen ›Beiboot bewachen‹ oder ›Schiff aufpassen‹ einmal gar nicht zu reden.«

Wenn eine Yacht zum Treibgut wird

Yachtname:	MUWI
Yachttyp:	*Gitana 43*
Werft:	*Capetown Yachts O. Berkemeyer, Südafrika*
Eigner:	*Monika und Uwe Reinders*
Heimathafen:	*Düsseldorf, Deutschland*
Vermisst:	*Nach Aufenthalt in der Bucht von Tarrafal, Insel Santiago*

Dieser Fall liegt etwas weiter zurück, aber er ist so verschieden von den anderen, dass ich ihn auf jeden Fall berücksichtigen möchte. Es geht um die deutsche Yacht MUWI – eine Slup, in Südafrika aus GFK gebaut. Die Eigner, das Ehepaar Reinders, hatten sie von einer Witwe erworben. Die Yacht lag damals in einer Marina in Jugoslawien und sie segelten sie nach Mallorca. Hier wurde sie nach den Wünschen der neuen Eigner ausgerüstet und mit zwei Freunden segelte Uwe Reinders die MUWI in die Karibik. Eineinhalb Jahre lang besuchte er meist einhand viele der östlichen Karibikinseln und die Küste Venezuelas. Danach ging es über die Azoren zurück nach Roermond in Holland. Die Yacht wurde neu ausgerüstet, bevor Reinders 1993 die Rückfahrt über die Kanäle Frankreichs ins Mittelmeer antrat. In Etappen segelte die MUWI über die Kanarischen Inseln zu den Kapverden.

Die beiden besuchten verschiedene Inseln besonders der südlichen Kapverden. Zwischendurch reiste Monika Reinders in die Heimat, um die Leitung ihrer Boutique nicht zu lange ruhen zu lassen. Als sie im Juni wieder auf die Kapverden kam, segelte sie mit ihrem Mann zu der Insel Santiago. In der ersten Juniwoche fiel in der Bucht von Tarrafal etwa 300 bis 400 m vom Ufer entfernt der Anker. Monika flog anschließend nach Deutschland zurück.

Monika und Uwe Reinders erfrischen sich in Gouadeloupe.

Uwe Reinders beabsichtigte, das Schiff einhand über den Atlantik nach Brasilien und Argentinien zu segeln. Als »Steuermann« hatte er eine Windfahnensteuerung dabei, die ihn vom ständigen Rudergehen befreien sollte. Der Skipper segelte seit 30 Jahren und die MUWI war seine zweite Yacht. Er nutzte die Zeit und führte einige anstehende Reparaturen durch. Unter anderem beizte er am 3. Juli 1993 das Holz an der Niedergangstreppe ab und brachte den ersten Lackanstrich an.

Bevor es gegen 18.00 Uhr dunkel wird, will Uwe an Land fahren. Er hat viel Arbeit an diesem Tag erledigt und freut sich auf ein Abendessen und ein paar kühle Biere. Um die frisch lackierte Niedergangstreppe nicht zu betreten, verlässt Reinders den Salon durch die Decksluke, den zweiten Einstieg. Routinemäßig verschließt er die Luke und den Eingang zum Niedergang.

Er rudert mit seinem Beiboot zum Strand, zieht das Dingi so hoch, dass auch die Flut es nicht ins Wasser zurückreißen kann. Den Außenborder hat er unter Deck gelassen, da er zu den »Objekten der Begierde« gehört.

Reinders isst in einem Straßenimbiss, trifft danach einen schwedischen Freund und nach 22.00 Uhr trennen sich ihre Wege. Für Uwe sollte der kurze Weg zu seinem Dingi einer der längsten seines Lebens werden: Trotz Vollmond ist es dunkel. Eine dichte Wolkendecke verhindert den Mondschein. Das Dingi ist nicht mehr an der Stelle, wo Reinders es hochgezogen hat. Er sucht den Strand ab, aber er findet es nicht. Was tun? Die Einwohner von Tarrafal sind bereits im Bett, Lichter sind kaum noch zu sehen. Er weiß, da draußen liegt seine MUWI vor Anker, und er denkt: An Bord kann ich erst einmal ausruhen und den Tag abwarten.

Uwe Reinders sucht sich eine geeignete Stelle am Strand, buddelt ein Loch, legt seine Kreditkarte und das gerade gewechselte Geld im Wert von 800 US-$ hinein und deckt die Stelle sorgfältig ab. Dann macht er sich auf, um zu seiner Yacht zu schwimmen. Als er sie auf halbem Weg noch immer nicht entdeckt, schwimmt er zu einem nahen Fischerboot. Er fragt die ihm bekannten Fischer, aber auch sie sehen sein Schiff nicht. Unverrichteter Dinge schwimmt er zum Strand zurück und begibt sich zur Polizeistation, doch sein zweistündiger Versuch, eine offizielle Suchaktion zu starten, bleibt erfolglos.

Das Unglück hat seinen Lauf genommen, auch sein vergrabenes Geld findet Reinders nicht mehr. So steht er nass und mittellos am Strand von Tarrafal. Gott sei Dank hat er noch seine Schiffspapiere und seinen Ausweis, da er sie wie üblich bei den Behörden abgegeben hat. Bei den Fischern kann er die Nacht verbringen. Am nächsten Tag geht die Tortur weiter: Die Yacht liegt nicht in der Bucht. Er leiht sich Geld und ruft erst einmal seine Frau in Deutschland an.

Der Tag nach dem Diebstahl ist ein Sonntag. Der Skipper bittet die Polizei, die Nachbarinseln zu verständigen und nach seiner Yacht zu suchen. Am Nachmittag findet man sein Beiboot in einer südlich gelegenen Bucht von Santiago. Am nächsten Tag informiert Frau Reinders die Versicherung in Deutschland über den Verlust der Yacht und des Beibootes. Sie teilt der Versicherung auch ihren

Verdacht mit, dass die Muwi ins nahe Dakar gebracht worden sei. Denn wenn sie nicht auf den Kapverden gesichtet wurde, dann ist der nahe Senegal die nächste Möglichkeit. Es sei denn, die Piraten haben die Yacht über den Atlantik nach Brasilien überführt, was unwahrscheinlich ist.

Am 7. Juli trifft Uwe Reinders seine Frau in Dakar. Sie hat die Deutsche Botschaft benachrichtigt und auch dort den Verlust der Yacht mitgeteilt. Die Versicherung hat ihren Agenten in Dakar informiert. Reinders weiß, wie viel Diesel noch im Tank ist: 140 l und 60 l Reserve. Das könnte gerade bis Dakar reichen.

Am 10. Juli chartern die Reinders ein Flugzeug, um über Flussmündungen und Buchten nach ihrer Yacht Ausschau zu halten. Diese Suche bleibt genauso erfolglos wie die Einschaltung der kapverdischen Polizei.

Erst am 21. September, zweieinhalb Monate nach dem Diebstahl, kommt Licht in die Affäre. Längst sind die Reinders wieder in Deutschland. An diesem Tag sichtet die Besatzung des kamerunischen Frachters Cam Bilinga die unbemannt treibende Yacht Muwi vor der Küste von Guinea, südwestlich der Inselgruppe Bijagós (Koordinaten: 10°05.4′N, 16°54.4′W). Der Ort liegt 540 sm südöstlich der Kapverden-Insel Santiago. Experten stimmen überein, dass die Muwi nicht ohne menschliches Zutun – dem Segeln, dem Fahren unter Motor oder dem Schleppen – bis hierhin gelangt sein kann.

Die Yacht der Reinders wurde in folgendem Zustand angetroffen: Die Rollfock fehlte. Das Ruder war nach hart Steuerbord gelegt und zwar über den Anschlag hinaus, sodass es nicht zurück gedreht werden konnte. Das Steuerrad war abgebaut und lag in der Kajüte. Der Buganker mit dazugehöriger Kette fehlte. Die Ankertrosse, die im Ankerkasten zwischen Rumpf und Ankerkette befestigt ist, war noch vorhanden, aber sie war gekappt. Entwendet waren das GPS-Gerät, der Kurzwellensender, das Radargerät, das Echolot, der Außenborder, das Beiboot, der

Die havarierte MUWI *wird in Deutschland entladen.*

Generator, die Rettungsinsel, das Kassettenradio, der Weltempfänger, vier Ferngläser, der Handwindmesser, der Barograph, der Kompass, Monatskarten, das Logbuch, Werkzeug, die Notsignalpistole, Kleidung, Bettwäsche, Spirituosen, Lebensmittel, ein Klapprad, eine Kamera. Die deutsche Nationale war noch am Achterstag befestigt. Spuren, die auf ein gewaltsames Eindringen in das Innere der Yacht hindeuteten, waren nicht vorhanden. Das Vorhängeschloss des zweiten Einstiegs fehlte; hier waren die Diebe ins Schiff eingebrochen. Der Dieselinhalt war noch genauso wie von Reinders angegeben. Fußabdrücke auf den frisch gestrichenen Niedergangsstufen waren nicht zu sehen. In einem Schapp fanden sich noch Schecks und 500 DM.

Als der Frachter die Yacht sichtete, war um den Mast eine 4 cm starke und etwa 20 m lange Leine aus Naturfaser gebunden, die ins Wasser hing. Eine Klampe am Vorschiff steuerbords war ausgerissen. Auf dem Schiffsrumpf leuchtete backbords mittschiffs eine überwiegend grünliche Fremdfarbe. Ebenfalls an Backbord war der Schiffsrumpf oberhalb der Wasserlinie mit Grünalgen und Entenmuscheln auffällig bewachsen.

Die CAM BILINGA schleppte MUWI erst einmal ab. Dabei nahm die Yacht jedoch zu viel Wasser über, denn der Bug unterschnitt, weil die Schleppgeschwindigkeit zu hoch für die Yacht war. Danach nahm der Frachter die Yacht mit seinem Ladegeschirr an Deck. Wegen des starken

Seegangs entstand erheblicher Schaden an der MUWI. In dem Zielhafen des Frachters, in Nordenham, wurde die schwer malträtierte Yacht an Land gesetzt. Der inzwischen informierte Reinders ließ das Wrack in die Nähe von Kiel bringen.

Was war seit dem 3. Juli mit der MUWI und mit dem Beiboot am nächtlichen Ankerplatz von Santiago passiert? Der Skipper kann anhand der Fakten den Fall wie ein Puzzle zusammentragen. Daraus ergibt sich folgendes Bild: Fischer haben das Beiboot am Strand entwendet und sind damit zu der Yacht gepaddelt. An Bord angekommen, haben sie die Ankertrosse, die mit der Ankerkette verbunden ist, durchgeschnitten. Sie verzichteten darauf, den Anker mit seiner Kette einzuholen, denn das hätte zu viel Lärm erzeugt. Zwei der Helfer stiegen in das Dingi und ruderten in die nicht einsehbare Nachbarbucht. Zuvor kam ein Fischerboot längsseits, das die grüne Farbe an der Backbordseite der MUWI verursacht hat. Die Fischer fuhren mit ihrer Beuteyacht durch die Nacht. Da man wegen des Seegangs eine Yacht nicht für längere Zeit längsseits schleppen kann, nahmen sie später die Yacht mittels des um den Mast gebundenen Tampens in Schlepp.

Wie lange die Yacht von den Piraten abgeschleppt wurde, lässt sich nicht mehr rekonstruieren. Fest steht allerdings, dass sie nicht ohne fremde Hilfe gegen die vorherrschende südwestliche Strömung in östliche Richtung nach Afrika hätte treiben können. Dass die Yacht nicht gesegelt wurde, zeigte später eine Socke, die Reinders am Tag der Tat mit anderen Sachen zum Trocknen an das Großsegel geklemmt hatte und die er später in Nordenham noch im Großsegel fand. Auch unter eigener Maschine ist die MUWI nicht zu dem 540 sm entfernten Ort gefahren. Denn der Tankinhalt beim Auffinden der Yacht war unverändert wie am Tag der Tat. Also wurde die Yacht abgeschleppt.

In dem späteren Rechtsverfahren zwischen dem Eignerehepaar und ihrer Versicherung wurde als möglicher

Sachverhalt angenommen: Die Diebe hatten über eine gewisse Zeit die Yacht im Schlepp. Bei einem Manöver müssen sie das Ruderrad über seinen Anschlag aus Hartgummistoppern mit Gewalt so weit gedreht haben, dass es sich nicht mehr bewegen ließ. Die Yacht war ab diesem Moment nicht mehr steuerbar. Sehr wahrscheinlich haben sie deshalb das Rad abgebaut, um an den Steuermechanismus unterhalb des Cockpitbodens heranzukommen. Als sie merkten, dass die Yacht ständig aus dem Ruder lief, trennten sie sich von ihrer Beute. Vorher allerdings haben die Diebe sich noch ordentlich an der Ausrüstung bedient. Zum Teil haben sie Ausrüstungsteile wie das Radargerät mit Gewalt aus der Befestigung gerissen. Dass es sich um arme Einheimische oder Afrikaner gehandelt hat, zeigt die Tatsache, dass sie sogar das Geschirr mitnahmen. Jedenfalls deutete vieles darauf hin, dass die Yacht in Eile ausgeplündert wurde. Dann wurde die MUWI sehr wahrscheinlich von einem afrikanischen Fischerboot treibend gefunden und in Richtung afrikanische Küste geschleppt, bis auch dieser Versuch wegen des quer gestellten Ruders aufgegeben wurde. Hierauf lässt der Tampen schließen, der am Mast festgebunden war und aus Naturfaser ist, wie sie an der afrikanischen Küste verwendet wird.

Da es in dem mehrjährigen Prozess zwischen dem Ehepaar Reinders und ihrer Versicherung um den Wert der MUWI von über 110 000 Euro ging, wurden mehrere Sachverständige hinzugezogen. Unter anderem der Biologe Buhs vom Zoologischen Institut in Kiel. Das Gutachten besagt zum Bewuchs an der Backbordseite über der Wasserlinie, dass die Yacht mindestens 50 Tage, mit Steuerbordseite zur Sonne ausgesetzt, mit Schlagseite nach Backbord im Wasser gelegen haben muss. Dieser Umstand ist sowohl auf die schräg auflandige Windrichtung aus Südwesten sowie den Tidenhub zurückzuführen. Denn eine Yacht treibt quer zum Wind. Im Prozess ging es darum, war es Diebstahl durch Piraten oder hatte der

Skipper den Diebstahl inszeniert? In der zweiten Instanz fiel die Entscheidung zu Gunsten des Ehepaars Reinders. Die Versicherung musste zahlen.

»Bis dahin war es der erste Yachtdiebstahl auf den Kapverden«, so Skipper Reinders. »Es gibt ganz wenig Kriminalität hier. Selbst die Gefängnisse sind leer, weil alles schnell mit Schiedsgerichten entschieden wird. Deshalb dachte ich zuerst, dass Yachties die Diebe gewesen wären. Aber es waren mit Sicherheit Einheimische.«

- - -

K. HYMPENDAHL: *Hatten Sie Waffen an Bord?*
U. REINDERS: Es waren keine Waffen an Bord.

Was haben Sie rückblickend falsch gemacht?
Mein erster Fehler war, das Geld zu vergraben und es nicht mehr wiederzufinden. Dadurch hatte ich bei der Polizei kein Geld, konnte ihnen nichts anbieten. Der zweite Fehler: Ich war zu lange am selben Ort. Und drittens hatte ich die falsche Versicherungsgesellschaft gewählt.

Was haben Sie richtig gemacht?
Alles bis auf die drei oben zitierten Fehler.

Was würden Sie in Zukunft anders machen?
Nie mehr mein Geld vergraben. Mich für die Suchaktion an Zeitungen wenden und vor allem an die lokalen Radiosender.

Was würden Sie anderen Seglern empfehlen?
Ich würde eine Wegfahrsperre einbauen, z. B. eine, bei der das Ruder hart eingeschlagen ist. Die Eingänge mit einem starken Motorradschloss verschließen. Zusätzlich eine Alarmanlage einbauen, die mir auch an Land eine Fortbewegung der Yacht anzeigt.

Wie war die Unterstützung durch die Behörden?
Die Polizei auf Santiago interessierte das einen Dreck. Das Deutsche Konsulat in Dakar war sehr hilfsbereit.

Brasilien

Immer wieder kommen aus Brasilien Nachrichten von überfallenen Yachten. Hier findet man beide Arten von Piraterie: organisierte Banden, die planmäßig vorgehen, sowie spontane Überfälle durch verarmte Küstenbewohner. Brasilien ist wie Somalia und Indonesien das Land, in dem Piraten sowohl Berufsschiffe als auch Yachten überfallen. Wie der Fall Sir Peter Blake zeigt, werden auch Yachten überfallen, wenn diese, wie die SEAMASTER Blakes, mit 36 Meter Länge die Dimension eines Berufsschiffes haben. So wurden im Amazonasgebiet eine französische 26 Meter lange Jongert überfallen und eine deutsche Megayacht eines Hamburger Eigners. Auf beiden Schiffen waren professionelle Crews an Bord, die sich nicht gewehrt haben. Beide Schiffe wurden ausgeraubt.

Brasilien hat eine sehr lange Küste mit hunderten von Buchten und Inseln. Die meisten Regionen gelten als piratenfrei. Für die gefährlichen Gebiete gibt es keine exakten Informationen und lokalen Schwerpunkte. Allerdings sind in der Bucht von Santos und im weiten Gebiet des Amazonasdeltas Piraten häufiger als anderswo.

Als sie Vögel beobachten wollten, erlebten sie eine böse Überraschung

Yachtname:	MACANUDO
Yachttyp:	*Leopard 45' Katamaran, Baujahr 2000*
Eigner:	*Russ und Gail Covey*
Heimathafen:	*Kapstadt, Südafrika*
Überfallgebiet:	*Brasilien*
Ankerplatz:	*Lençóis Island*
Koordinaten:	*02°19.43' S, 44°53.29' W*
Datum des Überfalls:	*5.8.2001*

Pünktlich zum Beginn des Millenniums lieferte die Werft Robertson & Caine den 45-Fuß-Katamaran an Gail und Russ Covey in Kapstadt aus. Seit den 60er-Jahren segeln die beiden bereits in südafrikanischen Küstengewässern, die bekanntlich kein einfaches Revier sind.

Beide waren in den Fünfzigern, als ihr Blauwassersegeltraining im neuen Schiff begann. Ihr erster Schlag führte sie zu den Seychellen. Eigentlich wollten sie weiter durchs Rote Meer ins Mittelmeer segeln, aber die Berichte über Piraten vor der Küste Somalias ließen sie umdrehen; sie fuhren wieder nach Kapstadt zurück.

Am 10. April 2001 verließen die Coveys endgültig ihre Heimatstadt mit Ziel Karibik. Sie segelten nach St. Helena, danach zur brasilianischen Insel Fernando de Noronha und klarierten auf dem Festland in Fortaleza ein. Drei Monate lang bummelten sie langsam an der Küste nach Norden. Am 1. August ankerten sie in Lee der Insel Lençóis, die nur zirka 80 sm südlich des Äquators liegt. Hier wollten sie durch Mangroven streifen, die tropische Natur erleben und Vögel beobachten. Bekannt ist die Insel wegen der scharlachroten Ibisse.

Als der Anker gefallen war, waren sie überwältigt vom Anblick der enormen Dünen, die sich vor ihnen auftürmten. Der stetige Ostpassat hat die Sandberge hier aufgetragen und wer weiß, ob der Saharasand weit im Osten über den Atlantik bis hierher gelangt ist. Die Dünen bilden durch den über ihnen aufgehenden Vollmond eine wunderbare Kulisse. Gail und Russ saßen in dieser Nacht noch lange im Cockpit, fasziniert von einem der fantastischsten Ankerplätze, die sie je kennen gelernt hatten. Eigentlich wollten sie nur zwei Tage ankern, aber die Schönheit der Insel ließ sie hier mehrere Tage verbringen, bevor es weiter zur berühmten Teufelsinsel vor Französisch-Guayana gehen sollte. Diese Insel ist durch das tragische Schicksal tausender französischer Sträflinge und durch den Film ›Papillon‹ bekannt geworden. Danach wollten sie – immer den mitgehenden Strom ausnutzend – weiter nach Trinidad und Tobago segeln, dem Tor zur Karibik. Sie waren die einzige Yacht und genossen das erste Mal auf ihrer Reise die Einsamkeit bei einem herrlichen Vollmond.

Russ Covey war in seinem Heimatland Direktor einer Telekommunikationsgesellschaft. Er hatte sich vorzeitig pensionieren lassen. Er kannte die Welt, war beruflich in vielen einsamen Gegenden gewesen, unter anderem immer wieder in Südamerika, und er sprach Spanisch. Aber in all seinen Berufsjahren hatte er noch nie eine so faszinierende Landschaft gesehen. Er dachte, wie viele Wege

Die MACANUDO *in den tropischen Gewässern der Seychellen. (Foto: Michael King Harman)*

muss man gehen, um endlich an einen so paradiesischen Platz wie diesen zu gelangen.

Keine Seemeile von ihrem Ankerplatz entfernt lagen zwei kleine Fischerdörfer, beide mit nur ein paar hundert Einwohnern. Viele Fischerboote waren zu sehen, vom Einbaum bis zu zehn Meter großen Holzbooten mit Einbau-Diesel-Maschinen. Schon am zweiten Tag besuchten die Coveys eines der Dörfer. Sie kauften Garnelen, wurden in einfache Behausungen eingeladen. Die Häuser waren ärmlich, aber wie so oft bei bescheiden lebenden Fischern wurden die Gäste großzügig bewirtet. Russ konnte sich mit seinem Spanisch bei den Portugiesisch sprechenden Fischern leidlich verständigen. Gail und er wollten sich erkenntlich zeigen und stifteten einen kleinen Betrag für ein größeres Garnelennetz, wie es von den Einbäumen aus ausgeworfen wird.

Dann kommt der 5. August, es ist Sonntag. Am Spätnachmittag machen sich die beiden Südafrikaner auf, um in den nahen Mangroven Vögel zu beobachten. Russ hängt sich seine Kamera mit dem Teleobjektiv um den Hals. Gail hat ihr Fernglas dabei. Sie steigen in ihr Dingi mit dem 5-PS-Außenborder und motoren langsam in die nächste mit Mangroven bewachsene Bucht. Die Fahrt zieht sich hin, sie wollen langsam fahren, die üppige tropische Natur genießen und keine Vögel durch laute Motorengeräusche und heftigen Wellenschlag aufscheuchen. Sie umkreisen die kleine Bucht und suchen nach einer geeigneten Anlegestelle, als sich Russ noch einmal zu seinem Schiff umblickt.

Der Schreck sitzt tief, als er auf seinem zirka eine halbe Seemeile entfernten Katamaran zwei Gestalten erkennt. Sofort gibt er Vollgas und braust mit dem kleinen Dingi zurück. Sie erreichen das Schiff und tatsächlich sind zwei Männer, offensichtlich Einheimische, an Bord. Beide Maschinen laufen bereits und Gail und Russ sehen zu ihrem Entsetzen, dass die Männer gerade dabei sind, die Hauptluke aufzubrechen.

Die Coveys springen auf ihr Schiff und stellen die verblüfften Männer. Einfach sehen sie aus: in gefleckten T-Shirts, zerschlissenen Hosen, barfuß. Sie wollen »sich nur umschauen«, beantworten aber nicht die Frage, weshalb sie beide Maschinen gestartet haben. Russ bemerkt sofort, dass einige Dinge aus dem Cockpit entfernt worden sind. Zum Glück hatte er vor der Fahrt in die Mangroven die Eingangstür verschlossen und die Luken von innen verriegelt. Sogar die Luken zu den Motorräumen waren von ihm wohlweislich verschlossen worden.

Es scheint, dass es sich bei den ungebetenen Gästen um unbewaffnete Gelegenheitseinbrecher handelt. Der Skipper fordert sie auf, sofort das Schiff zu verlassen. Als sie nicht reagieren, beginnt sein schottisches Blut zu kochen. Und als er sein rostiges Spanisch rausschreit, sie mit allen Flüchen anbellt, die er jemals gehört hat, bekommen sie es mit der Angst zu tun.

»Ich wusste, dass sie nur Portugiesisch sprechen, aber mein Spanisch haben die verstanden. Meine Frau meinte später, ich hätte ausgesehen wie eine Mischung aus Rob Roy und Braveheart – allerdings mit spanischem Akzent.«

Die Piraten springen über die Reling, sind schnell wie Katzen in ihrem Einbaum, den sie auf der Seite des Katamarans angebunden haben, die die Coveys von den Mangroven aus nicht einsehen konnten.

»Langsam ging die Sonne unter und wir befürchteten, dass sie bald wiederkommen würden, um sich für ihre Niederlage zu rächen. Vielleicht sogar mit Verstärkung.« So Gail über ihre anfängliche Angst.

Abends paddeln ihre Bekannten aus dem Fischerdorf zu ihnen. Sie sagen, dass die Einbrecher nicht von der Insel, sondern sehr wahrscheinlich aus Belém kommen, weiter nördlich an der Mündung des Amazonas. Später in der Nacht, es ist nach Mitternacht, der Besuch ist bereits lange weg, hören die Coveys Geräusche von Einbrechern. Russ bewaffnet sich mit einem starken Scheinwerfer und einem Knüppel und schleicht ins Cockpit. Er erkennt zwei Männer, die sich an seinem neuen Honda-Außenborder zu schaffen machen. Der hängt an dem Dingi, das er am Abend zwischen den beiden Rümpfen am Achterschiff hochgezogen hat. Russ zielt mit dem Scheinwerfer auf sie. Sie sind geblendet, können Russ nicht sehen. Sofort springt einer von den beiden ins Wasser und taucht weg. Der andere ist im Nu in seinem Einbaum und paddelt in die Nacht. Im starken Licht sieht Russ seine neuen Ruder wegtreiben. Abwechselnd richtet er den Scheinwerfer auf den einen Mann im Wasser und den anderen im Boot. Gleichzeitig bläst Gail ins Nebelhorn, so laut sie kann, bis schließlich auch der Mann im Kanu ins Wasser springt. Beide Männer schwimmen zu den Mangroven. Obwohl in der Nacht einige Fischer unterwegs sind, kümmert sich keiner um diesen Vorfall.

Russ Covey meint, der SOS-Aufdruck auf Gails T-Shirt sei rein zufällig. (Foto: Kerri Howland)

Die Coveys können noch im starken Licht des Scheinwerfers erkennen, dass die beiden Einbrecher von ihren Komplizen in deren Boot aufgenommen werden. Den Rest der Nacht verbringen sie abwechselnd mit einstündigen Wachen. Bei Tageslicht erkennen sie die Männer in einem größeren Boot. Sie warten gar nicht weit entfernt – sogar bedrohlich nahe. Schnell holen die Coveys den Anker hoch und mit einer günstigen Tide verlassen sie die Bucht, von der sie annahmen, dass sie eine der schönsten der Welt sei.

\- - -

K. HYMPENDAHL: *Hatten Sie Waffen an Bord?*
R. COVEY: Wir haben keine Waffen an Bord. Aber wir führen eine Kollektion von Behelfswaffen wie zum Beispiel eine Keule zum Töten größerer Fische, einen Fischhaken, Signalpatronen, eine Machete, einen starken Suchscheinwerfer, ein Nebelhorn.

Was haben Sie rückblickend falsch gemacht?
Es wäre vielleicht besser gewesen, wenn wir nicht alleine hier geankert hätten, sondern mit mehreren Yachten gesegelt wären. Wir hätten die Startschlüssel der Maschinen nicht stecken lassen sollen. Und vielleicht hätten wir den Fischern an Land nicht sagen sollen, dass nur wir beide an Bord sind.

Was haben Sie richtig gemacht?
Gebrauche den Suchscheinwerfer, mache so viel Lärm, wie es geht, und drohe ihnen.

Was würden Sie in Zukunft anders machen?
Wir überdenken zur Zeit unsere Keine-Waffen-an-Bord-Strategie, stehen dem Problem aber noch zurückhaltend gegenüber, weil wir keine Waffen mögen. Wir segeln gerade durch venezolanische Gewässer, über die schlechte Nachrichten verbreitet werden. Jetzt segeln wir mit anderen Yachten zusammen und in besonders gefährdeten Regionen sind wir in ständigem Kontakt zueinander.

Was würden Sie anderen Seglern empfehlen?
In gefährdeten Gebieten mit anderen Yachten gemeinsam zu segeln. Wenn möglich das Boot nicht unbeaufsichtigt zu lassen. Vielleicht sollte man andeuten, dass man Waffen an Bord hat (auch wenn keine vorhanden sind) und dass man bereit ist, diese auch zu benutzen.

Wie war die Unterstützung durch die Behörden?
Es gab keine Behörde – nicht einmal einen Polizisten in der ganzen Gegend. Wir wollten auch keine offizielle Mitteilung machen, weil wir so schnell wie möglich Brasilien verlassen wollten. Wir sind sofort ›in den sicheren Himmel‹ der Teufelsinsel gesegelt.

Von Piraten umgeben

Yachtname:	RIKE
Yachttyp:	*Reinke 10 M*
Werft:	*Selbstbau*
Eigner:	*Hannelore u. Jürgen Boehnke*
Heimathafen:	*Arnis, Deutschland*
Überfallgebiet:	*Piaçabuçu/Maceió, Brasilien*

Das Ehepaar Boehnke hat schon etliche Seemeilen abgesegelt. Sie sind eingefleischte Fahrtensegler und immer noch ist die Liebe zum Leben auf dem Wasser nicht erloschen, denn auch im Jahr 2002 leben sie auf ihrem neuen Motorboot und fahren zur Zeit in der Ostsee. Dass sie viel von der Segelei verstehen, mag man auch daran ermessen, dass Jürgen Boehnke die 10-Meter-Aluminiumyacht RIKE selbst komplett gebaut hat.

Am 24. April 1995 läuft die RIKE aus dem Hafen von Salvador de Bahia aus mit dem Ziel Recife. An Bord ist die neueste amerikanische Seekarte Nr. 24210 für dieses Gebiet. Die Strecke ist zirka 300 sm lang. Der Wind ist flau und Jürgen wirft den Motor an. Der Strom setzt nach Nord, für die Boehnkes ein Grund, nicht gegenan weiter nach Süden zu fahren, sondern die Gunst des Stromes zu nutzen. Es soll Richtung Karibik gehen.

Nach zwei Tagen kommen sie in das Flussmündungsgebiet des Rio Sao Francisco, der bei der Stadt Piaçabuçu in den Atlantik mündet. Von hier aus sind es noch zirka 50 sm zur nächstgrößeren Stadt Maceió. Es ist Mitternacht und sie machen ein Leuchtfeuer aus, das die Kennung des Rio Sao Francisco do Norte hat, es ist also das Feuer am nördlichen Ufer. Die Segler sehen auch mehrere weiße Lichter und vermuten einheimische Fischer, da alle nur Weiß zeigen.

Dann bemerkt man an Bord der RIKE, dass sich das vermeintliche Leuchtfeuer bewegt. Völlig unverständlich werden so die vielen weißen Lichter. Zur See hin bilden sie eine Kette, in dieser Richtung werden es sogar mehr. Steuert Jürgen in Landrichtung, werden es weniger. Zeitweilig sind die Lampen aus, sodass die Boehnkes auf die dunklen Stellen zuhalten. An Bord kommt das Gefühl auf, jemand wolle sie auf Land hinlenken.

Plötzlich ist das vermeintliche Leuchtfeuer völlig verschwunden. Dem Skipper und seiner Frau wird es mulmig. Und dann passiert um 01.45 Uhr das, wovor sich jeder Fahrtensegler fürchtet. Die RIKE setzt hart auf. Sie hat Grundberührung. Plötzlich ist Brandung von zwei bis drei Meter Höhe um sie. Das Boot wird von einer Welle in eine bedrohliche Schräglage geworfen. Die Backbordsaling schlägt auf den Grund. Immer wieder wird die RIKE zum Spielball der Wellen. Die beiden Segler haben Glück im Unglück. Es ist ablaufendes Wasser und letztendlich bleiben sie nach der letzten Brandungswelle auf ihren Twinkielen stehen.

Langsam geht das Wasser zurück. Als Erstes schaltet Jürgen die Navigationslichter aus. Dann aktivieren die Boehnkes ihren EPIRB. Sie haben zum ersten Mal seit vielen Jahren auf See Angst. Wie nach einem Spuk sind alle Lichter, die sie vorher so irritiert hatten, erloschen.

Erst danach macht sich das Ehepaar mit Taschenlampen auf die Suche nach Schäden am Rumpf und eventuellen Leckagen –, die Schläge, die die RIKE einstecken musste, gingen dem Eigner und seiner Frau durch Mark und Knochen. Im Boot ist Wasser und Sand. Erst später stellen sie fest, dass das Boot kein Leck hat, sondern dass eine Luke nicht ganz dicht abschließt.

Sie versuchen, über die Notfrequenz 2182 KHz eine Verbindung zu bekommen. Es meldet sich Radio Araçuçu. Nach einer Erklärung ihrer Situation und Standortmeldung kommt die Antwort: »De nada.« Ohne weitere Reaktion schaltet die Station ab. Dann versucht Hannelore es auf verschiedenen Amateurfunkfrequenzen, sie erhält aber nur schlechte Verbindungen. Einmal mit einem *ham operator* (Amateurfunker) in Norfolk, Virginia, und einmal mit einem Deutschen – aber die Verbindungen sind nicht brauchbar. Da der EPIRB auf den Frequenzen 406 MHz und 121,5 MHz, der Flugfrequenz, sendet, können die Segler am nächtlichen Himmel beobachten, wie zwei Flugzeuge ihren Kurs in ihre Richtung ändern. Aber sonst geschieht nichts. Sie hören nur die Brandung. Ihr Schiff steht fest mit beiden Kielen auf Sand.

Bei Tagesanbruch deaktivieren sie den EPIRB-Sender.

Ein Mann nähert sich dem Boot. Die Havaristen können sich verständlich machen, dass sie Hilfe benötigen. Der Mann bringt sie in ein Bauernhaus mit Telefon. Der Besitzer spricht ein wenig Englisch. Er sagt ihnen zu, zwei Boote zu schicken, die die RIKE vom Strand ziehen werden.

Zurück an Bord stellen die Boehnkes die Schäden fest: Einer der beiden Kiele hat sich leicht verzogen. Die Backbordsaling ist aus der Flucht. Das Ruder ist um 90° abgewinkelt.

Das Wasser und der Sand kamen durch die nicht fest verschlossene Luke herein. Mittlerweile kommen viele Menschen, die aufgesessene Yacht und ihre Eigner zu begutachten. Sie drängen ins Schiff, der Skipper muss den Niedergang abschließen. Endlich kommen zwei Fischerboote. Und bei genug aufgelaufenem Wasser nehmen sie die nicht steuerbare RIKE längsseits und schleppen sie in den nahen Hafen von Piaçabuçu.

Hier trifft das Ehepaar einen Franzosen, der eine Eisfabrik betreibt. Er hilft ihnen, beim Dorfschmied ein Hilfsruder aus Eisenrohr und Blech in Auftrag zu geben. Das wollen die Deutschen an der Heckhalterung ihrer Windfahnensteuerung anbringen. Nach 14 Tagen ist das Hilfsruder endlich fertig. Zur Wartezeit der Kommentar der Segler: »Diese zwei Wochen nach der Strandung waren das Schlimmste, was wir je erlebt haben. Jede Nacht haben wir zwei akustische Infrarotwarngeber aufgestellt. Einen auf dem Vorschiff, einen im Cockpit. Nach 22.00 Uhr schlug alle halbe Stunde einer der Warngeber Alarm. Ständig näherten sich unserem Schiff kleine Einbäume. Der Franzose sagte uns, dass im Jahr zuvor zirka acht Yachten aufgelaufen wären. Später hörten wir in Maceió von vier verschwundenen Yachten.«

Bootsbauer Jürgen Boehnke traut dem Hilfsruder nicht und bittet um Schlepphilfe in das zirka 50 sm entfernte Maceió. Hier kann er auch Aluminium-Schweißarbeiten durchführen und das Hauptruder reparieren lassen. Das Ruder auszubauen ist nicht möglich, es abzusägen ebenfalls nicht, weil der Ruderschaft unter Wasser liegt und der Durchmesser des Schaftes 70 mm beträgt. Für den Schlepp bitten die Boehnkes noch um einen extra Mann auf ihrer Yacht, da das Hilfsruder schlecht steuert. Alles ist organisiert. Sie melden beim Hafenkapitän ihre Weiterfahrt nach Maceió an. Er sagt ihnen volle Unterstützung zu und fügt hinzu, dass die Radiostationen informiert sind, um eventuell notwendige Hilfe einleiten zu können.

Das Fischerboot soll nach Sonnenuntergang bei ablaufendem Wasser zur Rike kommen. Die Ankunft in Maceió ist bei Tageslicht geplant. Aber am Tag des Schlepps kommen die Fischer mit zwei Stunden Verspätung. Die Boehnkes stellen fest, dass die Männer an Bord des Fischerboots ihnen fremd sind und nicht aus dem mittlerweile vertrauten Ort kommen, ebenso der Mann auf ihrer Yacht. Beim Ablegen werden Jürgen und Hannelore Zeugen von mysteriösem Gebaren. Ein Mann mit einem Ruderriemen auf der Schulter reicht noch im letzten Moment eine Plastiktüte mit weißem Pulver an Bord des Fischerbootes. Er macht mit dem Riemen eine kurze Rechts-links-Bewegung und wiederholt die Bewegung mit der Hand, ähnlich einem Handkantenschlag. Das Fischerboot geht längsseits und bis zur Flussmündung fährt die Rike angedockt neben ihm.

Boehnkes haben noch einen UKW-Kanal mit dem Fischer ausgemacht, falls es Probleme geben sollte. Dann geht die Fahrt los. Ab der Mündung, auf dem offenen Meer, wird die RIKE an einer Trosse abgeschleppt. In der Nacht überprüfen die Boehnkes ständig den Kurs und die Position auf ihrem GPS-Gerät. Sie trauen inzwischen niemandem mehr.

Irgendwann stellen sie fest, dass man sie immer weiter Richtung Land schleppt. Sie sehen in ihrer Seekarte vor dem Zielort Maceió Klippen und Untiefen. Genau in diese Richtung geht die Fahrt. Die Boehnkes machen den Mann am Hilfsruder auf die Untiefen aufmerksam, doch der stellt sich taub. Sie rufen über UKW das Schleppboot an. Vergeblich. Die Fahrt geht weiter in Richtung Klippen.

Vor ihnen liegen bereits die Lichter von Maceió. Der Skipper ist in großer Angst um das Leben und um sein Schiff. Seine Frau holt die Signalpistole und zielt damit auf den Mann am Ruder. Der springt auf, rennt zum Bug und schreit seinen Leuten im Schleppschiff etwas zu. Sie verstehen nichts.

Parallel fährt im Abstand von zirka einer halben Seemeile auf der Steuerbordseite ein Schiff mit Navigationslichtern und deutlich erkennbarer Innenbeleuchtung.

Die RIKE *mit defektem Ruder kurz nach der Strandung vor Rio Sao Francisco.*

Plötzlich kommt ein weiteres Boot ohne Beleuchtung von vorne auf die RIKE zu, stoppt und geht parallel zum Schleppboot. Zwei Männer schreien auf die Fischer ein und zeigen dabei auf die RIKE. Das große Boot fährt in Richtung der Segelyacht, zieht hinter ihr einen engen Bogen und leuchtet mit starken Scheinwerfern in ihr Cockpit. Die Klippen sind nur noch eine halbe Seemeile entfernt.

Jetzt verstehen die Boehnkes die Welt nicht mehr. Sie fühlen sich von allen Seiten bedroht und starten ihren Motor, um notfalls mit eigener Kraft nach Maceió zu gelangen. Der Skipper geht an das UKW-Gerät und ruft auf Kanal 16 Mayday. Eine Stimme antwortet in Englisch, fragt, was denn los sei. Jürgen erklärt seine Situation und erhält auf Portugiesisch die Antwort: »*De nada*« – macht nichts.

Da kappen die Boehnkes die Schlepptrosse. Danach schießen sie zwei rote Sterne. Auf Kanal 16 meldet sich jetzt in deutscher Sprache ein Offizier des Frachters GÖRLITZ aus Wismar. Der Offizier hatte das vorhergehende Gespräch mit angehört. Jürgen Boehnke schießt noch einmal Rot, dann haben die Männer der GÖRLITZ die Yacht auf dem Radar gepeilt. Über Funk lotsen sie die RIKE noch 5 sm bis zur Reede, wo der Frachter vor Anker liegt. Boehnkes gehen an dem 200 m langen Frachter längsseits. Ihr brasilianischer »Steuermann« springt vor Angst ins Wasser und schwimmt zu seinen Freunden auf dem Schleppboot.

Die Boehnkes konnten sich drei Wochen in einer Kabine der GÖRLITZ erholen. Sie waren nervlich am Ende. Hatten auch keine Lust mehr, weiter in die Karibik zu segeln. Sie sehnten sich nach Europa zurück und versuchten, nachdem die GÖRLITZ abgelegt hatte, ihre Yacht auf ein Schiff verladen zu lassen, das nach Deutschland fuhr. Zu der Zeit war das aber nicht möglich und so dauerte es über ein Jahr, bis die RIKE mit der GRIMALDI LINE in Livorno anlangte.

Das weiße Pulver in der Tüte, das die Boehnkes bei der Abfahrt mit dem Schleppboot gesehen hatten, entpuppte sich als 2 kg Zucker. Der war in ihrem Dieseltank. Bewirkte allerdings nichts (kann Kolbenfresser verursachen), da das Ansaugrohr auf der RIKE 5 cm über dem Tankboden liegt.

\- - -

K. HYMPENDAHL: *Hatten Sie Waffen an Bord?*
J. BOEHNKE: Eine Signalpistole.

Was haben Sie rückblickend falsch gemacht?
Wir wissen es nicht. Wir würden uns wohl wieder ähnlich verhalten.

Was haben Sie richtig gemacht?
Den EPIRB registriert und aktiviert zu haben.

Was würden Sie in Zunkunft anders machen?
Nichts.

Was würden Sie anderen Seglern empfehlen?
In Gewässern von Ländern der Dritten Welt nicht alleine, sondern im Konvoi von mindestens drei Yachten in geringem Abstand zu fahren. Einen registrierten EPIRB mit der Satellitenfrequenz und der Flugnotfrequenz mitzuführen sowie zwei UKW-Funkgeräte.

Wie war die Unterstützung durch die Behörden?
Es gab keine. Unser Eindruck war, dass man herausfinden wollte, wie wir aus dieser Situation heil herauskommen.

Piraten erschießen Sir Peter Blake

Yachtname:	SEAMASTER
Yachttyp:	*36 Meter Schooner*
Expeditionsschiff:	*Für polare Seeexpeditionen des franz. Forschers Jean-Louis Etienne gebaut*
Konstrukteur:	*Luc Bouvet und Olivier Petit*
Eigner:	*Peter Blake Expedition*
Heimatland:	*Auckland, Neuseeland*
Überfallgebiet:	*Macapá, Amazonas-Mündung, Brasilien*
Datum des Überfalls:	*6.12.2001*

Am 6.12. ist Nikolaus, mein Namenstag. Ich hatte an diesem Tag einen Vortrag in der Volkswagen-Stadt Wolfsburg gehalten und wohnte bei Segelfreunden. Am nächsten Tag kam uns beim Frühstück die Idee, gemeinsame Freunde in Neuseeland anzurufen, die viele Jahre auf Barbados gewohnt haben. Peter Lehmann war dort EU-Kommissar und Ursula die Stützpunktleiterin des Trans Ocean Vereins. Ursula war auch gleich am Telefon und erzählte mir als Erstes vom Tod Sir Peter Blakes, der von Piraten erschossen worden war. Ich konnte die schreckliche Nachricht nicht glauben, sodass ich es unterließ, ihr von der Arbeit an diesem Buch zu berichten. Nie hätte ich mir denken können, über diesen Segel-Champion und seinen Tod zu schreiben.

Ich kann hier nicht alle sportlichen Triumphe von Sir Peter Blake aufzählen; sie sind ohnehin weltweit bekannt. Dafür wurde er 1995 zum Ritter geschlagen. Auch seine Fotos gingen um die Welt: blond, blaue Augen, 1,93 m groß, mit einem markanten Schnauzer und Lachfalten um die Augen. Ein Kerl von einem Mann. Das Bild eines Helden.

Kaum bekannt ist der ganz andere Mensch, der sensible Sir Peter. Seine letzte Logbucheintragung an Bord der SEAMASTER, der knapp 40 m langen Aluminium-Yacht der »Peter Blake Expedition« offenbart die Stimmung, die er einen Tag vor seinem Tod auf besonders eindringliche Art schildert. Im Nachhinein liest es sich fast wie ein Vermächtnis, wie von einer Vorahnung getrieben:

Ort: Amazonas
Status: Laufen unter Motor
Bedingungen: Angenehm
Lufttemperatur: 35 °C
Wasseroberfläche: Moderat/ruppig
Sicht: Moderat

NACHTS. *Die Abenddämmerung hat die Wasseroberfläche des Flusses in ein öliges Grau verwandelt – mit einem schnell dunkel werdenden Himmel, nachdem das Orange der Sonne und ihr Gold verschwunden waren.*

Wir hoffen immer auf eine klare Nacht. Heute wird der Mond kurz nach 21.00 Uhr erscheinen, bis dahin bedeutet das zwei Stunden tiefschwarze Nacht. Vor uns können wir Wetterleuchten beobachten – im Radar zeigt sich ein Regenband, das sich auf beiden Seiten unseres Kurses abzeichnet.

Wir sehen Lichter von Schiffen, Schleppkähnen, Fähren und kleinen Orten. Schwimmende Leuchtzeichen markieren die Begrenzungen von Fischernetzen, die wir umfahren. Aus der Wolke mit dem Wetterleuchten kommt eine kühlende Brise zu uns, aber kein Regen. Der Mond ist aufgestiegen, aber die Regenwand hat ihn inzwischen überdeckt. Die ersten erfrischenden Regentropfen fallen. Als wir die Wolke passiert haben, bleibt uns nur noch der Fahrtwind, der uns kühlt.

In dieser Nacht ist der Fluss ruhig, manchmal wird es leicht kabbelig, danach sind die Wellen wieder glatt. Am Bug steht immer einer der Crew als Wache, um nach gro-

ßen Baumstämmen Ausschau zu halten, auch nach treibenden Pflanzenteppichen oder kleinen Fischerbooten ohne Licht. Er hat einen starken Scheinwerfer in der Hand, den er von Zeit zu Zeit anmacht. Der Bugmann hat immer Kontakt mit dem Steuermann. Fortlaufend kontrolliert die Crew die verschiedenen Kontrollanzeigen der Maschine, stündlich werden das Motoröl geprüft, Eintragungen in die Flusskarte gemacht und das Radar und der Tiefenmesser beobachtet – die zwei wichtigsten Instrumente bei dieser Flussfahrt.

Es vergehen nur wenige Minuten, ohne dass der Kurs neu gesteuert werden muss, um in der tiefen Fahrrinne zu bleiben, Sandbänke zu vermeiden oder Inseln zu umgehen. Das lässt uns wenig Zeit zum Ausruhen.

Heute Nacht erkennen wir Rauchschwaden – große Bänder von Rauch, die aus dem Landesinneren kommen. Wie Wälle türmen sie sich über dem Fluss auf. Der Geruch des brennenden Waldes füllt die Luft und dringt bis in unsere Kabinen.

TAGS. *Bei Tageslicht ist es natürlich einfacher, Treibholz und die schwimmenden Pflanzeninseln auszumachen, aber immer muss das Auge wachsam bleiben. Schon länger als zwei Monate hatten wir keine Segel gesetzt. Aber das wird sich bald ändern, wenn wir hinter dem Amazonasdelta nach links abbiegen und die Passatwinde zu fassen bekommen. Das kann schon Anfang nächster Woche der Fall sein – ich drücke die Daumen!*

Nur mit einer kurzen Hose bekleidet, sitze ich im Bug, weit weg vom Hämmern des Dieselmotors, nur das Klatschen der Bugwellen unter mir. Neben mir sehe ich deutlich die Konturen des Schattens unserer Masten und Flaggen, wie sie sich im braunen Wasser des Flusses widerspiegeln.

Die Sonne steht nicht mehr senkrecht über uns. In drei Wochen wird sie an ihrem südlichsten Punkt sein und dann wieder ihren sechsmonatigen Weg zum nördlichsten Punkt beginnen.

Ein typischer Tag bedeutet drei Stunden Wache und sechs Stunden frei, aber verglichen mit Ozeanregatten ist hier die Anspannung vergleichsweise größer. Also nimmt man jede Gelegenheit wahr, gut und tief zu schlafen, um in der Nachtwache topfit zu sein.

Weshalb?

Wiederholt frage ich mich: Weshalb sind wir hier? Weshalb haben wir die Antarktis im März verlassen, das Schiff in Buenos Aires überholt, um in einem langen Schlag nach Norden zu segeln, um einige Zeit im Amazonas zu verbringen?

Das Internet und unsere Website www.blakexpeditions.com *ermöglichen es, dass diese Zeilen weltweit in Wohnungen, Büros und Schulen zu lesen sind. Wenn es hier heiß ist, dann wisst ihr, es ist nicht nächste Woche heiß, sondern jetzt, in diesem Moment. Wenn wir besorgt sind oder Probleme haben, dann ist es in diesem Augenblick. Wir berichten von den Dingen, die wir vorfinden, nichts wird beschönigt.*

Wir hätten auch mit einem Flugzeug kommen können, wären ein paar Wochen geblieben und abgefahren. Aber Reisen mit SEAMASTER *bedeutet, dass wir die Unermesslichkeit dieser Wasserregion würdigen und erst dadurch ein Gefühl dafür erhalten wie nur ganz wenige. Die Menschen, die wir treffen, schätzen unsere Arbeit auch entsprechend ein.*

Die Qualität des Wassers und die des Lebens in all seinen unendlichen Formen sind empfindliche Teile des Gesundheitszustandes unseres Planeten – das gilt nicht nur hier am Amazonas, sondern überall. Wir möchten, dass Menschen wieder anfangen, sich um die Umwelt so zu sorgen, wie es nötig ist.

Um zu gewinnen, muss man daran glauben. Man muss leidenschaftlich sein. Man muss richtiggehend das Ergebnis ›wollen‹, selbst wenn es Jahre an Arbeit bedeutet.

Der schwierigste Teil von jedem großen Projekt ist der Beginn. Wir haben begonnen, wir sind unterwegs, wir sind leidenschaftlich. Wir möchten es anders machen.

Peter

Sir Peter Blake. (Foto: Franck Socha/ Bluegreen)

Zwei Monate waren die zehn Männer der Blake-Expedition am Amazonas und Rio Negro. Ihr Ziel war es, Ursachen der globalen Erwärmung unseres Planeten und seiner Verschmutzung zu erforschen. Zu diesem Zweck waren sie vorher mit der SEAMASTER in der Antarktis. Welche Bedeutung das Projekt in Sir Peter Blakes Heimat hat, kann man daran ermessen, dass die Ministerpräsidentin von Neuseeland, Helen Clark, ihren Südamerikabesuch dazu nutzte, um Sir Peter und seine Männer an Bord der SEAMASTER im Amazonasgebiet zu treffen. Auch ihr erzählte er von seiner Philosophie einer besseren Umwelt, die in seinem Credo mündete: *Good water, good life. Poor water, poor life. No water, no life.*

Dr. Marc Shawn, der Bootsarzt, der Sicherheitsmann und zwei weitere Crewmitglieder waren am 6.12. nicht an Bord, sondern flussaufwärts in ein Gebiet gefahren, das als gefährdet eingestuft wurde. Man wollte sich später in Venezuela wieder treffen. An Bord der SEAMASTER waren:

Sir Peter Blake, Neuseeland, Skipper, Expeditionsleiter, Rob Waring, Neuseeland, Zweiter Skipper, Leon Sefton, Neuseeland, Sohn von Sir Peter Blake's Partner, Don Robertson, Ex-Mitglied vom Team New Zealand, Jeff Bullock, letzter Commodore von Aucklands Royal Akarana Yacht Club, Alistair Moore, Neuseeland, Crew, Rodger Moore, Sohn von Alistair Moore, Crew, Charlie Dymock, junger Freund der Blake-Familie, Robin Allen, junger Freund der Blake-Familie, Mark Scott, Neuseeland, Journalist von *GEO*, und Paulo, Brasilien, Koch.

Für die elf Männer an Bord ist es ein besonderer Tag,

denn am nächsten Morgen wollen sie ausklarieren und abreisen. Ziel: Venezuela. Sie haben ihre Yacht in der Nähe der Provinzhauptstadt Macapá am Nordufer des Amazonas geankert. Nicht weit liegt das winzige Fischerdorf Fazendinha. Östlich davon erstreckt sich das Mündungsgebiet des größten Stroms der Welt, das sie durch den Canal do Norte durchfahren wollen. Sie ankern ein paar hundert Meter vom Ufer entfernt. Am frühen Abend geht die gesamte Mannschaft an Land zum Essen. Man feiert die bevorstehende Abreise. Immerhin waren es anstrengende Monate, erst im Eis, dann im stickigen Dschungel. Zurück an Bord werden an Deck die Hängematten aufgespannt, weil man bei der Hitze in der Kajüte kaum schlafen kann. Am Morgen wollen alle wieder den kühlenden Passatwind spüren.

Ein Großteil der Mannschaft bleibt an Deck. Hier gibt es achtern einen Bereich, der mit einer Persenning überspannt ist, den sie Rodger's nennen. Bei Rodger's werden noch einige Flaschen Bier geöffnet. Einige Männer spielen Scrabble. Jemand hat Musik angestellt. Die Stimmung könnte nicht besser sein. Nur der Neuseeländer Leon Sefton und der junge englische Student Dymock sind in ihren Kajüten unter Deck.

Um diese Zeit schaut sich der Hafenmeister Claudio Roberto Pareira Lira in seiner Holzhütte am Ufer des Fischerortes Fazendinha das Fußballspiel Flumenense gegen Ponte Preta an. Es ist 22.15 Uhr, als sich aus der pechschwarzen Nacht ein Dingi dem Forschungsschiff nähert. In diesem Schlauchboot sitzen der 20-jährige Piratenführer Rubens da Silva Souza und fünf berüchtigte Plünderer. Sie heißen in der Amapa-Region »ratos de agua«, Wasserratten, weil sie in dieser Gegend ihr Unwesen auf dem Wasser treiben und Frachter überfallen. Es sind Kriminelle, die mit Pistolen, Flinten und Schnellfeuergewehren bewaffnet sind. Sie haben ein langes Register an Straftaten hinter sich. Die im Fluss ankernde, hell beleuchtete SEAMASTER sieht für sie wie eine leichte Beute aus. An Bord vermuten sie reiche Touristen, gehen davon aus, auf keinen Widerstand zu stoßen.

Keiner der Männer im erhellten Cockpit kann bemerken, dass sich die Piraten von achtern aufs Schiff schleichen. Alles geht blitzschnell. Einer der Piraten zeigt sich der Crew, er hat eine Pistole. Alistair Moore springt auf, schüttet dem Ersten Bier ins Gesicht, will alle verjagen. In diesem Moment schlägt ihm der Kerl mit der Pistole ins Gesicht. Der junge Moore geht für kurze Zeit ohnmächtig in die Knie.

Leon Sefton hört an Deck laute Geräusche und wildes Geschrei. Er will nach oben eilen, als er Sir Peter in der halb offenen Kajüte sieht. Sefton erkennt, wie sein Skipper nach einem Gewehr greift, kann zu diesem Zeitpunkt aber nicht wissen, dass seine Kameraden an Deck überfallen wurden und Sir Peter nach unten geeilt war, um seine Waffe zu holen. Sefton kommt nur bis zum oberen Deck, bis zu der Tür, die zum Niedergang führt. Er sieht oben einen Fremden – später als Isael Pantoja da Costa identifiziert, der ihm eine Pistole vorhält. Als er in die Mündung schaut, hebt Leon Sefton die Hände. Der Pirat ist erstaunt, den Falschen vor sich zu haben, sucht er doch Sir Peter.

Ehe er nach unten gestürzt war, hatte Sir Peter seinen Männern noch zugerufen: »Jetzt wird's ernst!«

Sefton sieht, wie Sir Peter mit seinem .308 Gewehr aus der Kabine stürzt. Er schreit den vor ihm stehenden Banditen an, sein Schiff zu verlassen. Er ist wütend, wirkt so furchterregend, dass der Eindringling den Niedergang hoch eilt. Sir Peter folgt ihm. Dann sieht Sefton plötzlich seinen Skipper zurückweichen, hört mehrere Schüsse, alles geht blitzschnell. Er sucht Schutz in der Kabine des Kapitäns, sieht ein weiteres Gewehr auf dem Bett liegen und Munition, greift nach der Munition, um sie Sir Peter zu reichen, falls er mehr benötigt.

»Zu diesem Zeitpunkt dachte ich, dass wir alle getötet werden«, so Leon Sefton später.

Er sieht, wie sein Kapitän versucht, sein Gewehr nachzuladen, bietet ihm die Munition an. Aber der lehnt ab. Stattdessen gibt er ihm Anweisung, sofort die vordere Luke im Schiff als Fluchtweg zu öffnen.

»Als ich zurückkam, lag Sir Peter auf dem Rücken. Er bewegte sich nicht. Sein Kopf ruhte auf einer der Niedergangsstufen. Als ich mich ihm näherte, wusste ich, dass er tot war.« Sefton und andere versuchen über 15 Minuten lang vergeblich die Wiederbelebung.

An Deck wird die Mannschaft durch das mit militärischer Präzision durchgeführte Manöver der Piraten vollkommen überrascht. Die Männer drohen mit Waffen, rufen: »*Money, money, money!*«

Sir Peter hatte seine Leute verteidigen wollen. Erst hatte er die Piraten angeschrien: »*Get of my f...... boat!*«, dann seine Waffe geholt, auf dem Weg nach oben den Mann gesehen, den 27-jährigen Isael Pantoja da Costa, dem auch Sefton im Boot begegnet war. Sofort hatte Sir Peter geschossen. Er traf zwei Finger des Piraten, die Waffe zerbarst, die Kugel drang in den Unterarm des Piraten und kam beim Ellbogen wieder heraus.

Costa schrie vor Schmerzen auf. Einer seiner Finger lag an Deck. Dann reagierte einer der Anführer der Wasserratten. Der 23-jährige Ricardo Colares Tavares, ein auf Kaution freigelassener Räuber, zielte mit seiner Pistole, Kaliber: 7.65 mm, von Deck aus in den hell beleuchteten Niedergang. Hier stand Sir Peter; sein Gewehr hatte Ladehemmung. Zwei Schüsse in seinen Rücken hatten ihn getötet, einer seine Aorta zerissen. In Eile rafften die Piraten Kameras, Objektive, Wertsachen wie Geld, Uhren etc. zusammen; einer zog dem Toten sogar noch seine Omega vom Arm, selbst sein Gewehr ließen sie mitgehen sowie eines der Beiboote. Wahllos schossen sie bei ihrer Flucht um sich. Beinahe hätten sie auch noch Geoff Bullock getötet, der jedoch mit einem Streifschuss am Rücken davonkam.

Während ich an diesem Buch schrieb, waren die Crewmitglieder gehalten, keine Einzelheiten preiszugeben, um nicht in ein laufendes Verfahren einzugreifen. Aus diesem Grund basiert dieser Bericht allein auf Recherchen und nicht auf Aussagen der Beteiligten.

Der Vorfall zeigt eine organisierte Bande, die in erster Linie Jagd auf Handelsschiffe macht. In den wenigsten Berichten von überfallenen Yachten kam es zu einem Überfall durch organisierte Banden.

Vielleicht wäre eine kleine Yacht von den Wasserratten nicht attackiert worden. Und es ist anzunehmen, dass die SEAMASTER, weil sie die Länge eines Handelsschiffes hat, für einen Raubzug ausgewählt wurde. Das lässt auch darauf schließen, dass sich die Piraten nicht von einer vielköpfigen Mannschaft abhalten lassen. Im Gegenteil: Die Berufskriminellen haben die Anwesenheit der Männer im Cockpit in Kauf genommen. Nach dem Motto »die Crew ist für uns kein Hindernis« haben sie die Yacht geentert.

Ein zweiter Aspekt dieser Geschichte lässt sich sehr gut aus dem Resümee von Manolo Pasana, dem obersten Ermittler in diesem Fall, ableiten: »Es ist sicher, dass Sir Peter Blake als Erster geschossen hat. Wahrscheinlich wäre er noch am Leben, wenn sein Gewehr in dieser Sekunde nicht Ladehemmung gehabt hätte.«

Mit dem ersten Satz will der Ermittler ausdrücken, dass Sir Peter Blake noch leben würde, wenn er kein Gewehr ergriffen beziehungsweise wenn er nicht als Erster geschossen hätte. Der zweite Satz bedeutet: Wer Waffen an Bord hat, muss sie auseinander nehmen, fetten und pflegen. Man muss mit ihnen immer wieder unter allen möglichen Bedingungen üben. Es reicht nicht, ein paar Trainingsschüsse auf dem einsamen Ozean über die Reling abzugeben. Man sollte am besten ein Profi-Training absolviert haben. Und man muss bereit sein, in jeder gefährlichen Situation mit dieser Waffe umzugehen.

Karibik

Die Karibik, das sind hunderte von Inseln, viele Inselstaaten und auch viele Anrainerländer. In den meisten Gebieten kann man sorgenfrei segeln. In einigen ist Vorsicht geboten; gewisse Reviere sollte man zur Zeit meiden oder sich vorher über die aktuelle Lage erkundigen.

Obwohl in diesem Buch drei Überfälle in den Gewässern des Inselstaates St. Vincent and the Grenadines vorkommen (zwei Überfälle in der Wallilabou Bay von St. Vincent wurden von derselben Gang durchgeführt), würde ich dieses Gebiet als piratenfrei bezeichnen. Auch auf der zu Antigua gehörenden Insel Barbuda hat es vor Jahren einen schweren Piratenüberfall gegeben, bei dem Tote zu beklagen waren. Es ist auch bekannt, dass auf Ankerplätzen in der Rodney oder Marigot Bay, St. Lucia, auf vielen Yachten eingebrochen wurde. Dennoch kann man das gesamte Inselgebiet der beliebten Kleinen Antillen als frei von Piraten bezeichnen. Denn die Überfälle, die ich registrieren konnte, entbehren einer Systematik von Folgeüberfällen; hier handelt es sich um spontane Raubzüge, wie sie leider in jedem städtischen Vorort der westlichen Welt auch vorkommen.

Anders sieht es in den Ländern Venezuela, Nicaragua, Honduras und Guatemala aus. Hier wurden mehrfach Yachten überfallen; es gab Tote, Schwerverletzte, Vergewaltigungen.

Sie wurden nie überfallen – waren aber auf Piraten vorbereitet

Yachtname:	LOCURNA *und* THATAWAY
Yachttyp:	*Force 50 und Cal 46*
Eigner:	*Dr. Bob Austin und Marie Austin*
Heimathafen:	*Los Angeles, USA*
Überfallgebiet:	*Fühlten sich vielfach bedroht*

Dieser Beitrag des Arztes Bob Austin ist von besonderem Interesse. Er beschreibt ausführlich die defensive Einstellung des Paares zu möglichen Piratenüberfällen, ohne dass es jemals überfallen worden ist. Lag es daran, dass mögliche Piraten die Bewaffnung an Bord ahnten? Oder begegneten die beiden keinen Piraten, weil es gar keine gab? Waren sie zu vorsichtig? Oder kann man gar nicht umsichtig genug sein? Hier ergeben sich besonders viele Fragen, weil es niemals eindeutige Gefahrensituationen gab. Oder ist eine Situation erst dann gefährlich, wenn der Überfall bereits stattfindet? Ist Bobs Verhalten richtig oder falsch? Wie auch immer, die Anschauungen dieses Skippers beleben die Diskussion.

Bob Austin, Jahrgang 1936, und seine Frau Marie, eine gelernte Krankenschwester, sind quasi auf dem Wasser groß geworden. Marie bekam Seebeine auf Fischerbooten, Bob segelte bereits mit fünf Jahren allein eine Sabot-Jolle – noch bevor er lesen konnte. Zum Ende des Zweiten Weltkrieges nahm er mit seinem Vater an Regatten in einer 24' Holzyacht teil. Während der Vater auf Geschäftsreisen war, gewann Bob im Alter von 13 Jahren sogar seine erste Hochseeregatta als Skipper! Es folgten Regatten vor der kalifonischen Küste nach Mexiko und im Jahr 1979 die Teilnahme am TransPace Race nach Hawaii.

Seit 1977 segeln Bob und Marie zusammen. 1982 baute

Bob eine Fahrtenyacht aus und ließ sich mit Marie für fünf Monate nach Norden treiben, Richtung Oregon. 1982 bis 1985 besaßen sie eine Force 50, eine Bill Garden Design Ketch. Sie war mit all der Ausrüstung versehen, die das Leben und die Navigation einfacher machen. Ihre Reise ging von Kalifornien über Mittelamerika, den Atlantik, das Mittelmeer, in die Türkei, dann in die Ostsee, Karibik und wieder zurück. 41000 sm lagen hinter ihnen.

Zurück in Los Angeles restaurierte Bob eine Cal II 46'; auch diese Yacht rüstete er nach neuestem Standard für die große Fahrt aus. Dreimal ging es im Sommer nach Alaska und schließlich durch den Panama-Kanal nach Florida, mit wiederum vielen Ankerstopps in Mittelamerika. Die beiden Kalifornier hatten allein sieben Törns nach Baja California in Mexiko gemacht, waren viele Male nach San Francisco gesegelt, hatten sich in Neuseeland und Australien Wind und Salz ins Gesicht blasen lassen. Mit anderen Worten: Bob und Marie Austin sind sehr erfahrene Segler.

Bob ist ein vorsichtiger Mann. Einer, der das Gras wachsen hört. Als er mir in seiner ersten E-Mail schrieb, dass er vom Navigationstisch unter Deck die Maschine starten, das Boot steuern und den Anker bedienen kann, um im Fall eines Überfalls von einem sicheren Platz aus agieren zu können, bat ich ihn, mir mehr über sich mitzuteilen. Hier ist seine Geschichte – besser gesagt, seine präventive Einstellung zu möglichen Piratenüberfällen. Denn wie gesagt, überfallen wurden er und seine Frau nie.

»Wir haben uns immer auf mögliche Attacken von Piraten seit meinen Fahrten nach Mexiko Anfang der 60er eingestellt. Zu dieser Zeit gab es dort so gut wie keine Yachten. Obwohl ich freundlich zu Einheimischen bin, möchte ich nicht, dass sie an Bord kommen, es sei denn, ich kenne sie gut.

Ich habe immer eine Machete an der rechten Seite am Niedergang. Alle Einheimischen verstehen die Bedeutung einer Machete. Ich halte sie immer sehr scharf, sodass die

Schneidefläche stets glänzt. Mehrfach musste ich sie herausholen, um mich verständlich zu machen. Außerdem besitze ich einen *bear repellant*. Das sind Behälter mit 13 Prozent Pfeffergas und einer violetten Farbe, deren Strahl zirka 10 Meter weit trägt. Auf einer der Reisen hatten wir einen großen schwarzen Labradorhund dabei. Bei einem späteren Törn kamen sogar zwei kräftige englische Labradors an Bord. Ich führe mehrere Schusswaffen mit, natürlich sehr gut versteckt. Entweder eine .44 Magnum oder eine .357 Magnum. Allerdings bevorzuge ich Revolver gegenüber automatischen Waffen. Sie sind viel zuverlässiger, blockieren nicht. Ich habe stets eine Mosberg Schrotflinte – mit einem 22-Zoll-Lauf, Pistolengriff und Kaliber .12 – dabei.

Und ich besitze einen M1-Karabiner. Dies ist die Waffe, die den Offizieren im Zweiten Weltkrieg und im Koreakrieg zur Verfügung stand. Sie ist automatisch: Kaliber .30. Alle meine Waffen sind so gut versteckt, dass man sie bisher niemals gefunden hat, obwohl ich an Bord einige Untersuchungen von Offiziellen hatte. Normalerweise habe ich immer ein geheimes Schapp gebaut. Manchmal habe ich die Waffen auch in Plastiksäcke verstaut und diese zwischen dem Wassertank und dem Rumpf versteckt. Ich habe stets ein schwarzes Bändsel um den Lauf befestigt, sodass ich die Waffen an diesem Bändsel schnell hervorziehen kann. Dann besaß ich meist eine .22 Magnum 5-Schuss-Pistole aus Edelstahl. Die ist nicht länger als 7,6 cm, weniger als 2,6 cm breit und nur zirka 6,4 cm hoch. Man kann sie gut verstecken. Mein Lieblingsversteck war das Batteriefach von meinem tragbaren Radio. Es gibt da nämlich einen Trick, das Fach zu öffnen, und niemand hat es je versucht. Ich lasse das Radio auf 12 Volt laufen, niemand kam je auf den Gedanken, das Batteriefach zu öffnen.

Niemals habe ich die Signalpistole als richtige Waffe betrachtet, obwohl es einige Segler tun. Ich glaube, sich der möglichen Gefahr im Voraus bewusst zu sein, ist die halbe Miete. Ich habe nicht alles allein auf meine Schultern geladen. Meine Frau ist an Waffen ausgebildet und kann auch mit einer Machete umgehen. Wenn wir in einem gefährlichen Gebiet segeln, habe ich immer Funkkontakt über Amateurfunk, Kurzwelle oder auf UKW.

Unabhängig von dem oben Gesagten habe ich vielen Einheimischen geholfen. Ich habe ihnen Essen gegeben, Dieselkraftstoff, Wasser, Motorteile und auch Motoren repariert. Zum Beispiel kamen nahe den Orten David und Bahia Honda, die als Drogenschmugglerreviere bekannt waren, vier Männer in ihrem Einbaum auf uns zu. Sie brauchten Zucker und Kaffee und boten zum Tausch Langusten und Früchte an. Sie fragten, ob wir mit ihnen in ihr Dorf gehen würden.

Ich hatte damals ein Schlauchboot mit einem 25-PS-Außenborder. Mein Cousin und ich schulterten unsere Gewehre und folgten ihnen ins Dorf. Obwohl diese Männer ärmlich gekleidet und schmutzig wirkten, waren sie höflich. Das Dorf sah anständig aus, wir trauten den Männern und tauschten. Später kamen sie zu unserem Schiff zurück. Wir hatten ihnen mehr gegeben als sie uns. Ob sie uns zum Essen einladen könnten, fragten sie. Wir akzeptierten und eine Freundschaft entstand. Am nächsten Tag reparierten wir ihren einzigen Außenbordmotor.

In Mexiko versuchte uns ein Fischerboot zu rammen. Wir segelten, hatten Wegerecht, die Fischer kamen immer näher. Ich startete vorsichtshalber die Maschine, ging zum UKW und gab auf Kanal 16 diese verdächtige Situation durch. Wir hielten unseren Kurs, das Fischerboot war vor unserer Backbordseite. Als es nur noch 50 Meter entfernt war, blies ich fünfmal ins Horn. Die andere Crew beobachtete uns, reagierte aber nicht. Ich drehte das Steuerrad nach Steuerbord und machte eine 270°-Wende, dann brachte ich meine Geschwindigkeit auf die ihre. Sie drehten jetzt, aber ich folgte dem Boot in ihrem Heckwasser in einem Abstand von zirka 25 Metern. Wir hatten unsere Gewehre herausgeholt und zeigten sie deutlich. Nach rund 30 Minuten dachten sie wohl, dass wir total verrückt seien (unser Boot hieß LOCURA – der Wahnsinn). Sie machten eine Drehung um 90° und motorten in Richtung offenes Meer. Wir beobachteten sie auf dem Radar in dieser Nacht und stellten fest, dass sie zirka 5 sm vor der Küste blieben. Zwischenzeitlich hatte ich die mexikanische Marine benachrichtigt. Das Fischerboot verschwand aus unserem Radar – Ende des Zwischenfalls. Ich kenne einige Segelfreunde, die von mexikanischen Fischerbooten gerammt wurden. Die Angreifer wollten Geld, behaupteten, dass man sie beim Fischen gestört, ihnen das Wegerecht genommen hätte.

Auch an Land wurden wir schon mehrfach verfolgt. Die beste Verteidigung ist eine Offensive. Wenn man sich nicht zu einem sicheren Platz begeben kann, dann sollte man sich zu einem gut beleuchteten oder offenen Platz begeben. Konfrontiere die Menschen, die dich verfolgen, in ihrer eigenen Sprache. Wenn sie erkennen, dass man sich verfolgt weiß, dann brechen sie die Sache ab, denn sie haben ihren wichtigsten Vorteil verspielt: die Überraschung.

Ich hole das Dingi nachts immer an Bord. An Land schließe ich es mit einem Kabel an einem Baum oder Ähnlichem an.

Wir bekamen schon mehrfach nachts Besuch. Beim ersten Mal habe ich mein .30-06 Gewehr genommen, es extra laut durchgeladen, habe die Taschenlampe entlang des Gewehrlaufs leuchten lassen und gerufen: ›Was zum Teufel machst du hier? Raus mit dir oder ich schieße.‹ Der Mann lief, sprang über den Zaun der Marina, hatte keine Zeit, die Tür zu öffnen.

In Jugoslawien erhielten wir zweimal Besuch. Beide Male weckte uns der Hund. Ich griff zur Machete am Niedergang, meine Frau zu einer Waffe, wir liefen an Deck. Der Hund knurrte und bellte. Beide Male waren die Diebe blitzschnell verschwunden.

In Griechenland ›besuchte‹ uns ein Amerikaner. Unglücklicherweise hatte er bereits eine Kamera gestohlen, bevor wir es merkten. Seine Lügengeschichte war: Für diese eine Nacht bräuchte er eine Übernachtung. Da wir Amerikaner seien, sollten wir ihm diese Bitte nicht abschlagen. Ich schrie ihn an, er solle sofort mein Schiff verlassen, griff zur Machete – weg war er.

Einmal wurden wir an der kalifornischen Küste Zeuge eines Drogenverkaufs. Wir blieben unter Deck, verschlossen unsere Niedergangstür. An Bord hatten wir unsere Waffen, aber ich nehme an, die Drogendealer waren besser bewaffnet. Wir wollten vermeiden, dass sie mitbekamen, dass wir Zeugen dieses Deals waren.

Wir ankerten auch in Panama bei den San Blas-Inseln. Neben uns lagen ein Boot sowie eine Yacht aus Kolumbien mit Amerikanern an Bord. Sie fragten, ob sie zu uns kommen könnten, sie wollten über unseren Kurzwellensender mit ihrem Anwalt in Miami sprechen.

›Nein‹, sagte ich, ›wir lassen keine Fremden an Bord.‹

Ich teilte den Vorfall auch der neben uns ankernden Yacht mit. Als die Amerikaner anfingen, mit uns zu argumentieren, zeigten wir demonstrativ unsere Waffen. Wir und die Crew auf der anderen Yacht hielten in dieser Nacht Wache. Am Morgen gab ich den Zwischenfall über Funk an Freunde weiter, die in Panama bei der DEA Behörde arbeiten. Man informierte uns, dass es sich tatsächlich um Schmuggler handelte, die mindestes drei Menschen auf dem Gewissen und bereits zwei Yachten überfallen hätten. Als die Beamten eintrafen, hatten die Piraten den Ankerplatz bereits verlassen. Mir zeigt dieses Beispiel: Auf Grund unseres Verdachts haben wir eine defensive Haltung eingenommen und eine gefährliche Situation verhindert.«

Anmerkung des Autors: Zu Bob Austins Beitrag hatte ich keine weiteren Fragen mehr, denn sein Beitrag ist bereits eine sehr ausführliche Antwort auf meinen standardisierten Fragenkatalog.

Antillen

Wie sicher sind die karibischen Inseln von den Virgins bis Grenada? Die Leeward und Windward Islands in der östlichen Karibik gehören zu den beliebtesten Segelrevieren der Welt. Wer es nicht mit dem eigenen Schiff dorthin schafft, fliegt hin und chartert. Unter den Leeward Islands versteht man die US Virgin Islands bis Antigua; die Windward Islands reichen von Gouadeloupe bis Grenada.

Wer sich als Gast auf diesen exotischen Inseln einführt, wer auf die Menschen zugeht, ihre Sprache versteht, sich interessiert zeigt, der gewinnt hier schnell Freunde. Wer aber abweisend ist, sich über dies und das ärgert, der fällt bei den sensiblen Einwohnern schnell unangenehm auf. Wer mit seinem Reichtum prahlt, goldene Uhren und Klunker zeigt, wer *overdressed* an den *open air bars* zu laut angibt, der ist quasi prädestiniert für einen Beutezug. Aber diese ungeschriebenen Gesetze sind in der gesamten Welt die gleichen.

Ein besonderes Feingefühl braucht man beim Anlegen in manchen Buchten, wo Einheimische Festmacher annehmen, um sie an Palmen zu belegen, und auch beim Ankern oder an den Murings helfen. Viele kommen mit Booten vorbei, um ihre Waren zu verkaufen. Wer sie barsch abweist, kann sie schnell verletzen. Daraus entsteht Streit. Andererseits kann man mit Humor und/oder einem kleinen Handel jeden Einheimischen schnell für sich gewinnen.

Ich weiß noch, wie man in Bequia vor 25 Jahren vor einer Bretterbude mit herunterklappbarem Fenster mürrisch bis abweisend von den »Beamten« in löchrigen T-Shirts einklariert wurde. Heute gibt es einen gewissen

Wohlstand auf den Inseln. Die Behörden sind in klimatisierten modernen Räumen untergebracht, die Beamten tragen adrette Uniformen und sind von charmanter Höflichkeit.

Die Einwohner der Inseln wissen, dass Touristen nur kommen, wenn sie gut behandelt werden und sich sicher fühlen. Man merkt es den Beamten der unterschiedlichen Behörden inzwischen an, dass sie geschult wurden. Piraten haben auf diesen Inseln keine Chance mehr. Das zeigt am besten die erfolglose Aktion der Bande, die in einer Woche gleich zwei Charteryachten überfallen hat. Ihre Mitglieder wurden festgenommen, verurteilt und das Beispiel wirkt abschreckend.

Piraten sind hier passé.

Auf der Hochzeitsreise überfallen

Yachtname:	AGATIKAN
Yachttyp:	*Sun Odyssee 35*
Eigner:	*Sunsail Charter*
Chartergäste:	*Regina und Jochen Winter, Deutschland*
Heimathafen:	*Le Marin, Martinique*
Überfallgebiet:	*Wallilabou Bay, St. Vincent and the Grenadines*
Datum des Überfalls:	*1.9.2001*

Das deutsche Ehepaar Regina und Jochen Winter aus Speyer in Deutschland nutzt gerne seine Urlaube, um zu segeln. Nun stand ein ganz besonderer Segelurlaub an: Sie hatten geheiratet und wollten ihre Hochzeitsreise auf einer Charteryacht verbringen. Der 29-jährige IT-Consultant Jochen Winter wollte seiner Frau die Plätze in der Karibik zeigen, die er bereits ein Jahr zuvor mit zwei Freunden lieben gelernt hatte.

»Wir waren gerade frisch verheiratet und, wie könnte es anders sein, überglücklich, dass wir unsere Flitterwochen in der Karibik verbringen konnten. Wir haben bei der Firma Sunsail eine Yacht vom Typ Sun Odyssee 35 gechartert, die wir in Le Marin, Martinique, übernahmen. Roger, der lokale Mitarbeiter von Sunsail, zeigte uns die AGATIKAN. Zu unserer Überraschung fand sich an Bord nicht nur die für die Karibikcharter übliche Flasche Rum, sondern auch noch eine Flasche Champagner. Die deutsche Sunsail-Vertretung hatte doch tatsächlich mitgeteilt, dass es sich um unsere Hochzeitsreise handelte. Es folgte ein kurzes Durchchecken des Schiffes – alles war in sehr gutem Zustand.

Danach folgte das Revierbriefing durch Roger. Er erklärte uns, was man hier tun und lassen sollte, wobei ich das Meiste schon kannte, schließlich war ich im Jahr zuvor schon hier gewesen. Trotzdem gingen wir alles noch einmal genau durch. Auch den Tipp, doch lieber die Wallilabou Bay statt der Cumberland Bay auf St. Vincent anzusteuern, bekamen wir mit auf den Weg. Eigentlich ein toller Service, es könnte nicht besser sein. Allerdings war der Tipp mit der Wallilabou Bay nicht unbedingt der Richtige, wie sich noch herausstellen sollte.

Am nächsten Morgen verließen wir Martinique mit Kurs St. Lucia. Es war einfach herrlich: Segeln wie im Bilderbuch. Der milde Passat schob uns mit halbem Wind und unter vollen Segeln nach St. Lucia. Zuerst besuchten wir die Rodney Bay, hier klarierten wir ein. Das lief auch gut, die Beamten waren sehr freundlich, aber es glich doch eher einem Spießrutenlauf, bis wir alle abgeklappert hatten. Wir verließen die Rodney Bay bald wieder und segelten an der Küste entlang bis zur Marigot Bay. Während wir so an der Küste entlangfuhren, erzählte ich meiner Frau von den schönen Buchten, dem herrlich blauen Wasser und von den vielen Fischen am Great Horseshoe Reef – hatte aber keine Ahnung, was uns wirklich bevorstehen sollte. Wir erreichten die Marigot Bay und, wie zu erwarten, kamen auch schon drei *boat boys* auf uns zu, um uns ihre Waren anzubieten. Nach unserem Ankern gingen sie längsseits und versuchten, uns Kokosnüsse, Bananen, geflochtene Körbe und Figuren aus Palmenblättern zu verkaufen. Wir nahmen einige Kokosnüsse und auch einen Korb mit Figuren. Die *boat boys* waren sehr freundlich und es war recht interessant, sich mit ihnen zu unterhalten. Am Abend gingen wir in JJ's Bar und Restaurant in der Bucht. Dort gab es herrliche Cocktails, auch das anschließende Essen ließ keine Wünsche offen.

Am nächsten Morgen folgte der nächste Inselhüpfer. Wir wollten weiter nach Süden, es ist ein großer Sprung bis zur Wallilabou Bay auf der Insel St. Vincent. Ich wusste, dort gibt es ein Immigration Office, wir könnten dort einklarieren und im Restaurant in der Bucht, wenn auch nichts Besonderes, so doch zumindest anständig essen. Als ich das letzte Mal in der Bucht war, wimmelte es dort von jeder Menge *boat boys,* die teilweise recht aufdringlich gewesen waren.

Zuerst passierten wir die Cumberland Bay. Dort lagen einige Segler und ich wunderte mich. Schließlich hatte uns Rogez von der Bucht abgeraten, denn dort sollten schon öfter nachts Außenborder verschwunden sein. Ein kleines Stück weiter, die Sonne stand schon recht tief über dem Horizont, kam die Wallilabou Bay in Sicht und mit ihr der erste *boat boy.* Er ruderte in seinem kleinen Boot auf uns zu und bot uns eine Muring in der Bucht an. Wir fuhren gemeinsam in die Bucht, wobei er kein Problem hatte, mit seinem Boot bei unserer Geschwindigkeit mitzuhalten.

Plötzlich bemerken wir: Wir sind das einzige Boot in der Bucht, es sind überhaupt keine weiteren *boat boys* da. Wir bekommen eine Muringboje direkt gegenüber dem Restaurant, dort machen wir unseren Bug mit einer Leine fest. Wir bringen eine weitere Leine nach achtern aus, die unser *boat boy* an Land festmacht. Er fragt uns eher beiläufig, ob wir noch etwas brauchen, er habe Bananen, Blockeis und Brötchen für den nächsten Morgen anzubieten. Wir einigen uns auf eine Tüte Brötchen für den nächsten Morgen. Dann fragt er mich noch, ob ich denn nicht ein T-Shirt übrig habe. Da ich zu wenige dabei habe, lehne ich ab. Schließlich hat er mit 15 EC-$ für die Muring schon ganz gut verdient. Wir setzen die gelbe Flagge, um zu zeigen, dass wir noch nicht einklariert haben und fahren mit dem Dingi an Land. Leider ist das Immigration Office schon geschlossen, sodass wir hier nicht einklarieren können. Also bleibt Quebec im Mast und wir gehen zum Restaurant.

Wir fühlen uns wirklich wie im Paradies: Die Bedienung ist sehr nett, auf der Terrasse machen uns die beiden jungen Hunde, die bei unserem Tisch spielen, eine Menge Freude.

Nach dem Essen ziehen wir uns auf das Schiff zurück. Weil die starke Lampe des Restaurants unser Heck direkt bestrahlt, gehen wir aufs Vordeck. Dort genießen wir bei einem Ti-Punch noch eine Weile den wunderschönen Sternenhimmel und beschließen, nach diesem langen Tag gegen Mitternacht ins Bett zu gehen.

Wir schlafen aber recht unruhig; das Schiff macht unangenehme Geräusche an der Muring; einmal habe ich das Gefühl, es ist jemand an Bord. Aber als ich zur Luke hinausschaue, kann ich niemanden erkennen und versuche weiterzuschlafen. Plötzlich um 01.15 Uhr stampfen Füße unseren Niedergang herunter. Schlaftrunken wollen wir nachsehen, werden aber vom Licht einiger Taschenlampen geblendet, die direkt in unsere Augen leuchten.

Eine Stimme ruft: »*Police, Police!*«, und da stehen sie schon vor unserem Bett. Wir sehen in mindestens zwei Gewehrläufe. Dann kommen die Fragen, in etwas gebrochenem Englisch: »Noch jemand anders an Bord?« – »Habt ihr Waffen?«

Wir können immer noch niemanden erkennen, sitzen aber aufrecht im Bett, die Hände erhoben. Was passiert hier mit uns? Das scheint keine Polizei bei einer Drogenrazzia zu sein! Das ist ein Überfall.

Dann die nächsten Fragen: »Habt ihr Drogen?« Es wird zur Gewissheit: »Wo ist euer Geld?«

Der Ventilator neben mir rattert, ich verstehe die Fragen nicht gut. Jetzt bloß keinen Fehler machen! Ich zeige auf den Ventilator und greife langsam hin, um ihn abzuschalten. Jetzt ist es wenigstens ruhig. Aber im Schiff klappert und rumpelt es … da sind noch mehr von diesen Burschen im Schiff. Wieder die Frage nach dem Geld.

Ich sage: »Wir haben keins.« Glaube mir selbst nicht, weiß ich doch genau, dass ich es in meiner Hose, die im Bug liegt, habe. Dazu müssten die Piraten allerdings an uns vorbei, wir sitzen ja fast auf den Anziehsachen.

Nachdem sie im Schiff alles durchwühlt haben und nichts fanden, fällt der Blick des übelsten Gangsters auf die Hose und mit vorgehaltener Waffe befiehlt er: »Gib uns das da vorne!«

Was bleibt uns anderes übrig als die Hose weiterzugeben und so finden sie, was sie wollen: unser Bargeld. Sie sind nicht mal sauer wegen meiner Lüge, obwohl ich schon einen Schlag oder Schlimmeres erwarte.

Die nächste Frage: »Habt ihr noch mehr?« Und zur Unterstreichung lädt einer der Typen sein Gewehr durch.

Ich erwarte, dass mich gleich eine Kugel durchbohrt. Ich verneine, schließlich haben sie doch schon alles. Sie sehen noch unter den Matratzen nach, aber da ist nichts.

Da sagt einer: »Steh auf und starte den Motor!«

Was kommt jetzt? Auch noch Kidnapping? Warum erschießen sie uns nicht gleich? Ich denke: Verdammt, nehmt das Schiff mit allem, aber lasst uns in Frieden ziehen! Wir haben keine Waffen, keine Möglichkeit, uns ernsthaft zu wehren. Ich stehe auf und überlege noch, wie ich denn meine Frau beschützen kann, wenn ich sie jetzt verlasse. Sehe, dass sie allein in der Koje bleibt, und denke, dass sie da sicher ist, solange die Gangster bei mir sind.

Ich suche den Schlüssel, um die Maschine zu starten. Jetzt erst erkenne ich, wie es im Schiff aussieht. Alles ist durchwühlt, überall liegen Sachen auf dem Boden. In dieser Unordnung soll ich jetzt den Schlüssel finden. Keine Ahnung, wo der abgeblieben ist. Hoffentlich nicht im Vorschiff? Aber mir bleibt nichts anderes übrig, ich muss ihn finden, ohne Schlüssel kann ich die Maschine nicht starten. Ich muss noch mal ins Vorschiff zu meiner Frau, vorbei an allen Gangstern. Es sind fünf Schwarze, das kann ich jetzt erkennen. Alle sind um die zwanzig Jahre alt.

Ein kurzer Blick ins Vorschiff: kein Schlüssel. Das Wichtigste: Meiner Frau geht es gut.

Kaum verlasse ich die Kajüte, geht einer der Schwarzen hinein, aber er kommt nach kurzer Zeit wieder heraus. Ich habe kein Schreien oder dergleichen gehört, es geht meiner Frau wohl immer noch ganz gut. Später erzählt sie mir, dass einer der Piraten hereingekommen ist und gefragt hat, ob sie Angst hätte. Als sie das bejahte, sei er wieder gegangen. Während ich die Pantry nach dem Schlüssel absuche, hält mir einer der Gangster mein Tauchmesser vors Gesicht, fragt mich, was ich denn damit will. Ich denke: So ein Idiot, am liebsten Piraten abstechen!, mache aber gute Miene und erkläre ihm, dass ich das beim Tauchen verwende. Mit der Erklärung ist er zufrieden.

Endlich finde ich den Schlüssel, gehe nach oben, um die Maschine zu starten. Schon übernimmt einer der jungen Männer, zielt hinaus auf die offene See. Ich sehe, sie haben die Leinen gekappt. Sie fragen mich, ob wir Bier haben.

Ich denke, darauf kommt es jetzt auch nicht mehr an: »Ja, im Kühlschrank.«

Ich soll es holen, fünf Flaschen. Ich gehe nach unten, einer folgt mir. Als ich den Kühlschrank öffne, liegt der Champagner ganz oben auf, darunter das Bier. Er schubst mich zur Seite, nimmt das Bier und den Champagner. Wir gehen wieder zusammen an Deck. Dort sind jetzt alle fünf Banditen versammelt.

Als ich ihnen gegenüberstehe, fällt ihnen meine Halskette auf. Einer zeigt darauf und sagt, ich solle sie abnehmen. Ein anderer bedeutet ihm, er solle sie doch einfach abreißen. Aber ich ziehe sie schon ab und reiche sie ihm, Hauptsache, sie verschwinden bald, denn danach sieht es jetzt aus. Alles Mögliche ist schon in Tüten und Taschen verpackt, sie laden die Sachen auf ihr kleines Boot.

Einer sagt noch: »Sagt niemandem, was hier vorgefallen ist, dann könnt ihr wiederkommen!«

Haha, als ob wir jemals wieder einen Fuß in diese Bucht oder auch nur auf dieses Land setzen würden.

Dann gibt der Kerl, der an unserem Ruder steht, Vollgas und steuert direkt auf *Bottle and Glas,* eine Untiefe, zu. Wollen die das Schiff versenken? Das Wasser ist warm und im schlimmsten Fall könnten wir leicht an Land schwimmen. Aber das macht keinen Sinn! Jetzt springt auch der Letzte der Piraten in das kleine Boot, ich übernehme, drehe schnell das Schiff, will auf die offene See hinaus, weg von den Untiefen. Hinter uns sehe ich die Gangster wegrudern. Ich sehe direkt in die Bucht hinein, das Licht des Restaurants erleuchtet immer noch die Bay. Vor dem Restaurant hatten alle einen Logenplatz bei dem Überfall. Doch niemand hat etwas bemerkt oder merken wollen?

Unter Deck scheppert und klappert es; kein Wunder, fast alle Schränke und Türen sind offen. Als wir in sicherem Abstand von unseren Peinigern sind, rufe ich meine Frau – sie ist immer noch in der Kajüte. Ich muss einige Male rufen; sie kann mich kaum hören, denn der Motor läuft auf vollen Touren. Nichts wie weg von hier. Nach einer kleinen Ewigkeit – ich bin schon versucht, nach unten zu gehen – öffnet sich die Vorderluke und sie schaut heraus: bereit über Bord zu springen. Sie hat noch gar nicht gemerkt, dass wir wieder allein an Bord sind. Ich rufe ihr zu, zu mir zu kommen, wo ich sie endlich in die Arme schließen kann.

Es ist jetzt 02.00 Uhr, mitten in der Nacht. Wir haben das Schlimmste hinter uns. Still sitzen wir eine Weile und fahren auf die offene See hinaus, weg von der Bucht. Wir versuchen, das Erlebte zu begreifen, aber es ist nicht zu verstehen. Das Klappern im Schiffsinneren nervt. Meine Frau übernimmt das Ruder und ich gehe nach unten, um die Schränke zu schließen. Der Anblick ist unbeschreiblich: Alles liegt kreuz und quer, die Schrank- und Kojentüren schlagen im Seegang ständig auf und zu. Ich schließe eine nach der anderen.

Endlich ist es wieder ruhig, nur noch das Geräusch des Motors und der Wellen, die an den Bug schlagen, sind zu hören. Beiläufig fällt mein Blick auf das Funkgerät. Das Kabel des Mikrofons ist abgeschnitten, also haben wir keine Möglichkeit, die Polizei zu verständigen. Wir haben zwar Notraketen an Bord, aber das würden die Banditen wohl als Erste sehen. Also den nächsten Hafen ansteuern, aber welchen? Viele gibt es ja hier nicht: Kingstown, die Hauptstadt, wäre der nächste Hafen, aber es wird in jedem Buch davon abgeraten, dorthin zu fahren.

Zur Blue Lagoon? Dort gibt es zwar eine Sunsail-Niederlassung, aber auch eine Polizeistation? Oder gleich zur nächsten Insel nach Bequia? Ich schaue noch mal in die Seekarten. Weit und breit sind keine Untiefen; wir können in Ruhe überlegen, was wir machen wollen. Erst einmal möchte ich gerne unsere genaue Position bestimmen, aber wo ist unser GPS? Klar, es ist gestohlen. Der Kompass ist noch da. Über das Heck können wir noch die Wallilabou Bay erkennen. Das gibt uns eine Vorstellung von unserer Position.

Ich finde meine Zigaretten, könnte jetzt eine vertragen. Nur noch das Feuerzeug, aber Fehlanzeige. Das lag auf dem Kartentisch: gestohlen. Kein Problem, auf dem Gasherd lagen ja Streichhölzer: auch gestohlen. Ich suche noch weiter herum, aber es sind alle Streichhölzer gestohlen. Beim Suchen fällt mir auf: Mein Geldbeutel ist noch da, zwar ohne Geld, aber mit Kreditkarte. Wenigstens können wir uns Geld besorgen; unsere Flugtickets sind auch noch da, der Heimweg ist gesichert.

Ich nehme zwei der uns verbliebenen Bierflaschen aus dem Kühlschrank und gehe wieder zurück zu meiner Frau. Wir beschließen, zur Blue Lagoon zu fahren, obwohl die Marina innerhalb eines Riffs liegt. Wir steuern die Küste entlang, orientieren uns an den spärlich vorhandenen Leuchtfeuern und finden nach einer Weile die Einfahrt zur Blue Lagoon. Aber in der Dunkelheit wäre es viel zu gefährlich, an den Untiefen vorbei zu manövrieren. Also beschließen wir, bis zum Sonnenaufgang zu warten. Als die Sonne endlich gegen 05.30 Uhr über den Horizont steigt, können wir die Stangen erkennen, die den Weg in die Lagune markieren. Wir laufen in die Marina ein und machen das Boot fest. Wieder sicheres Land unter den Füßen!

Wir gehen sofort zu dem Sicherheitsoffizier und erklären, dass wir überfallen wurden. Er ruft einen Sunsail-Mitarbeiter an und nur wenige Minuten später ist auch schon die erste Dame von Sunsail bei uns, kurz danach kommt Sion, ebenfalls Mitarbeiter bei Sunsail. Er verständigt die Polizei und lädt uns zum Kaffee ein. Erst jetzt fühlen wir uns wirklich wieder einigermaßen sicher.

Es dauert wohl eine Stunde, bis Sion jemanden bei der Polizei erreicht, der sich auch zuständig fühlt – unglaublich. Als Erster erscheint der Leiter der Sicherheitsabteilung von Blue Lagoon, dann ein Polizeibeamter. Beiden erzählen wir unsere Geschichte, sind dabei froh, dass wir uns das Erlebte von der Seele sprechen können.

Sion lädt uns ein, die nächsten Tage im Hotel in Blue Lagoon zu bleiben, und bietet uns auch einen Skipper für unser Schiff für den Rückweg an; auch ein Flug nach Martinique wäre eine Möglichkeit.

Wir sind total erschöpft, sehnen uns nach einem Bett und etwas Ruhe. Gegen Nachmittag kommt die Polizei noch einmal, ein Beamter der Spurensicherung ist dabei. Sie untersuchen das Boot, können aber keine Fingerabdrücke finden, kein Wunder, schließlich haben alle Piraten Handschuhe getragen. Das waren keine Anfänger. Nachdem die Polizei wieder weg ist, können wir unser Schiff in Ruhe in Augenschein nehmen. Es wurde viel mehr gestohlen, als wir zuerst bemerkt hatten: alle Wertsachen, sogar einiges aus dem Proviant. Verwunderlich ist, dass alle weißen T-Shirts fehlen, hatte der *boat boy* nicht danach gefragt?

Sion hat das Deutsche Konsulat verständigt und am Abend ist die deutsche Konsulin bei uns in der Blue Lagoon. Wir dürfen den Abend mit ihr, ihrer Familie und Freunden verbringen. Langsam legt sich unsere Anspannung. Den nächsten Tag verbringen wir mit einem jungen Paar, das wir gerade kennen gelernt haben, auf der Insel Bequia. Es ist kaum zu glauben, aber nach diesem bösen Erlebnis werden wir überall mit einer übergroßen Freundlichkeit empfangen.

Zwischenzeitlich haben Mitarbeiter von Sunsail unser Schiff wieder auf Vordermann gebracht. Sämtliche Schäden wurden repariert und das Schiff sogar gereinigt. Trotzdem beschleicht uns jedes Mal ein mulmiges Gefühl, wenn wir wieder an Bord gehen.

Wir beschließen, weiter Richtung Süden zu segeln, wo wir noch einige herrliche Tage unserer Flitterwochen genießen. Ruhig schlafen können wir auf unserer Reise natürlich nicht mehr. Auf dem Rückweg nach Martinique machen wir um die Wallilabou Bay einen großen Bogen. Als wir früh am Morgen an der Bucht vorbeisegeln, läuft es uns eiskalt den Rücken runter, als wir sehen, dass gerade ein Schiff die Bucht verlässt. Es war die Nacht über ebenso alleine in der Bucht wie wir einige Tage zuvor. Aber anscheinend ist dieser Crew nichts passiert. [War es eventuell die SY JOSINA, die am 8.9., also eine Woche nach der AGATIKAN hier überfallen wurde? der Autor.] Zwei Tage später kommen wir nach einem weiteren Zwischenstopp in St. Lucia wohlbehalten in Martinique an. Dort werden wir herzlich empfangen und bekommen von Sunsail eine weitere Flasche Champagner.«

\- - -

K. HYMPENDAHL: *Hatten Sie Waffen an Bord?*

J. WINTER: Wir hatten keine Waffen an Bord und haben auch keinen Widerstand geleistet. Die Gangster waren nur auf unsere Wertgegenstände aus.

Was haben Sie rückblickend falsch gemacht?

Obwohl wir uns eingehend über das Revier informiert haben, hatten wir die Gefahr von Piraterie in diesem Gebiet unterschätzt. Geärgert haben wir uns über die Empfehlung bei der Törnbesprechung der Chartergesellschaft, Wallilabou Bay anzusteuern. Wie wir später erfahren haben, war dies keineswegs der erste (und auch nicht der letzte) Vorfall dieser Art in dieser Bucht.

Was haben Sie richtig gemacht?

Wir sind ruhig und überlegt geblieben, haben versucht, den Gangstern möglichst wenig Aggression entgegenzusetzen. Hätten wir uns gewehrt, wäre das sicherlich übel ausgegangen. Wir waren auf einen Überfall nicht vorbereitet und können und wollen es auch nicht sein.

Was würden Sie in Zukunft anders machen?
Wir werden künftig unsere Segelreviere kritischer aussuchen und Inseln wie St. Vincent ausschließen.

Was würden Sie anderen Seglern empfehlen?
Nicht alleine ankern! Wir wünschen niemandem, dass er so etwas erleben muss. Die Ohnmacht, die Wut und Angst, die wir während dieses schrecklichen Vorfalls durchlebt haben, wirkt auch heute noch in so mancher Nacht nach.

Wie war die Unterstützung durch die Charteragentur?
Die Betreuung, die wir in der Blue Lagoon erfahren haben, war hervorragend. Angefangen beim Kontaktieren der Polizei über alle möglichen Hilfen vor Ort bis zum Nachsenden des Polizeiberichts nach Deutschland. An dieser Stelle ein herzliches Dankeschön an das Sunsail-Team, das trotz des dramatischen Vorfalls unsere Flitterwochen gerettet hat.

Wie war die Unterstützung durch die Behörden?
Die deutsche Konsulin besuchte uns am Abend und bot uns Hilfe an (die wir glücklicherweise nicht benötigten). Das war sicherlich mehr, als wir erwartet hatten. Von der lokalen Polizei hätten wir allerdings mehr erwartet. Die Beamten waren zwar freundlich, schienen aber überlastet und genervt. Es war häufig unmöglich, die zuständige Person zu erreichen, und es dauerte Monate, bis wir den benötigten Polizeibericht (letztlich nur mit Hilfe des Charterunternehmens) erhielten.

Am selben Ankerplatz der zweite Überfall in einer Woche

Yachtname:	JOSINA
Yachttyp:	*Katamaran, Athena 38*
Eigner:	*Ruud Braams*
Heimatland:	*Holland*
Überfallgebiet:	*Wallilabou Bay, St. Vincent and the Grenadines*
Datum des Überfalls:	*8.9.2001*

Ich kenne die Wallilabou Bay auf St. Vincent seit über zwanzig Jahren. Sie liegt südlich der Cumberland Bay an der Westseite von St. Vincent. Hinter den schwarzen Stränden beider Buchten erstrecken sich große Palmenplantagen. Ich erinnerte mich, dass wir nicht in der nördlicheren Cumberland Bay geankert hatten, als ich bei meiner Weltumseglung im Jahr 1987 hier war, denn ich hatte erfahren, dass dort einmal in den 70er-Jahren ein Amerikaner ermordet worden war. Auch vor der Wallilabou Bay hatten mich Segler in Bequia wegen der rüden einheimischen Männer gewarnt. Damals war das für mich noch ein Anreiz, sofort dorthin zu segeln, um mir mein eigenes Bild zu machen. Später lernte ich, dass die Gegenden immer die besten waren, vor denen man mich aus irgendeinem Grund vorher gewarnt hat. Ich verkürze das Erlebnis von damals: Es wurde eine der schönsten Nächte in der Karibik. Mit guten Gesprächen, heißer Musik und endlos langem Tanz.

In dieser Bucht ankert am Freitag, dem 7.9.2001, der holländische Skipper Ruud Braams mit seinem Katamaran JOSINA. Er segelt meist mit Familie, Freunden und Bekannten. An diesem Tag hat er das dänische Geschwisterpaar Charlotte Curden, 50 Jahre, und Claus Oversen,

46 Jahre, an Bord. Im fernen Alanya, Türkei, haben sich die drei vor einem Jahr kennen gelernt. Bruder und Schwester sind am 3. September in Martinique an Bord gegangen, waren vorher noch nie auf einer Yacht.

Ruud kennt die Karibik, besonders gut die Insel St. Vincent. Vor der Wallilabou Bay warten bereits seine einheimischen Freunde Papi Taxi und seine Frau Corine. Diesmal nimmt Ruud keine der Murings von Steve's and Jane's Restaurant: Er möchte an dem Abend woanders essen. JOSINA ankert etwas nördlicher und Ruud sichert eine Achterleine an einer der leeren Muringbojen. Papi Taxi hilft ihm dabei. Die JOSINA ist die einzige Yacht in der Bucht. Die Saison beginnt erst in zwei Monaten, dann wird es hier voll.

Gemeinsam mit seinen Chartergästen und den beiden Einheimischen nimmt Ruud noch einen Drink an Bord. Währenddessen prüft er noch einmal den Suzuki-Außenborder und stellt fest, dass er nicht startet. Das Problem kann warten bis morgen, denkt er. In der nahen Kearstons Bay essen sie zu Abend. Danach besichtigen die Segler noch das neue Haus von Papi Taxi und Corine. Den kurzen Weg zum Strand gehen sie zu Fuß und sind um 22.00 Uhr am Dock der Wallilabou Bay. Um 23.00 Uhr schlafen die drei Segler bereits auf ihrem Katamaran.

»Um 01.45 Uhr wache ich durch fremde Geräusche auf und dann beginnt die ganze Sch....«, so der Skipper.

Er eilt in den Salon und sieht einen Kerl mit einer Taschenlampe, der den Tisch ableuchtet. Sofort schlägt Ruud auf den Eindringling ein und der fällt über den Kühlschrank. In dem Moment kommt ein weiterer Mann aus der anderen Rumpfseite, in der einen Hand ein Gewehr, in der anderen eine Taschenlampe. Er ruft: »Polizei, wir durchsuchen Ihr Boot!«

Ruud wünscht sich, dass der Kerl nur noch ein paar Schritte vorwärts machen soll, damit er vor der breiten Eingangstür steht. Er tut es und erhält von Ruud einen Schlag auf die Gewehrhand, dann einen Tritt in die Seite und der Mann fliegt ins Cockpit. Der Skipper hört noch, wie er mit dem Kopf gegen die Sitzbank schlägt.

Nummer drei der Piraten entkommt, indem er am Skipper vorbei hastet und vom Deck aus direkt ins Wasser springt. Auch die Nummer eins will über Bord springen, erhält aber vorher noch einen kräftigen Schlag des Holländers. Und dann springt auch der zweite, der mit dem Gewehr, über Bord.

»Diese Feiglinge. Ich war froh, dass sie von Bord waren. Der ganze Spuk hatte nur zwei Minuten gedauert. Ehrlich, ich muss zugeben, dass ich am ganzen Körper zitterte.«

Dann kommt Claus an Deck, um seine Geschichte zu erzählen. Er wachte mit einer Gewehrspitze im Gesicht auf, während Männer seine Kabine durchwühlten. Als er später die Geräusche von oben hörte, dachte er, dass Polizei eingetroffen sei, um die Räuber festzunehmen. Als nächste kommt Charlotte aus ihrer Kajüte; sie ist sehr aufgebracht. Sie hat nichts von dem Kampf gesehen, nur die Geräusche gehört.

Claus vermisst seinen Discman, CDs, seine Geldbörse; Charlotte hat kein Geld mehr, keine Kreditkarten. Dem Skipper haben sie das Fernglas geklaut, auch seinen Discman, fast das gesamte Geld, seine Uhr, seine Kamera, die Taschenlampe und seinen neuen Kartenplotter.

Als er die Polizei über UKW anrufen will, sieht er, dass das Kabel zum Mikrofon durchgeschnitten ist. Auch die lange Ankertrosse, die das Boot mit der Muringboje verbunden hatte, ist gekappt. JOSINA sollte seewärts treiben, aber die Windstille hielt sie wohl auf der Stelle.

Das Ruderboot, mit dem die Männer gekommen waren, ist immer noch neben der Yacht festgemacht.

Charlotte ruft nach Hilfe, aber niemand antwortet in dieser pechschwarzen Nacht. Der Skipper stellt fest, dass Steve und Jane nicht in ihrem Restaurant sind. Einen Moment später sehen alle die Lichter eines Wagens, der sich der Bucht nähert. Die Ankömmlinge geben sich als Polizisten zu erkennen.

Ruud hat schon einmal in dieser Nacht Männer getroffen, die sich als Polizisten ausgegeben haben. Er fragt von Bord aus nach Namen und Rang. Wegen der Dunkelheit kann er nichts erkennen, er ist sich nicht sicher. An Land kann er auch nicht, weil sein Außenborder streikt. Also nimmt er den Anker hoch und segelt bei Nacht in die nächste Bucht zu Papi Taxi, den er mit Hilfe seines Nebelhorns weckt. Papi Taxi rudert zur ankernden JOSINA. Man beschließt, gemeinsam zur nächstgrößeren Bay of Barroualli zu segeln, wo eine Polizeistation ist.

Hier ankern sie und fahren mit dem Ruderboot der Einbrecher an Land. Sie vereinbaren mit der Polizei, dass Ruud Braams am nächsten Morgen um 08.00 Uhr wiederkommen soll, um sein Protokoll schreiben zu lassen. Er repariert seinen Außenborder und ist pünktlich wieder in der Polizeistation. Dort nehmen die Beamten seinen Bericht auf. In der Zwischenzeit wird bereits ein verdächtiger Mann festgenommen, den der Skipper jedoch nicht identifizieren kann. Auch Claus Oversen wird von der Polizei vernommen. In der Zwischenzeit fährt Ruud in die Wallilabou Bay zurück, besorgt sich das abgeschnittene Ende seiner Ankertrosse und spleißt die Enden wieder zusammen. Dann repariert er notdürftig die zerschnittene Verbindung des UKW-Mikrofons.

Ein Schwesterschiff der holländischen JOSINA, *einer Athena 38, die nachts vor St. Vincent ausgeraubt wurde. (Foto: Hans-Günter Kiesel)*

Noch am selben Nachmittag verlassen die dänischen Geschwister die Yacht und nehmen sich ein Taxi zu einem Hotel in der Hauptstadt Kingstown. Sie wollen so schnell wie möglich die Insel St. Vincent verlassen, den Überfall vergessen. Für Ruud Braams bedeutet dieser Überfall nichts als Ärger. Immer wieder muss er zur Polizei, letztendlich bestehen die Beamten in Kingstown auf 100 EC (45 Euro) Gebühr für die Anzeige. Es ist Wochenende, Ruud kann seinen letzten 100 US-$ Schein nicht wechseln, das übrige Geld ist weg. Ruud steckt immer noch der Schreck in den Knochen. Er hat die Nase voll und fährt mit seinem Kat nach Young Island.

Dort kommen Journalisten, fragen ihn, in welchem Krankenhaus der »ernsthaft verletzte holländische Skipper« liegen würde. Ruud ruft zu Hause in Holland an, beruhigt seine Familie, dann benachrichtigt er die große holländische Zeitung *Telegraaf* und berichtet, was vorgefallen ist, um falsche Meldungen zu verhindern.

Ein paar Tage später segelt Ruud Braams in die Cumberland Bay, die Nachbarbucht der Wallilabou Bay. Sein einheimischer Freund Beni hilft ihm beim Ankern, kommt mit dem Surfbrett raus und nimmt die lange Ankertrosse an, um sie an einer der Palmen festzumachen. Gemeinsam mit ihm, seinem Freund Sydney und zwei Fischern wird der Ärger der letzten Tage heruntergespült. Nicht mit Bier, sondern mit Benis berühmtem Rumpunsch.

»Beni wollte diese Nacht an Bord schlafen. Er meinte, ich sollte nicht allein sein. Ich lehnte sein Angebot ab: ›Ich bin ein zäher Bursche und werde meine Gewohnheiten nicht nach dem Überfall ändern.‹ In dieser Nacht habe ich nur die Tür verschlossen, bin zweimal aufgestanden, um das Boot und die Leinen zu prüfen.«

Die drei Piraten wurden gefasst und zu drei Jahren Gefängnis verurteilt.

- - -

K. HYMPENDAHL: *Waren Waffen an Bord?*

R. BRAAMS: Keine Waffen.

Was haben Sie rückblickend falsch gemacht?

R. BRAAMS: Ankere niemals in einer Bucht alleine.

C. CURDEN: Die Tür zum Bootsinneren war offen.

Was haben Sie richtig gemacht?

R. BRAAMS: Mache sehr viele Geräusche. Zeige ihnen, dass du keine Angst hast.

C. CURDEN: Wir haben uns ruhig verhalten.

Was würden Sie anderen Seglern empfehlen?

R. BRAAMS: Es kann jedem Segler passieren.

C. CURDEN: Unbedingt die Tür verschließen und ein Alarmsystem einbauen.

Piraten an einem der beliebtesten Ankerplätze der Welt

Charterboot:	*Moorings Charter Yacht*
Yachttyp:	*Moorings 463 (Beneteau 46)*
Charterer:	*Brad Salzmann, Dallas, Texas, USA*
Überfallgebiet:	*Tobago Cays, St. Vincent and the Grenadines, Karibik*
Datum des Überfalls:	*9.10.2001*

Brad Salzmann, 41 Jahre alt, ist Pilot bei US Airways. Und er ist das, was man einen Single nennt. Er lebt in Dallas, aber sein Arbeitsplatz ist seit 16 Jahren in Philadelphia. Auch sein Vater, Jim Salzmann, ist Pilot (bei Delta Airlines) gewesen. Heute ist er pensioniert. Beide sind auch auf Militärmaschinen geflogen. So war Brad Salzmann während seiner Militärzeit Pilot auf den berühmten Jägern F-4 und F-16. Brad ist der Ansicht, dass ihm das Militärtraining bei dem Überfall auf sein Boot und den Folgen von Nutzen war.

Vater und Sohn lieben neben dem Fliegen auch das Segeln. Noch heute ist Vater Jim Freiwilliger bei der US Coast Guard und Mitglied des CCYC (Cedar Creek Yacht Club) am Cedar Creek Lake SE \ Dallas, Texas. Brad Salzmann hat im Laser Regatten gesegelt, danach stieg er um auf J22er. Wenn ihm der See bei Dallas zu klein war, charterte er Yachten in beliebten Revieren wie British Virgin Islands, Saint Martin oder Grenada, oder er beteiligte sich in BVI oder Saint Martin an Hochseeregatten.

Brad Salzmann ist ein erfahrener Segler und so gibt er auch seinen Chartervertrag nicht ab, als seine Freunde den gebuchten Törn absagen. Er fliegt allein nach Grenada, übernimmt, wie vorgesehen, am 2. Oktober 2001 in Secret Harbour, einer geschützt gelegenen Bucht im Sü-

Ankerplatz Tobago Cays, oben links die Insel Baradal. (Foto: Bernhard Bartholomes)

den der Insel, sein Boot. Brad hat eine Moorings 463 gebucht. 3 Kabinen / 3 Nasszellen steht im Prospekt. Er ist erfahren genug, um die Yacht alleine zu führen. Das Revier kennt er und so sieht er keinen Grund, den Urlaub auf See nicht anzutreten.

Zehn Tage lang will er sich von seinem anstrengenden Pilotenjob erholen. Da er als Einhandsegler nicht jeden Tag Manöver gehen möchte, entschließt er sich, einen Teil seines Urlaubs an einem der spektakulärsten Ankerplätze der Karibik zu verbringen: den Tobago Cays. Nur durch das lang gezogene World's End Reef im Osten sind die hier ankernden Yachten vor den aus Osten heranbrausenden Atlantikwellen geschützt. Weit hinten im Meer sieht man den Sail Rock – den letzten Felsen vor Barbados.

Am Dienstag, dem 9. Oktober, liegt Brad mit seiner Yacht bereits seit einigen Tagen am Ankerplatz nördlich der winzigen Insel Baradal. Die Hauptsegelsaison beginnt in zwei Monaten. Immerhin sind jetzt, am Ende der Hurrikansaison, an die 15 Yachten an diesem beliebten Ankerplatz. Die meisten liegen wie immer zwischen den Inseln Petit Bateau, Jamesby im Süden und der östlichsten Insel Baradal. Nach den ersten Tagen kennt Brad bereits einige der Schwarzen, die hier von ihren offenen Booten aus T-Shirts, Muscheln, Andenken, Fisch, Langusten, frisches Brot, Fahrten zum Riff und Tauchgänge anbieten. Die meisten der Männer kommen von der Insel Union Island, die zirka 30 Minuten Fahrt mit ihren schnellen Booten entfernt liegt. Sie fahren abends nach Hause; wenige übernachten auf Behelfslagern auf den Inseln oder auf ihren Booten.

Es ist schon dunkel, Brad fällt auf, dass ein französisches Paar sein Schiff zu eng neben seinem Boot geankert hat. Er geht noch einmal ankerauf und wirft seinen Anker erneut kurz vor dem Horse Shoe Reef. Es ist 21.30 Uhr. Brad Salzmann ist mit sich und seiner Welt zufrieden. Er setzt sich ins Cockpit und studiert bei leiser Musik die Sterne. Es ist eine mondlose Nacht. Er geht in die Pantry, um sich einen Drink zu holen. Dann legt er neue Musik auf und will wieder an Deck. Als er am Niedergang steht, sieht er plötzlich mehrere Männer im Cockpit und an Deck. Durch die laute Musik hörte er sie nicht kommen. Zuerst glaubt er, dass einer seiner Bekannten ihn überraschen wolle, stellt aber schnell fest, dass die Männer keine Freunde sind, als zwei von ihnen ihn in das Schiff zurückdrängen. Brad Salzmann weiß heute nicht mehr genau, ob oben an Deck einer oder zwei Männer bleiben, dort Wache halten.

Sofort wollen die Eindringlinge wissen, wo seine Frau sei, wo die anderen an Bord sich aufhalten. Sie sind sehr nervös, achten darauf, dass Brad nicht nach etwas Versteckten greifen kann, zum Beispiel einer Waffe. Dann fragen sie nach Schmuck und Geld. Schmuck ist bei einem Einhandsegler wohl kaum zu finden, aber Geld muss da sein.

Der Skipper hat 400 US-$ dabei, gibt aber nur 350 US-$ heraus. Das reizt einen der Piraten noch mehr. Er drückt seine Pistole vom Kaliber .22 an Brads Arm und schießt. Später untersuchen Chirurgen die Bahn des Schusses. Die Kugel ist durch den rechten Arm gedrungen, hat Zwerchfell, Lunge und Niere verletzt. »Das Merkwürdige an der Sache war, dass ich gar keinen Schmerz spürte. Ich sah nur ein Loch in meinem Hemd und es roch nach verbranntem Pulver«, so Brad in der E-Mail an mich.

Der Typ, der geschossen hat, ist der Nervösere der beiden. Brad bekommt mit, wie sie sich besprechen, was jetzt zu tun sei. Einer will ihn wohl ins Krankenhaus nach Union Island bringen. Zu diesem Zeitpunkt legt Brad sich mit dem Oberkörper auf den Tisch im Salon. Er hört, wie die Ankerwinde betätigt, der Motor gestartet wird. Plötzlich sind die Geräusche nicht mehr da; die Männer kommen in den Salon zurück. Brad Salzmann täuscht eine Ohnmacht vor. Er kann gerade noch erkennen, dass sie die Kabel zum Telefon und Radio rausreißen. Dann wird er bewusstlos. Später erinnert er sich, dass er ein Gefühl hatte, als ob ihm jemand mit einem Baseballschläger auf den Kopf geschlagen hätte – allerdings ohne Schmerz: Ein zweiter Schuss hatte seinen Kopf getroffen. Er kann nicht mehr sehen. Er hört ein Klingeln im Ohr, spürt gleichzeitig ein Schwindel erregendes, drehendes Gefühl.

»Ich dachte, dass ich Jesus treffen würde«, empfand Brad. »Es war wie ein sehr friedliches, aber trauriges Sterben. Ich kann nicht sagen, wie lange dieser Zustand dauerte, bevor ich wieder zu mir kam, und verstand, was sich ereignet hatte. Ganz zu schweigen davon, dass mir klar wurde, ich würde Gott nicht treffen. Plötzlich lautete die Frage: Wie schwer bin ich verletzt?«

Brad Salzmann fühlt, dass er eine Wunde am Kinn hat, Blut an seiner linken Gesichtshälfte. Es muss aus seinem

Ohr kommen. Er kann den Gedanken nicht ertragen, hier unten im Schiff zu sterben. Mühsam kriecht er nach oben ins Cockpit, sieht wieder die Sterne. Er fragt sich, was er machen soll. »Ich fühlte mich jetzt wie in der Hölle. Ich fühlte Brechreiz, mir war schwindelig, ich musste mich übergeben, bis nichts mehr heraus kam.« Von den Piraten sieht Brad keine Spur. Aber er erkennt, dass sein Dingi noch hinten am Heck hängt. »Ich glaube nicht, dass sie an Bord gekommen waren, um zu schießen. Die hatten mein Boot ausgewählt, nicht weil ich Einhandsegler war, sondern weil ich am entferntesten geankert habe. Die nächste Yacht ankerte zirka 100 bis 200 m weiter an meiner Steuerbordseite, ein ziemlich heruntergekommenes Boot. Die Kerle konnten vorher gar nicht erkennen, dass ich alleine war, und waren sicherlich enttäuscht über die geringe Beute.«

Es sieht zu diesem Zeitpunkt für Brad Salzmann nicht so aus, als ob Hilfe kommen würde. Weshalb auch! Der schwer Verletzte möchte sich am liebsten gar nicht bewegen. Dann schiebt er sich aber zum Achterschiff, besteigt mühsam sein Dingi und kann sogar den Motor starten, fährt zum nächsten kleinen Inselchen: Baradal. Hier kennt er Alex, der sein Camp zwischen den Büschen aufgeschlagen hat und ihm bereits bei einem Ankermanöver geholfen hatte, als ein tropisches Tief durchgezogen kam. Alex bietet Touristen Schnorcheltouren am Riff an. Brad weiß: Wenn er diesen Mann erreicht, kann der ihm weiterhelfen.

Inzwischen ist es 23.00 Uhr. Brad weiß nicht, ob nicht auch Alex in den Überfall verstrickt ist. Als er nahe genug an der Insel ist, ruft er mehrfach: »Alex!« Er erkennt, wie jemand mit einer Taschenlampe auf ihn zukommt. Alex und sein Bruder helfen Brad aus dem Dingi an Land. Sie erkennen im Licht der Taschenlampe die Wunden, sind deutlich überrascht. Sie halten noch Reste ihres Essens in der Hand. Nein, die beiden haben mit dem Überfall nichts zu tun, denkt der Segler.

Später hat die Polizei auch die beiden verhaftet und verhört, dann aber wieder freigelassen.

Schnell bringen sie den Verletzten in sein Dingi und motoren zur nächsten ankernden Yacht, auf der sie noch Licht sehen. Sie ankert südlich von Baradal. Dort befindet sich eine erfahrene französische Crew, die eine Moorings Yacht überführt und dort ist auch zufällig ein Arzt. Schnell und behutsam wird Brad an Bord genommen und sofort geht die Crew ankerauf, um den schwer Verletzten ins nächste Krankenhaus nach Union Island zu bringen. Während ein Teil der Crew sich über Funk mit den Behörden der Insel in Verbindung setzt, wird Brad von dem Arzt zuerst gegen einen möglichen einsetzenden Schock behandelt. Gleichzeitig spricht er ihm immer wieder Mut zu.

»Ich hatte nur meine Boxershorts an. Alle zehn Minuten musste ich mich übergeben, aber mein Magen war trocken, es kam nichts mehr. Ich blutete nicht sehr stark. Schüsse mit Kugeln mit .22 Kaliber machen keine großen Wunden.«

Die Franzosen haben einen Pick-up-Truck zum Hafen von Union bestellt und schnell ist der amerikanische Einhandsegler im kleinen Inselkrankenhaus. Der Arzt prüft die Funktion seiner lebenswichtigen Organe und hängt ihn an einen Tropf. Gleich danach wird Salzmann zum kleinen Flughafen gebracht und nach St. Vincent geflogen. Keine fünf Stunden nach dem Überfall liegt Brad Salzmann im Krankenhaus der Hauptstadt des Staates von St. Vincent and the Grenadines.

Von hier aus werden seine Angehörigen in Dallas benachrichtigt. Sein Vater und die Kollegen von US Airways organisieren einen Learjet der Luftambulanz, der ihn nach Dallas bringt. Es können bei der Einreise in die USA Komplikationen entstehen, denn Brad hat außer seinen Boxershorts nichts mehr, geschweige denn Ausweispapiere. Aber er hat Glück im Unglück. Der Pilot, der ihn von Union Island nach St. Vincent geflogen hat, ist umge-

Brad Salzmann feiert in Dallas, Texas, sein Überleben mit Freunden. (Foto: Elizabeth House)

kehrt. Am Morgen nach dem Überfall wurde die verlassene Yacht in den Hafen von Union Island gebracht und hier hat der Pilot Brads Ausweise abgeholt und sie ihm direkt mit der nächsten Maschine hinterher geschickt. Rechtzeitig zum Abflug in die USA waren die Papiere bei dem Verwundeten.

Nur eine Woche verbrachte Brad Salzmann im Krankenhaus in Dallas. Alle Kugeln waren noch in seinem Körper. Die, die ihn am Kopf getroffen hatte, hat sein Gehör am linken Ohr zerstört. Fast hätte sie seine Halsschlagader verletzt, doch sie hat »nur« Backenknochen zertrümmert.

Außer ein paar kleinen Narben und dem defekten rechten Gehör ist alles gut verheilt.

»Ich bin meiner Familie und meinen Freunden sehr dankbar für ihre Unterstützung. Und ich danke Gott für das Wunder, dass ich diesen Tag überleben durfte.«

Die Piraten wurden gefasst und kamen hinter Gitter. Einer hatte bereits einiges auf dem Kerbholz. Ein anderer, der als Beobachter angeheuert worden war, wollte nichts mit Mordversuchen zu tun haben und hatte sie verpfiffen.

K. HYMPENDAHL: *Was halten Sie von Waffen an Bord?*

B. SALZMANN: Ich glaube, dass auch Sir Peter Blake seine Meinung zu Waffen geändert hätte, nachdem er mit einer Schusswaffe an Deck erschienen war und geschossen hatte. Ein Gewehr hätte mir nicht geholfen. Ich bezweifle, dass ich Zeit gehabt hätte, nach einer Waffe zu greifen.

Würden Sie wieder den gleichen Törn machen?

Ja. Ich glaube nicht, dass die Männer mich vorsätzlich töten wollten. Hier wird viel Marihuana geraucht. Sehr wahrscheinlich waren die Piraten high.

Was würden Sie in Zukunft anders machen?

Ich würde in der Nähe der anderen Yachten ankern. Außerdem würde ich ein bisschen wachsamer gegenüber den Einheimischen sein. Manche von ihnen sind abhängig von den Einnahmen durch Touristen und wollen nicht, dass die durch Piratenüberfälle verjagt werden. Schlechte Menschen gibt es überall, egal wo man lebt. Manchmal überlege ich, was ich hätte anders machen können. Aber das würde die Realität nicht ändern. Und auch nicht die vielen Wohltaten, die ich danach empfangen habe.

Venezuela

Auszug aus einem Artikel der venezolanischen Tageszeitung *El Universal*, vom 25. März 2001, geschrieben von Oscar Medina, übersetzt und an mich geschickt von Bruno Mattern:

In der Nacht zum 27.12.2000 wurde die Sy Dutch Concrete *mit Jacq Maan und Veronika Anhock in der Bucht von Puerto Santo, im Staat Sucre, von bewaffneten Männern überfallen. Sie nahmen alles, was nicht niet- und nagelfest war, einschließlich Pässe, Kreditkarten usw. Man versuchte, ein Loch in den Rumpf zu schlagen, um das Boot zu versenken, was aber nicht gelang.*

Die International Maritime Organization, IMO, hat diesen Fall in ihrem Bericht vom Januar 2001 registriert. ONSA, eine private Vereinigung für Rettung und Sicherheit in der Seefahrt, kennt mindestens noch acht weitere Fälle von Piraterie, man glaubt sogar, es seien tatsächlich noch viel mehr, sie sind aber schwierig zu erfassen.

Das Caribbean Safety and Security Net, eine private Initiative, stuft Venezuela als das gefährlichste Land der Karibik ein. Von Oktober 1996 bis Februar 1999 registrierte man dort 90 Fälle von Diebstählen oder Überfällen auf Boote. Die IMO vermerkte die meisten Fälle in Guanta und Puerto La Cruz.

Eine Schweizer Familie wurde auf ihrer 11-Meter-Yacht im letzten Jahr in Puerto La Cruz überfallen und ausgeraubt, ihre Yacht wurde versenkt. Zwei Monate später verschwand spurlos die kanadische Yacht Baltic Heritage *mit Leo Reichnamis aus der Marina Bahia Redonda und wurde nie mehr gefunden. Etwas später wurde in der Bucht von Guanta der Frachter* Tropic Quest *überfallen, ein Seemann wurde angeschossen. Am 20. März 2000 erhielt eine schwedische Yacht Besuch, etwa 3 sm nördlich der Halbinsel Paria. Einer der Besucher fragte nach einer Zigarette, da fiel auch schon ein Schuss und traf den Skipper in den Rücken. Die Yacht wurde ausgeraubt und dann verlassen.*

Oft erbittet ein Boot Hilfe, und wenn sich dann eine Yacht nähert, wird sie überfallen. Man sollte in solchen Situationen mit äußerster Vorsicht zu Werke gehen. Nicolas Goschenko bezeichnet folgende Zonen als gefährlich: den Osten des Landes, zwischen der Insel Margarita und dem Staat Sucre, einschließlich Mochima und die Inseln vor Puerto La Cruz; den Osten der Halbinseln Paria und Araya, die Mündung des Pedernales im Delta Amacuro, den Boca del Dragon; den Golfo de Paria und den Golfo de Venezuela im kolumbianisch/venezolanischen Grenzgebiet. Im Gegensatz dazu ist die Route nach Isla de Aves und Los Roques sehr gut bewacht und sicher.

Bruno Mattern
(YV4AYK)

Brutaler Überfall auf See

Yachtname:	LORNA
Yachttyp:	*Ansö 44′, Stahlketch, Baujahr 1991*
Eigner:	*Bo und Vivi-Maj Altheden*
Heimathafen:	*Bjarred, Schweden*
Überfallgebiet:	*Venezuela, zirka 2 sm vor Punta Toleta*
Koordinaten:	*10°44.6′N, 62°22.1′W*
Datum des Überfalls:	*20.3.2001*

Man kann über Bo Altheden sagen, dass er auf dem Wasser sein Hobby gepflegt hat und im Wasser sein Geld verdiente. Bo ist mit Segelbooten groß geworden. Ganz typisch für ihn und viele europäische Segler ist die Jugendausbildung auf einem Piraten; danach folgte der Einstieg auf den Flying Dutchman, den er mit 24 Jahren aufgab. Schnellere, größere Boote befriedigten dann seinen Ehrgeiz. Erst eine J24, dann eine X99 und danach das Fahrtenschiff LORNA, das ihn und seine Frau nach Amerika brachte. Bo, inzwischen 57 Jahre alt, fing als Schiffsoffizier an, wurde später Berufstaucher. Er gründete seine eigene Taucherfirma, die er bis kurz vor der geplanten Weltumseglung geführt hat. Vivi-Maj lernte durch ihren Mann segeln auf der schnellen J24. Aber schon als kleines Kind ist sie mit Motorbooten vertraut geworden. Sie ist auf den Åland-Inseln geboren, wo Motorboote so wichtig sind wie Autos in Stockholm. Vivi-Maj hat viele Jahre in der Verwaltung eines Krankenhauses in Malmö gearbeitet.

Im Mai 1999 verließen die beiden Schweden ihre Heimat an Bord ihres neuen Zuhauses, der stählernen Segelyacht LORNA. Schon im November überquerten sie den Atlantik und kreuzten durch die Karibik. Zu Beginn der Hurrikansaison ging es nach Norden, immer an der ame-

Bo Altheden sorgt für Proviant.

rikanischen Ostküste entlang bis nach Maine, das sie sehr an ihre schwedische Heimat erinnerte. Rechtzeitig waren die beiden mit LORNA im November 2000 wieder in Saint Martin, Karibik. Sie suchten sich einen geeigneten Platz, um zwei Monate lang in Ruhe alle anstehenden Arbeiten an ihrem Boot durchzuführen. Wie für die meisten Segler in dieser Gegend bot sich auch ihnen die Bucht von Chaguamaras auf Trinidad an. Als die Reparaturen erledigt waren, der lange, bunte Karneval auf Trinidad abgefeiert, sollte es weitergehen.

Im März 2001 wollten die Althedens Venezuela erkunden und segelten zur Isla Margarita. Es sollten noch andere Inselgruppen folgen, darunter Los Roques. Aber ihnen gefiel Venezuela nicht besonders. Sie lagen vor Anker und der Ostpassat blies in voller Stärke. Der Gedanke, bei diesem Wind später gegenan zu kreuzen, missfiel den beiden. Beim ersten Nachlassen des Windes drehten sie um, wollten zurück nach Trinidad und dann wieder in den geliebten Norden. Dieses Mal nach Nova Scotia, Kanada.

Vivi-Maj Altheden hat Maine-Lobster zubereitet.

Es ist Dienstag, der 20. März, ein typisch sonniger Tropentag. Sie sind nur 10° nördlich des Äquators, als die LORNA den Bug nach Westen zeigt und gegen leichten Wind von nur 5 kn und leichten Strom motort, zirka 50 sm vor der Grenze zu Trinidad und Tobago.

Nur 2 sm liegt die Küste Venezuelas entfernt. Gegen Abend beschließen Bo und Vivi-Maj, dass sie in der Bucht von San Francisco ankern wollen, gar nicht mehr weit entfernt von ihrem Ziel: der Bucht von Chaguaramas.

»Ich war gerade dabei, das Mittagessen ins Cockpit zu bringen, da sagte mein Mann: ›Da kommt ein Fischerboot.‹ Ich stand auf und sah ein kleines Boot achtern schnell aufkommend. Ich setzte mich wieder hin und überließ es Bo, mit den Männern zu sprechen. Von meinem Sitz aus konnte ich nicht viel mitbekommen, weil die Persenning meine Sicht behinderte. LORNA hat ein Mittelcockpit, das zusätzlich noch mit einem Bimini geschützt ist. Ich hörte Bo sagen: ›*No cigarettes. No smoke.*‹«

Plötzlich hört Vivi-Maj einen Schuss. Sofort danach stürzt Bo ins Cockpit, schreit qualvoll auf und lässt sich hinsacken. Seine Frau hilft ihm auf und bringt ihn nach unten. Hier kollabiert Bo auf dem Kajütboden. Sie erkennt die Einschusswunde etwas unterhalb seiner Taille. Er blutet stark.

Im selben Moment kommen vier bewaffnete Männer an Bord und dringen sogleich ins Schiffsinnere ein. Vivi-Maj flüchtet weiter in den Salon. Zwei Männer steigen über den Verwundeten hinweg. Einer setzt sich an den Niedergang, der vierte Pirat bleibt im eigenen Boot.

Laut Bo hatten die Männer schon von weitem durch Gesten und beim Näherkommen durch Anrufe Zigaretten gefordert. Zwar war der Skipper misstrauisch, weil im Boot keine Netze oder Angeln lagen und sich alle Männer ihm zuwandten. Als die Gangster nur noch zirka 25 Meter entfernt waren, hatten sie ihre Waffen herausgeholt, die sie unter Tüchern versteckt hatten. Just in diesem Moment hatte Bo sich umgedreht, um den Autopilot auszustellen, den Motor zu drosseln. Da zielte einer der Männer mit seinem Revolver auf den Skipper und drückte ab.

Im selben Moment wusste Bo Altheden, dass ihr Mann getroffen ist. Es war so, als ob ihm jemand in den Rücken getreten hätte. Erst später erfuhr er, dass die Kugel seinen

Hüftknochen durchschlagen, dann den Zwölffingerdarm aufgerissen und die Bauchspeicheldrüse getroffen hatte. Starke innere Blutungen waren die Folge.

In der Kabine fragt jetzt ein gedrungener dunkelhaariger Mann nach Juwelen. Er macht sich mit Handzeichen verständlich. Sein Spanisch verstehen die Althedens kaum. »*Moneda, armas?*«

Geld, Waffen, auch Munition will er haben. Aber all das ist nicht an Bord. Die Piraten glauben der Bordfrau nicht. Die Spannung steigt. Sie beginnen, die Schapps zu durchwühlen. Die Eindringlinge sind so aggressiv, dass sich Vivi-Maj vollkommen zurückhält, um sie nicht zu provozieren.

»Ich war wie gelähmt. Immer musste ich auf meinen am Boden liegenden, blutenden Mann schauen. Er stöhnte vor Schmerzen.«

Das Schluchzen der Bordfrau und die Enttäuschung, nichts von Wert gefunden zu haben, reizt den Anführer so sehr, dass er ein Küchenmesser ergreift, ihr an den Hals hält und droht, ihr die Kehle durchzuschneiden. Mit Ausnahme des Revolvers sehen alle Waffen alt und zum Teil wie selbst gemacht aus.

Einer der Angreifer trägt eine Gesichtsmaske. Er hat ein altes Gewehr mit abgesägtem Lauf. Alle tragen T-Shirts, kurze Hosen und manche tragen Jacken. Der kleine Anführer wirkt schmuddelig. Der dritte Mann dagegen ist groß und sieht sauber aus, macht einen ordentlich gekleideten Eindruck. Er wirkt sehr überlegt und kalt. Immer wenn sich Vivi-Maj ihrem Mann zuwenden will, drückt er ihr sein Gewehr ins Gesicht. Als Bo einmal seinen Kopf etwas bewegt, zielt der Anführer sofort mit seiner Pistole auf ihn. Er hat vorstehende Augen und bewegt sich ruckartig, was ihn noch unheimlicher macht. Vermutlich steht er unter Drogen.

Die Männer fangen an, alles einzusammeln, was ihnen von Wert erscheint, und füllen einen dünnen Schlafsack mit den Sachen. Hinein kommen das Canon-Fernglas, vier Paar Sandalen, Flossen, Schnorchel, eine Segelweste, eine Rettungsweste, die Taschenlampe, ein Handecholot, ein Portmonee, ein kleiner Kompass, ein Sony Walkman, Kaugummi und und und ... Dann fragen sie nach Alkohol und schnell übergibt die Bordfrau drei Flaschen Rum und einige Dosen Bier.

Als der Sack sich rasch füllt, sagt Vivi-Maj plötzlich: »Schluss!« Sie macht Handzeichen, dass sie verschwinden sollen. Sie fordert ihre *las tarjetas* zurück, die Kreditkarten, die schon eingepackt sind. Man schmeißt ihr die Karten vor die Füße, weil man damit in einem Fischerdorf nichts anfangen kann. Dann macht sich der kleine Anführer daran, alle Mikrofone, die er sehen kann, abzureißen. Zum Glück findet er nicht das Mikrofon des SSB-Senders.

Die Männer begeben sich langsam auf das Achterdeck. Als Vivi-Maj ins Cockpit hochsteigen will, um schnell einen Blick auf das Piratenboot zu werfen, richten sie ihre Waffen auf sie und machen Zeichen, sie soll sich unten hinsetzen. Während die Piraten losmachen, kann Vivi-Maj das Boot sehen. Es ist weiß mit einem grünen Streifen und einem schwarzen Flecken an der Steuerbordseite des Hecks. Weder eine Nummer noch ein Name sind zu erkennen. Am Heck hängt ein großer grauer Außenborder, wahrscheinlich ein Yamaha.

Kaum sind die Piraten weg, kann sie sich endlich um ihren Mann kümmern. Er blutet und schwitzt. Mit ihrer Hilfe kriecht er nach oben ins Cockpit, sie bereitet ihm eine bequeme Liege. Bo ist bei Bewusstsein, er erklärt ihr, wie der EPIRB zu aktivieren ist. Danach spricht sie in das Hand-UKW-Gerät, erhält aber keine Antwort. Doch dann sieht sie ein größeres venezolanisches Fischerboot auf sie zukommen. Mit Armbewegungen macht sie auf sich aufmerksam. Tatsächlich stoppt das Boot und auf Spanisch ruft Vivi-Maj ihnen zu, dass ihr Mann von Bandidos angeschossen worden sei. Sie fragt, ob die Fischer im nahen Trinidad Hilfe rufen können. Es kommt keine Antwort; sie motoren weiter.

LORNA fährt unter Motor und Autopilot. Vivi-Maj benutzt die Computerkarten, um den genauen Kurs auszurechnen. Sie findet den Kurs zum Wegpunkt im nahen Trinidad und stellt den Autopiloten entsprechend ein, sodass COG (Kurs über Grund) mit dem errechneten Kurs übereinstimmt. Danach versucht sie, auf der Notfrequenz 2182 kHz eine Verbindung herzustellen, aber niemand meldet sich. Dann probiert sie es auf verschiedenen Amateurfunkfrequenzen, die sie auf einer Liste gefunden hat, aber auch hier hat sie keinen Erfolg. Schließlich gibt sie auf. Doch gegen 15.00 Uhr versucht sie es in ihrer Verzweiflung noch einmal. Auf der Frequenz 14.303 MHz hört sie Stimmen. Klar und deutlich kann sie die Unterhaltung verstehen.

Schnell ruft sie ins Mikrofon: »Break, break, Mayday, Mayday!«

Eric Mackie aus Trinidad antwortet. Sie soll auf die Frequenz 14.300 MHz wechseln. Er ist gerade dabei, auf dem Sender TV6 die Wetternachrichten anzusagen, hat nebenbei sein Amateurfunkgerät eingeschaltet.

Vivi-Maj berichtet ihm, was passiert ist, und nun läuft eine Hilfsaktion an. Noch ist LORNA in venezolanischem Gewässer. Bald wird es dunkel werden. Was dann? Die Küstenwache von Trinidad und Tobago benötigt eine Erlaubnis, in venezolanisches Gebiet zu fahren. Das braucht Zeit und die Behörde in Venezuela zeigt sich nicht kooperativ.

Gegen 18.00 Uhr, es dunkelt bereits, sieht Vivi-Maj ein Boot der Coast Guard auf die LORNA zukommen. Das GPS zeigt folgende Koordinaten des Treffens an: 10°46.1′N, 61°55.1′W. Über Funk rät ihr der Kapitän der Coast Guard, das Schiff zu wenden, sodass sie den inzwischen aufgekommenen Seegang von achtern nehmen soll. Das Schiff will sich neben die LORNA legen. Vivi-Maj erwidert, dass dies bei dem Seegang nicht möglich sei; das Boot der Coast Guard soll sein schweres Gummiboot zu Wasser lassen und dann bei LORNA anlegen.

Bo kann sich ein bisschen aufrichten, er erkennt die Situation. Trotz seiner Schmerzen sagt er: »Das ist ein Boot aus Venezuela. Kehr wieder um und fahr weiter.«

Sie befolgt seine Anweisung und richtet den Bug wieder zu den nahen Gewässern des Staates Trinidad und Tobago. Bereits 15 Minuten später erreicht ein Boot der Küstenwache von Trinidad und Tobago die LORNA. Die Männer lassen das Beiboot zu Wasser und zwei Krankenpfleger kommen an Bord. Danach kommen noch zwei Seeleute rüber, die die LORNA zwischen die Inseln Chacachacare und Huevos Island steuern. Im ruhigen Wasser hinter den Inseln wird Bo auf das Schiff der T & T Coast Guard verlegt. Es ist inzwischen 21.00 Uhr. Das Schiff bringt den schwer Verletzten in die Stauble Bay, wo bereits ein Ambulanzwagen wartet, um ihn in das St. Clair Medical Center zu bringen.

Die 44-Fuß-Stahlketch LORNA *auf Vorwindkurs.*

Die zwei Seemänner steuern die Yacht zur selben Bucht, helfen LORNA zu vertäuen, und mit einem Taxi fährt Vivi-Maj ihrem Mann hinterher ins Krankenhaus. Dort kann sie mit ihm sprechen, leistet eine Anzahlung für die bevorstehende Operation. Sie weiß, er ist jetzt in guten Händen. Um 01.30 Uhr ist Vivi-Maj wieder bei ihrem Boot. Hier wartet bereits die Carenage Police, um sie zu befragen. Etwa um diese Zeit beginnt der Arzt Dr. Fung Kee Fung die Operation, der Bo Altheden sein Leben verdankt. Die Operation dauert über fünf Stunden.

Am 4. August 2001 fragten die Althedens beim schwedischen Außenministerium nach, ob eine Antwort aus Venezuela vorlag. Es gab bis zum 27.9.2001 noch keine Antwort der Behörden aus Caracas.

- - -

K. HYMPENDAHL: *Hatten Sie Waffen an Bord?*

V.-M. ALTHEDEN: Nein, wir hatten lange darüber diskutiert. Aber ich kann nicht mit Waffen umgehen. Und ich will auch nicht mit einer Waffe auf Menschen zielen.

B. ALTHEDEN: Selbst wenn wir bei dem Piratenüberfall irgendwelche Waffen an Bord gehabt hätten, so hätte ich mich gegen diesen rücksichtslosen, schnellen Überfall niemals mit einer Waffe wehren können.

Was haben Sie rückblickend falsch gemacht?

B. ALTHEDEN: Ich glaube, wir waren zu nahe an der Küste. Die Piraten konnten uns von ihrer Ortschaft aus sehen. Es war für sie einfach, uns in ihrem offenen Holzboot mit dem starken Außenborder schnell zu erreichen. Als ich sie um 12.30 Uhr kommen sah, ging ich zum Seitendeck und winkte ihnen zu. Natürlich bin ich davon ausgegangen, dass es friedliche Fischer seien. Sie konnten mich an Deck gut ausmachen, deshalb war es einfach für sie, mich zu attackieren.

Was haben Sie richtig gemacht?

Sollte es zu einem Überfall kommen, verhält man sich am besten passiv.

Was würden Sie in Zukunft anders machen?

Vermeiden von unsicheren Gegenden mit sozialen Problemen wie Armut, Naturkatastrophen, Trockenheit, Überschwemmungen oder politischen Schwierigkeiten. Das sind Gebiete, in denen viele

Waffen in den falschen Händen sind. In diesen Gebieten sind arme, verzweifelte Menschen zu allem fähig. Vorher über Funk erkundigen, wie sicher das Gebiet ist, das man besuchen will. Man soll den Behörden Mitteilungen machen über Raub, Überfälle etc. Außerdem sollte man seine Segelvereinigung benachrichtigen; in unserem Fall die SSCA (Seven Seas Cruising Association). Oder zum Beispiel Jimmy Cornells Website (www.noonsite.com). Man sollte nicht zu nahe an der Küste Venezuelas oder ähnlich problematischen Ländern segeln. Wenn es sein muss, soll man gemeinsam mit wenigstens einer anderen Yacht segeln.

V.-M. ALTHEDEN: Wir werden nie mehr alleine ankern. Auch an Land immer mit anderen Seglern zusammen sein. Wir haben jetzt mit anderen mehrfach am Tag Radiokontakt.

Wie war die Unterstützung durch die Behörden?

B. ALTHEDEN: Die Küstenwache von Trinidad und Tobago war sehr hilfreich. Offizier Seepersad von der Carenage Police Station führte die Untersuchung durch und schickte seinen Report an die Botschaft von Venezuela in Port of Spain, Trinidad. Die venezolanische Polizei wollte uns auf der Insel Margarita befragen. Das schwedische Außenministerium half uns und die Polizei dort akzeptierte unsere schriftliche Schilderung des Überfalls.

Diese Nachricht veröffentlichte die amerikanische ARRL (American Radio Relais League) im Internet:

»*ARLX006 Amateurfunk-Hilfe auf hoher See*

Amateurfunker halfen bei einer Rettungsaktion auf hoher See nach einem Piratenüberfall auf eine Segelyacht am 20. März vor Venezuela. Der bis jetzt unidentifizierte Skipper wurde angeschossen und seine Frau forderte Hilfe über das Maritime Mobile Service Netz auf dem 20-Meter-Band. Es wurde berichtet, dass das Opfer sich in einem Krankenhaus von Trinidad erholt. Der Überfall ereignete sich zirka 3200 km Ostsüdost einer ganz ähnlichen Piraten-Attacke vor nahezu einem Jahr. In diesem Fall [gemeint ist SY HAYAT, Kapitel: *Terror vor der Moskitoküste*, der Autor] schossen bewaffnete Desperados auf den jungen Willem van Truijl aus den Niederlanden, der mit seinen Eltern segelte.

Nach Aussage des Offiziers der Coast Guard, José Diaz, KP3J, von der Rettungsstelle in San Juan, Puerto Rico, war die 44-Fuß-Ketch unter schwedischer Flagge auf dem Weg nach Trinidad und Tobago, als die Piraten knapp 3 sm vor der Küste angriffen. Der Mann wurde in den Unterleib getroffen. Die Piraten zerstörten das UKW-Telefon, sodass die Frau den Emergency Locator Transmitter (ELT) auslöste. Die San Juan-Rettungsstelle empfing das ELT-Signal von der schwedischen Yacht LORNA und benachrichtigte die venezolanischen Behörden.

Keine 90 Minuten später erreichte die Nachricht vom Maritime Mobile Service Net Mike Pilgrim, K5MP, die Miami Coast Guard. Sie erfuhr von dem Notruf der LORNA auf der Frequenz 14.300 MHz. Sie übermittelte die Nachricht an das San Juan-Rettungscenter. Diaz ging auf die Frequenz 14.300 MHz, wo Bobby Graves, KB5HAV, Dave Dalziel, N4ICE, und Jim Hirschman, K4TCV, der Arzt, der schon die Familie van Truijl medizinisch über Funk betreut hat, bereits eine Notfall-Funkrunde aktiviert hatten. Ein Amateurfunker in Trinidad, Eric Mackie, 9Z4CP, der den ersten Funkspruch der LORNA entgegengenommen hatte, gehörte auch dazu.

Unter denen, die auch auf der Frequenz Standby waren, befanden sich Ed Petzolt, K1LNC, in Florida, und Hector Godoy, HR3HGB, in Honduras. Beide waren wichtige Helfer über das Amateurfunknetz im Fall der Familie van Truijl vor einem Jahr.

Diesen Amateurfunkern war es möglich, Vivi-Maj zu beruhigen und ihr erste medizinische Ratschläge zu übermitteln. José Diaz erhielt sogar von den Behörden in Venezuela die Erlaubnis, dass das Coast Guard-Schiff aus Trinidad ihr Gebiet befahren dürfe. Gleichzeitig machte sich ein Schiff der venezolanischen Küstenwache zur LORNA auf.

Später bescheinigte José Diaz diesen Amateurfunkern, einen großartigen Job geleistet zu haben, indem sie der Frau an Bord beigestanden und weitere Informationen an die US Coast Guard geleitet haben.«

Feuergefecht am Ankerplatz

Yachtname:	SCOTIA PEARL
Yachttyp:	*Whitby 46' Ketch, Baujahr 1979*
Eigner:	*Peter und Maggie Mais*
Heimathafen:	*Bayside, New Brunswick, Kanada*
Überfallgebiet:	*Venezuela*
Ankerplatz:	*Mochima National Park, Bahia Manare*
Datum des Überfalls:	*23.2.1998*

Mein Mann Peter und ich sind seit über zehn Jahren Fahrtensegler. Seit den letzten sechs Jahren teilen wir mit unseren Töchtern das Leben auf dem Wasser. Kayla ist sechs Jahre und Kelsey fünf Jahre alt. Der Weg führte uns von der Ostküste Kanadas bis in den Süden der Karibik. Mein Mann ist heute 50 Jahre und ich bin 32 Jahre alt. Es war schon lange Peters Traum, nach Venezuela zu segeln.

Am Abend des 1. Februar 1998 war es so weit. Wir segelten von Grenada zu den venezolanischen Inseln Los Testigos. Es war eine schöne tropische Segelnacht, abgesehen davon, dass wir bei einer Mayday-Meldung der Coast Guard von Grenada als Relaisstation dienten. Nachdem wir uns vergewissert hatten, dass dem Boot geholfen wurde, segelten wir weiter. Als wir uns den Los Testigos-Inseln näherten, wurden wir von vielen Tieren im Wasser und in der Luft empfangen. Es war ein schöner Anfang auf einem neuen Kontinent. Hier verbrachten wir einige Tage und genossen die Einsamkeit dieser Inseln. Leider war es die einzige Zeit, in der wir uns in Venezuela wohl gefühlt haben.

Von den Los Testigos-Inseln segelten wir zur Isla Margarita. Hier hatten wir einen Kulturschock. Keiner von uns sprach Spanisch, was die Kommunikation schwierig machte. Die Temperaturen schnellten hoch, allein das Denken ließ uns schwitzen. Wir klarierten ein und benutzten dazu den Service eines der lokalen Agenten. Der Mann warnte uns vor einem nächtlichen Besuch an Land. Es ist ein Dschungel da draußen, sagte er.

Ab Isla Margarita fühlten wir uns nicht mehr sicher. Mir ist bis heute nicht klar, weshalb ich schon damals eine Vorahnung hatte, dass etwas auf uns wartete. Wir verließen Isla Margarita und segelten direkt nach Puerto La Cruz. In der Marina von Bahia Redonda ließen wir unser Schiff mit dem Slippwagen aufs Trockene setzen, direkt neben unseren langjährigen Freunden von der SEA CAMP. In der Sicherheit der Marina freuten wir uns, alte Freunde zu treffen, deren Wege wir vor Jahren gekreuzt hatten. Wir genossen den Luxus des Swimmingpools, der erfrischenden Duschen etc. Aber als Blauwassersegler wird man dieser Dinge bald überdrüssig, es zieht einen wieder aufs Wasser. Wir bunkerten und waren bereit, weiterzusegeln.

Wie im Seehandbuch von Doyle empfohlen, fuhren wir in Begleitung. Harold und Diane von der SEA CAMP, ebenfalls eine Whitby 42, nahmen uns mit zu einem Ankerplatz, an dem sie vor ein paar Wochen schon einmal gewesen waren. Am 19.2.1998 segelten wir gemeinsam nach Caracas del Este. Vier Tage lang genossen wir mit den Töchtern das Strandleben und Schnorcheln. Wir trafen weitere Bekannte auf ihrer Westsail 43 und luden sie zum Abendessen ein. Der Skipper brachte an diesem Abend einen Toast auf meinen Mann Peter aus: ›Auf deinen Sarg, Peter! Möge er aus feinster Eiche sein. Schon morgen werde ich den Samen dazu säen.‹ Er segelte nach ein paar Tagen weg und sah immer noch ein bisschen betreten aus, als ob er sich für diesen Scherz entschuldigen wollte. Aber eigentlich fanden wir es damals ganz witzig.

Am 23. Februar entschlossen wir uns, nach Bahia Manare im Mochima National Park zu segeln. Wegen der

Karnevalstage war Bahia Manare gut besucht. So beschlossen wir, ein bisschen mehr westlich des üblichen Liegeplatzes zu ankern. Wir verbrachten den Tag am Strand, suchten Muscheln und schnorchelten. Unsere Freunde von der SEA CAMP luden die beiden Mädchen nachmittags um 16.00 Uhr ein. Harold und Diane kannten unsere Töchter schon als Babys; sie sind ihre segelnden Großeltern. Natürlich nahmen Peter und ich die Gelegenheit wahr, ein paar Stunden ohne die Kinder zu sein. Gegen 17.00 Uhr kam ein gelbes Fischerboot mit drei Männern in die Bucht und fuhr zur Küste. Sie bereiteten ihr Lager in der Fischerhütte am Strand. Wie geplant, kamen wir um 18.00 Uhr bei einbrechender Dunkelheit zur SEA CAMP rüber und genossen mit unseren Freunden einen Drink. Um 20.00 Uhr nahmen wir die Kinder ins Dingi und fuhren zu unserem Boot. Es war ein sehr kurzer Weg, denn wir ankerten Seite an Seite.

Wie unter Blauwasserseglern üblich, begaben wir uns früh zu Bett. Um Mitternacht erwachte unsere Kleinste, sie musste auf den Topf. Mein Mann stand auf und war ihr behilflich.

Die SCOTIA PEARL, *Typ Whitby 46.*

Er war gerade dabei, wieder einzuschlafen, als er ein lautes Schnappgeräusch vernahm. Unser Schlauchboot mit dem 8-PS-Außenborder hatten wir längsseits befestigt. Es hing an einem Drahtseil, das auch den Motor sicherte. Das Drahtseil war an unserem Boot mit einem Schloss gesichert. Peter spähte durch die Luke im Achterschiff und sah, dass der Außenborder weg war. Noch mehr beunruhigte ihn ein kleines Fischerboot neben unserer Yacht.

Mein Mann sagte, ich solle auf dem UKW-Radio sofort SEA CAMP anrufen. Wir hatten vereinbart, während der Nacht auf Standby zu sein. Peter nahm die Signalpistole und ging über den Niedergang der Achterkajüte an Deck. Ich machte mir am UKW-Gerät zu schaffen. Die Mädchen schliefen in der Vorderkajüte. Plötzlich hörte ich einen Schuss, dann folgten noch drei Schüsse.

Peter hatte den ersten Schuss als Warnung in die Luft gejagt. Aber die Männer saßen nach wie vor in ihrem Boot. Dann feuerte mein Mann einen zweiten Schuss über ihre Köpfe. Einen Moment danach schossen sie zweimal zurück. Peter schrie auf.

Ich war sofort an Deck und fand ihn auf dem Boden liegend. Er schrie, ich solle ihm helfen, seine Blutungen zu stoppen. Ich griff nach einem Handtuch und drückte es fest auf die Wunde. Das Blut strömte stark; ich fing an zu weinen. Bitte stirb nicht, bleib bei mir, waren meine einzigen Gedanken. Es schoss mir durch den Kopf, dass ich ohne ihn nicht leben und auch nicht die Kinder allein erziehen könnte. Schon gleich danach ermutigte ich ihn, dass er wieder gesund werden würde. Ich zwang mich zur Konzentration, obwohl ich äußerst aufgeregt war.

Das Fischerboot war immer noch da. Ich schrie mir die Lunge aus dem Leib, beschimpfte die Männer und gleichzeitig rief ich laut nach Diane und Harold. Die hatten die Schüsse und Schreie gehört, waren schon dabei, in ihr Dingi zu steigen. Inzwischen waren die beiden Mädchen wach geworden; verängstigt weinten sie. Aber Gott sei Dank befolgten sie meinen dringlichen Befehl, in den Kojen zu bleiben.

Als Diane und Harold sich in ihrem Dingi näherten, brausten die Fischer auf und davon. Auf unserem Boot nahmen die Freunde sofort die Dinge in die Hand. Harold kümmerte sich um Peters Wunden und beschloss, ihn aus Sicherheitsgründen unter Deck zu bringen. Zuerst war ich dagegen, denn ich befürchtete, die Bewegungen würden noch mehr Schaden anrichten. Aber Harold und Peter setzten sich durch. Unten konnten wir im Licht besser das Ausmaß der Verletzungen erkennen. Die Kugel hatte seine Wange gestreift, dann war sie in den oberen Bereich seiner Schulter eingedrungen und aus dem mittleren Teil des seitlichen Rückens herausgekommen. Wir legten ihn auf eine Seite, damit die verletzte Seite mit den Wunden erhöht lag. Obwohl Peters Zustand stabil war, wussten wir nicht, ob seine Lunge oder andere Organe verletzt waren.

Wir versuchten, die venezolanische Küstenwache oder andere Schiffe über UKW zu erreichen, aber es meldete sich niemand. Dann probierten wir es mit unserem Kurzwellensender und erreichten auch tatsächlich die WOO-Station, die eine Telefonverbindung mit der Miami Coast Guard herstellte. Die wiederum ermöglichte uns, mit einem Arzt zu sprechen. Danach informierte sie die Coast Guard in San Juan, Puerto Rico. Wir baten sie, die Küstenwache von Venezuela zu ersuchen, uns Hilfe zu schicken. Man teilte uns mit, dass die Verbindung zu Stande gekommen sei und wir auf Kanal 16 und der internationalen Notfrequenz 2182 MHz auf Standby schalten sollten. Es wurde eine lange, lange Nacht. Es kam auf keinem der Kanäle eine Antwort.

Peters Zustand stabilisierte sich. Ich hatte ihm ein synthetisches Morphium-Mittel aus unserer Bordapotheke gegeben. Sein Puls war in Ordnung, und es war beruhigend, dass der Verwundete sogar noch seinen Humor behalten hatte. (Obwohl das vielleicht mehr mit der Wirkung des Morphiums zu tun hatte.)

Wir hatten zu dieser Nachtzeit nicht viele Möglichkeiten. Nach Puerto la Cruz waren es viereinhalb Stunden. Es gab keinen Mondschein und wir hatten kein Radargerät. Schließlich beschlossen wir, bis zum ersten Tageslicht zu bleiben, wo wir waren. Natürlich hatten wir Angst, dass die Piraten wieder auftauchen würden. Unsere Kinder verkrochen sich ängstlich unter ihren Decken.

Um 06.00 Uhr holten wir die Anker ein. Harold übernahm unser Boot, damit ich mich um Peter und die Mädchen kümmern konnte. Diane steuerte ihre eigene Yacht, die uns folgte. Ich sehnte mich in dieser Nacht nach einer starken Motoryacht! Um 07.00 Uhr schalteten wir das Seglernetz auf Kurzwelle ein und sprachen mit Mel und Jackie auf der SY DROGHEDA, die in Puerto la Cruz lagen. Sie organisierten alles an Land für unsere Ankunft.

Ein pensionierter Herzchirurg von der SY DIONNES und unsere Freundin Carol von der MOONSHADOW, eine ehemalige Krankenschwester, nahmen uns bei der Ankunft in Empfang. Sie waren bereits an Bord, bevor noch die Leinen belegt waren. Carol und ihr Mann Tom hatten ein Auto und fuhren uns gleich zum nächsten Krankenhaus. Der Herzchirurg begleitete uns. Die medizinische Versorgung war gut. Röntgenaufnahmen bewiesen, dass kein Organ verletzt war, und nach 14 Stichen an Peters Wange entließ man ihn mit den Worten, alles andere würde von allein heilen. Peter war rechtzeitig zum Mittagessen an Bord und nahm danach die wohlverdiente Siesta.

Am nächsten Tag sorgten wir dafür, das Boot aus dem Wasser zu nehmen, an Land zu stellen und Rückflüge nach Kanada zu buchen. Man forderte uns unter anderem dazu auf, einen Polizeibericht aufnehmen zu lassen. Die Marina-Leitung ermutigte uns dazu. Da Peter zu schwach war, erledigte ich das. Ich organisierte ein Taxi und einen Übersetzer. Der Beamte war an dem Bericht ziemlich uninteressiert. Ich sei ja gar nicht die richtige Person, auf mich habe man ja nicht geschossen. Ich fragte mich, was die wohl sagen würden, wenn jemand wirklich erschossen worden wäre – wer sollte dann bitte die Fragen beantworten? Letztendlich akzeptierten sie dann doch meine Aussagen und nach drei Stunden war das Protokoll fertig. Drei Polizeibeamte tippten an diesem Protokoll herum. Ziemlich verärgert verließ ich die Polizeistation; leider hatte ich nicht einmal genug Geld für den Taxifahrer und den Übersetzer dabei.

Peter (links) und Maggie Mais (rechts) mit Kindern und Freunden auf den Bahamas.

Bevor wir abreisten, wurde Peter von dem Manager der CMO Marina, Mr. James Capriles, angesprochen. Dieser bat ihn, bei einer öffentlichen Anhörung dabei zu sein. Pete möge doch die ganze Geschichte nochmals erzählen. Man sagte uns, dieses sei der schlimmste Überfall seit Jahren. Nach der Lektüre von Chris Doyles ›Cruising Guide‹ hatten wir es geglaubt. Aber leider entspricht es nicht der Wahrheit, wie ich erfahren musste. Nach zwei Tagen in der Marina nahm ich die Gelegenheit wahr, die letzten Blutflecken von Peters Wunden an meinem Körper abzuwaschen. Die Mädchen schliefen schon. Peter ruhte an Bord. Auf meinem Weg von den Duschen kam ich an der Bar vorbei. Ich entschloss mich, einen dieser wunderschönen tropischen Drinks auf zerstoßenem Eis zu bestellen – mit wenig Ananassaft und viel Alkohol. Ich setzte mich an die Bar und der Segler neben mir erkundigte sich nach Peter. Dann erzählte er mir von seiner Tortur auf seiner Yacht SUNRISE; letztes Jahr hatte man neunmal auf ihn eingestochen …

Meine innere Stimme sagt mir, dass wir Venezuela niemals besucht hätten, hätten wir vorher von solch einem Vorfall gehört. Niemals hätten wir unsere Kinder dieser Gefahr ausgesetzt. Ich dachte immer, diese Geschichten passieren nur anderen Menschen, nicht uns.«

K. HYMPENDAHL: *Hatten Sie Waffen an Bord?*

M. MAIS: Wir hatten keine Waffen an Bord. Unsere Signalpistole erzielt eine ziemlich starke Wirkung. In dieser Nacht ohne Waffe zu sein, sich nicht verteidigen zu können, war schrecklich. Wir wurden in Seglerkreisen schwer kritisiert, dass wir die Signalpistole benutzt hatten. Man warf uns vor, dadurch die Piraten provoziert zu haben. Erinnern wir uns an die Fakten: Diese Männer hatten bereits unseren Außenborder, waren immer noch neben uns in ihrem Boot und sie hatten einen sehr starken eigenen Außenborder. Ganz ehrlich: Wir dachten, dass sie zu uns an Bord kommen wollten. Wenn sie nur an dem Außenborder interessiert gewesen wären, hätten sie doch abfahren können. Wären sie an Bord gekom- men, hätten die Dinge viel schlimmer ausgehen können – immerhin hatten wir Kinder an Bord. Schließlich ging der erste Schuss aus der Signalpistole in die Luft.

Was haben Sie rückblickend falsch gemacht?

Das Cockpitlicht war an. Als Peter auf dem Achterdeck stand, von hinten angeleuchtet, war er deutlich zu erkennen. Die Piraten hatten also ein exzellentes Ziel. Sie hätten auf seine Beine zielen können, aber sie zielten auf seinen Kopf. Ein geringfügig anderer Winkel und es hätte Peter das Leben gekostet.

Was würden Sie in Zukunft anders machen?

Niemals wieder in venezolanischen Gewässern segeln. Die SCOTIA PEARL haben wir verkauft. Jetzt leben wir wieder an Land und bauen zur Zeit einen 43-Fuß-Trawler aus, ein Bruce Roberts Design. Ein besonderer Vorteil ist der Stahlrumpf; er ist kugelsicher. Ich wünschte, mein Mann wäre es auch.

Brief einer überfallenen Seglerin

Hallo Klaus,

wir haben Deine Anfrage schon vor bald einem Monat erhalten. Im Moment sind wir damit beschäftigt, Geld zu verdienen, darum kam so lange keine Antwort.

Ja, nun zu Deiner Anfrage. Um es vorweg zu sagen, die Antwort ist negativ. Natürlich ist es ein reizvoller Gedanke (oder ein reizvolles Vorhaben), ein Buch zu verfassen, gefüllt mit echt erlebten Krimis. Aber ich möchte unser grauenvolles, schreckliches Erlebnis nicht zwischen zwei Buchdeckeln finden.

Man liest es, man findet es schrecklich, klappt das Buch zu und denkt: So also war das … Es ist mir ein unerträglicher Gedanke, dass die Leser und Leserinnen von der zweifachen Vergewaltigung und dem Ekel lesen, den ich empfand. Auch von der Angst vor dem Tod, von der Sorge um den Partner, von all den Schmerzen von den Hieben von den Macheten und den Messerstichen und von all dem Blut … All das ›hinüberzubringen‹, sodass die Leser und Leserinnen mit mir weinen, ist, glaube ich, unmöglich.

Vielleicht ist dieser Anspruch zu hoch – ich weiß es nicht. Ich meinerseits kann all das nicht der Welt zugänglich machen. Wenn ich daran erinnert werde, leide ich immer noch an schlaflosen Nächten und rasendem Herzklopfen.

Ich hoffe meine Beweggründe sind einigermaßen verständlich ausgedrückt.

Mit freundlichen Grüßen
*Suzanne Kramer**

* Der Name wurde geändert.

Beamte in Räuberzivil als Piraten

Yachtname:	JAN WELLEM III
Yachttyp:	*Contest 43*
Eigner:	*Rudolf und Isolde Nuss*
Heimathafen:	*Düsseldorf*
Überfallgebiet:	*Venezuela*
Ankerplatz:	*Isla Herradura, bei Isla Tortuga*
Datum des Überfalls:	*27.3.2001, nachts*

Rudolf Nuss ist von Beruf Metzgermeister und führte mit seiner Frau eine Metzgerei in Düsseldorf, bis sie 1995 das Geschäft in die Hände des Sohnes legten. Für das Ehepaar war das Segeln seit vielen Jahren ihr gemeinsames Hobby. Für sie hieß segeln: sich treiben lassen, am liebsten von Bucht zu Bucht, kleine Tagestörns, nur keinen Stress. Die Arbeit war hart genug, weshalb dann noch anstrengende Törns unternehmen? Ihre erste Yacht war eine Neptun 26, dann kam die größere Phantom 32 und schließlich die stolze Contest 43. Ihre Yachten hießen immer JAN WELLEM. Der ehemalige Kurfürst Jan Wellem war ein lebensfroher Herrscher gewesen, der den größten Teil seines Vermögens verprasst hatte. Genauso hatten es auch die beiden Rheinländer vor; sie wollten auch einen Teil ihres schwer erarbeiteten Vermögens »verprassen« und leisteten sich dazu den Segelsport.

Seit 1969 segelten sie in den Ferien oder an Wochenenden im begrenzten, aber romantischen Revier des holländischen Ijsselmeers. Immerhin drei Autostunden von Düsseldorf entfernt. Das große Ziel sollte Malaga, Spanien, sein.

»Ich wollte nur noch geradeaus segeln«, war Rudolf Nuss' großer Wunsch.

Sie kamen aber nie nach Malaga, denn die neue Marina von Lagos an der portugiesischen Algarve gefiel ihnen so

Rudolf und Isolde Nuss vor dem Überfall.

gut, dass sie hier ein Jahr blieben. Familie Nuss hatte sich auf die Fahnen geschrieben: nicht planen, treiben lassen. Im Jahr 1996 segelten sie zuerst nach Porto Santo, dann nach Madeira, danach zur kleinsten der Kanarischen Inseln, nach Graciosa. Überall blieben sie viele Wochen; sie genossen ihr neues Leben und hatten auch keine Pläne, wo es hingehen sollte.

Auch im Hafen von Puerto Rico auf Gran Canaria gefiel es ihnen so gut, dass sie zweieinhalb Jahre lang blieben. Sie lernten Spanisch, machten Ausflüge zu den Nachbarinseln und gingen tiefe, neue Freundschaften mit Spaniern ein, sodass sie gar nicht mehr weitersegeln wollten. Bis sie eines Tages die Eigner der Berliner Yacht EUPOLONIA kennen lernten, die auf dem Weg in die Karibik waren.

Karibik? Nein, das war der Familie Nuss zu weit. Außerdem hatten sie nichts Gutes von der Karibik gehört. Dort sei doch schon mal einem Segler die Kehle durchgeschnitten worden, erinnerte sich Rudolf. Trotzdem beschloss Familie Nuss, 1998 die Berliner Freunde dort zu besuchen.

Sie werden Gäste auf der EUPOLONIA und gemeinsam durchsegeln die Freunde das schöne Revier der Grenadines. In der Salt Whistle Bay auf Mayreau schwimmen sie an Land und treffen in der kleinen *Openair*-Bar ein amerikanisches Ehepaar, das sich beachtlich große Drinks bestellt hat, den »Magic Drink«. Die Palmen, der helle Strand, das Wetter, die netten Amerikaner, der Magic Drink beeindrucken Isolde und Rudolf tief. Die Karibik bezaubert sie, die Inselwelt ist noch schöner als das geliebte Puerto Rico auf Gran Canaria. Der Zweierrat beschließt einstimmig, mit ihrer schönen Contest 43 in die Karibik zu segeln. Als Talisman nehmen die Nuss sich einen jadeähnlichen kleinen grünen Stein vom Strand der kleinen Insel Baradal aus den Tobago Cays mit.

»Den bringen wir wieder zurück. Der soll uns wieder in die Karibik zurückführen.«

Am 17.1.1999 segeln Isolde und Rudolf Nuss von Puerto Rico ab. Nach nur 19 Tagen sehen sie nachts den Lichtschein von Barbados. In der Gewissheit, es geschafft zu haben, legen sie sich in ihre Kojen und vertrauen ihrem bewährten Autopiloten. Als sie aufwachen, liegt die Insel bereits querab; sie können die Lichter der einzelnen Autos sehr gut erkennen. Sie segeln über Bequia zu den Tobago Cays und bringen »den Stein des Anstoßes« zu ihrer Karibikreise wieder an den Strand von Baradal zurück. Von jetzt an genießen sie ihr neues Revier, segeln zwischen Trinidad und den Virgin Islands.

Und lassen ihr schwimmendes Zuhause während der Hurrikanzeit bei der Peak Marina in Trinidad auf dem Trockenen aufgebockt zurück. Bis dato hatten sie nichts Nachteiliges mehr über die Karibik gehört, geschweige denn über Piraten. Sie lieben es, wenn man ihnen Brot, Fisch, Langusten von den kleinen Booten mit den großen Außenbordern anbietet, und sie freuen sich schon auf die nächste karibische Segelsaison.

Von Oktober 1999 bis Mai 2000 lassen sie sich zu den Inseln treiben, die sie beim letzten Mal nicht gesehen haben. In dieser Saison hören sie zum ersten Mal von Überfällen auf zwei schwedische Touristen am Strand von Carriacou. Einheimische wollten die Frau vergewaltigen, als ihr Mann gerade tauchen war. Es kam zum Kampf. Mit durchschnittener Kehle fand man später die beiden Toten. Der Täter wurde gefasst.

Im Januar 2001 kehren Rudolf und Isolde nach einem Aufenthalt in der kalten Heimat wieder zu ihrem Schiff nach Trinidad zurück. Hier hören sie von zwei Überfällen auf eine holländische und eine schwedische Yacht. Ein befreundetes Paar auf der SY ST. PAULI beschließt daraufhin, nicht mit ihnen zu den ABC-Inseln vor der venezolanischen Küste zu segeln. Mitten im tropischen Karneval – dem Anziehungspunkt vieler Segler in der Karibik – gehen Rudolf und Isolde Nuss am Karneval-Samstag ankerauf. Es soll kein glücklich gewählter Tag für sie werden.

Mit Strom und gutem achterlichen Wind segelt die JAN WELLEM III im März 2001 nach Westen ins benachbarte Venezuela. Bei wunderschönem Sternenhimmel geht es durch die Nacht und am nächsten Tag gehen sie zwischen der kleinen Inselgruppe der Los Testigos vor Anker. Hier liegen nur ein paar Fischer. Es gibt ein paar einfache Behausungen am Strand und neuerdings eine Militärstation, bei der sie sich anmelden. Allerdings ist dies kein offizieller *port of entry*. Sie zeigen ihre Schiffspapiere, Pässe und die Waffenbesitzkarte, denn Rudolf Nuss ist ein ausgebildeter Sportschütze.

»Ich treffe auf 25 Meter Entfernung ein Fünfmarkstück.«

Offiziell klarieren sie erst ein paar Tage später auf der Touristeninsel Isla Margarita ein. Das war vor wenigen Jahren noch kostenlos; nun nimmt man ihnen 50 US-$ für die Einreise als Touristen ab. Sie segeln dann zu der kleinen Insel Blanquilla und werden zum dritten Mal von Militärs kontrolliert. Sie waren darauf von anderen Seglern vorbereitet worden und schenken den Beamten Rum und Zigaretten. Weil sie auf Isla Margarita von Diebstählen eines Außenborders und eines Dingis gehört haben, sind sie besonders vorsichtig, schließen alles ab, nachts wird auch der Niedergang von innen verschlossen, werden die Luken dicht gemacht. Kühlende Luft kommt nur durch die kleinen Seitenfenster ins Schiff.

Sie segeln weiter und werfen am 27.3.2001 ihren Anker in Lee der kleinen Insel Cayo Herradura neben einer holländischen Yacht. Vor den Hütten ankern ein paar Fischerboote keine Kabellänge entfernt. Nur eine Seemeile entfernt liegt die viel größere Isla Tortuga. Die »Schildkröteninsel« ist unbewohnt, nur am Wochenende kommen einige wohlhabende Großstädter mit ihren kleinen Flugzeugen und machen hier Picknick. Ein Pilot hatte es vor Jahren »nicht geschafft«, das Wrack seines Flugzeuges zeigt heute noch mahnend sein Gerippe.

Die winzige Cayo Herradura ist nur von einigen Fischern in sehr einfachen Holzhütten bewohnt. Die Gebäude wirken eher improvisiert, so als ob sie nur ein paar Monate im Jahr benutzt würden. Gutes Geld verdient hier offensichtlich keiner.

Geht man über das Inselchen zur Windseite, dann stößt man mitten im fußhohen Gras auf eine Marmortafel. In Spanisch kann man lesen: »Der deutsche Naturforscher Alexander von Humboldt war im Jahr 1799 auf dieser Insel.« Diese Tafel werden Isolde und Rudolf aber nie sehen. Schon gleich nach ihrer Ankunft kommt ein Junge mit einem stark geschwollenen Fuß in einem kleinen Holzboot zu ihnen. Rudolf will ihn verarzten, einen Verband anlegen, aber der junge Mann möchte das lieber selbst ma-

Die JAN WELLEM III *in der Karibik.*

chen und verschwindet mit Salbe und Verbandszeug. Man lässt an Bord den Tag ausklingen, isst zu Abend und, wie in den Tropen üblich, geht man gegen 22.00 Uhr ins Bett.

Gegen 02.15 Uhr wird Isolde durch Geräusche an Deck wach. Sie weckt ihren Mann. Beide hören deutlich, wie sich mehrere Menschen an Deck zu schaffen machen. Aus dem Seitenfenster erkennen sie ein kleines Fischerboot direkt neben JAN WELLEM III. Durch das Fenster zum Cockpit sieht Rudolf eine Gestalt in Shorts und T-Shirt, die in der Hand eine Pistole hat. Isolde erkennt drei Personen an Deck.

»Bleib ganz ruhig. Ich rufe jetzt die Coast Guard an.« Rudolf Nuss hat die Situation scheinbar im Griff und versucht mehrfach, auf Kanal 16 im UKW-Gerät eine Verbindung herzustellen. Aber die Küstenwache, die hier Guardia Nacional heißt, antwortet nicht. Dann schaltet er die Deckbeleuchtung ein, in der Hoffnung, dass die Männer flüchten.

»*Open, open!*«, hören sie von draußen rufen.

Und der Schiffseigner ruft zurück: »No, no, no!«

Jetzt vernimmt das Ehepaar, wie sich die Männer am Eingangsschott des Niedergangs zu schaffen machen; sie wollen offensichtlich den Eingang aufbrechen. Die Niedergangstür ist aus Stahl, das Schiebeluk aus starkem Kunststoff – beide sind von innen fest verschlossen.

Das Paar weiß: Jetzt droht Gefahr. Rudolf holt seine Pistole, Brünner M 75, Kaliber 9 mm Para, hervor. Einem der Piraten ist es währenddessen gelungen, eine kleine Luke im Salon zu öffnen, die nicht von innen verriegelt war. Durch diese Luke gibt Rudolf Nuss einen Warnschuss in den Himmel ab. Er hat noch 14 Schuss im Magazin. Das Reserve-Magazin hat er neben sich gelegt.

Der Warnschuss scheint nichts zu nützen, denn plötzlich hören die Eingeschlossenen eine Serie von 10 bis 15 Schüssen über der geöffneten Steuerbordluke. Sie schlagen auf Deck ein. Später sehen die Nuss', dass die Piraten aus dem Cockpit durch die Scheiben des Deckshauses ge-

Einige der Einschüsse des Feuergefechts.

schossen haben – auch das Dingi an Deck ist von drei Schüssen durchschlagen.

»Jetzt ging es um unser Leben«, berichtete Rudolf Nuss einige Monate später.

Er richtet sich aus seiner Luke auf, zielt über das Deckshaus und schießt das ganze Magazin leer. Vierzehn Schüsse peitschen durch die tropische Nacht. Dabei nimmt er in Kauf, angeschossen zu werden. Doch er erreicht sein Ziel. Die Eindringlinge flüchten Hals über Kopf.

»Wenn ich auf sie gezielt, sie verletzt oder getötet hätte, dann wären doch alle Fischer gegen uns gewesen. Dann hätten wir hinterher ganz schlechte Karten gehabt.«

Noch aus der Ferne geben die flüchtenden Piraten sich nicht geschlagen und schießen wieder auf das immer noch von seinen Decksleuchten hell erleuchtete Schiff.

Rudolf lädt die Waffe neu und gibt sie seiner Frau. Er versucht erneut, die Guardia Nacional über Funk zu erreichen. Vergeblich. Später in der Nacht leuchtet plötzlich das Licht eines Schiffes aus der Dunkelheit. Ein Scheinwerfer wird auf die deutsche Yacht gerichtet.

»Wir glaubten zuerst, die Piraten kämen mit Verstärkung zurück. Deshalb haben wir uns sofort wieder verbarrikadiert«, so Isolde Nuss.

Aber das Boot fährt nur um ihr Schiff herum und entfernt sich dann wieder, bis es wiederum näher kommt. Schließlich stoppt es direkt neben der Contest 43. Die Männer geben sich als Guardia Nacional zu erkennen und fordern die beiden Segler auf, an Deck zu kommen und die Waffe abzulegen.

»Endlich, wir waren gerettet! Man hatte unsere Hilferufe auf UKW gehört. Wir schlossen die Niedergangstür auf und stiegen ins Cockpit. Immer noch war die Decksbeleuchtung an und wir standen im hellen Licht«, so die Eignerin.

Einige Männer springen ins Wasser und erklimmen die Badeleiter am Heck des Schiffes. Sie tragen nur Shorts und Hemden, sehen eher wie Fischer aus als wie Beamte der venezolanischen Küstenwache. Sofort machen sie sich im Inneren des Schiffes zu schaffen. Als der Skipper die angeblichen Polizisten fragt, was denn die Durchsuchung solle, erhält er eine Antwort, an der er heute noch zweifelt: »Wir sind von der Drogenfahndung.«

Die Durchsuchung des Schiffes ist so dilettantisch, dass die Überfallenen sofort wissen, hier soll eine Tat kaschiert werden. Man nimmt ihnen die Pistole ab sowie alle Papiere einschließlich des Tauchscheins und des Impfausweises. Nachdem die »Fahnder« keine Drogen gefunden haben, gehen sie von Bord und ankern hinter der Yacht. Am nächsten Morgen wird ein Junge in Badehose auf die JAN WELLEM III geschickt. Man gibt ihm kein Essen mit, dafür ein Schnellfeuergewehr. Das Schiff der Guardia Nacional fährt weg. Ab sofort haben die Nuss' einen jugendlichen Wächter. Erst jetzt stellen sie fest, dass das holländische Schiff nicht mehr neben ihnen liegt. Kein Wunder bei der nächtlichen Schießerei.

In der Karibik gibt es seit vielen Jahren eine deutschsprachige Funkrunde. Jeden Morgen um 09.00 Uhr schaltet der Schweizer Hugo auf seiner Yacht MATAHARI seinen Transceiver ein und stellt die Frequenz 8140 KHz ein, dann beginnt er die Funkrunde mit dem aktuellen Wetterbericht. Erst danach melden sich verschiedene Segler und geben das Neueste des Tages durch: Wer benötigt ein Rückflugticket? Wer hat ein bestimmtes Getriebeersatzteil? An diesem Morgen schaltet sich Rudolf Nuss bereits um 08.45 Uhr ein und fragt, wer schon auf der Frequenz ist, denn einige sprechen bereits früher miteinander. Er berichtet über den nächtlichen Überfall. An diesem Morgen fällt Hugos Wetterbericht aus und alle deutschsprachigen Yachten, die »Hugos Runde« eingeschaltet haben, wissen, dass es wieder einen tragischen Überfall auf eine Yacht gegeben hat.

Wie wichtig Hugos Funkrunde ist, beweist die Hilfe, die sofort einsetzt. Innerhalb kürzester Zeit ist die Deutsche Botschaft in Caracas benachrichtigt. Ein anderer Segler informiert die ONSA, eine Hilfsorganisation, die sich u.a. um Menschen kümmert, die von Piraten überfallen wurden. Wieder ein anderer informiert das amerikanische Amateurfunknetz. Auch das Auswärtige Amt in Berlin erhält eine sofortige Mitteilung.

Der Druck von außen führte dazu, dass man die Crew der JAN WELLEM III am 29.3.2001 in Begleitung von zwei Nationalgardisten nach Puerto la Cruz fahren ließ. Unterwegs meldete sich alle Stunde ein Segler aus Hugos Funkrunde und erkundigte sich, ob alles an Bord in Ordnung sei. In der Marina von Puerto la Cruz wartete bereits die Presse einschließlich Fernsehen. Der Leiter der Vernehmung im Namen des Colónel Torrealba war Freddy J. Padilla, der die beiden Überfallenen verhörte; das Verhör wurde protokolliert. Auch der Kommandant des Bootes Nr. B 9903, Carlo Heras, wurde vernommen. Während der Verhöre waren der deutsche Konsul, Herr Pulgrabia, und seine Übersetzerin anwesend.

Sämtliche Papiere sind heute wieder im Besitz der Schiffseigner. Auch die Pistole wurde nach einer ballistischen Untersuchung wieder zurückgegeben. Die Guardia Nacional hat sich bei Herrn und Frau Nuss entschuldigt. Sie räumte ein, einen Fehler gemacht zu haben. Das Ehepaar Nuss hat diese Entschuldigung angenommen. Einen Prozess wegen der Schäden an Bord haben sie nicht angestrebt; sie haben die Reparaturen aus eigener Kasse bezahlt.

Das Ehepaar hat sich erst einmal in seiner Heimat erholt. Sie werden ihr Schiff demnächst aus der Marina in Venezuela abholen und das Land so schnell wie möglich verlassen. Nie wieder Venezuela für Familie Nuss!

- - -

K. HYMPENDAHL: *Raten Sie Fahrtenseglern, eine Waffe an Bord zu haben?*

R. NUSS: Ich rate jedem Blauwassersegler zu einer Waffe. Wichtig dabei ist, dass man mit dieser Waffe auch umgehen kann. Die Waffe kann mehr Schaden anrichten als Nutzen bringen, wenn der neue Waffenbesitzer zuvor keine Ausbildung an der Waffe erhalten hat. Durch den routinierten Umgang mit meiner Pistole verfiel ich auch nicht in Hektik oder gar Panik. Ich beherrschte die Situation insoweit, dass ich überlegt und besonnen handeln konnte. Auch meine Frau war verhältnismäßig ruhig und gefasst. Beide haben wir auf hoher See immer wieder mit der Pistole geschossen und geübt.

Was haben Sie rückblickend falsch gemacht?

Wir haben uns nichts vorzuwerfen. So sind durch die gezielten Warnschüsse Menschen weder verletzt noch getötet worden.

Was haben Sie richtig gemacht?

Wir raten, nachts alles von innen abzuschließen oder zu verriegeln. Für die Belüftung sorgen dann die kleinen Seitenfenster des Aufbaus.

Was würden Sie in Zukunft anders machen?

Wir haben Glück gehabt. Aber Glück hat bekanntlich nur der Tüchtige. Glück hatten wir auch, dass man uns bei der ›Durchsuchung‹ der Yacht keine Drogen unters Kissen geschoben hat.

Zur Situation in Venezuela

K. HYMPENDAHL: *Wie ist zur Zeit die Situation in Venezuela?*

LUIS G. INCIARTE, ONSA*: Weiterhin bestehen die Probleme mit Piraterie und bewaffneten Überfällen in Venezuela. Ich sehe sie unter zwei Aspekten. Erstens sind es Fischer, die meist unter Alkoholeinfluss Yachten aufsuchen, um nach Geld und anderem zu suchen. Zweitens handelt es sich um Drogenhändler, die elektronische Geräte, Außenborder, Geld und selten auch das Boot für ihre illegalen Zwecke stehlen. Letzteres ist neu. Die wirtschaftlichen Verhältnisse tragen ebenfalls zu dieser Situation bei.

Selbst wenn mehrere Überfallberichte aus Venezuela vorliegen, kann die Situation in Anbetracht der sehr langen Küstenlinie, verglichen mit anderen karibischen Staaten, als nicht gefährlich eingestuft werden. Die Skipper sollten mehr über das Wo und Wie erfahren, dann werden sie auch eine schöne Zeit hier verbringen.

Wo sehen Sie die Hintergründe?

Die neue Entwicklung beim Thema Piraten/bewaffnete Überfälle heißt Drogen. Es sind nicht Fischer oder Küstenbewohner, sondern Männer aus dem Binnenland, die mit Drogen handeln. Sie attackieren Skipper. Was sie stehlen, verkaufen sie irgendwo landeinwärts.

Ist die Situation sicherer geworden?

Ja. Selbst wenn es vor dem Hintergrund des Gesagten nicht so aussehen mag. Aber neue Touristenorte sind entstanden, neue Marinas mit allem Komfort und Sicherheitsaspekten wurden erstellt. Es gibt mehr Ordnungskräfte, die die Gewässer patrouillieren. Das Problem sind die entlegenen Gebiete, in denen Yachten sich aufhalten und deren Skipper von den Gefahren nichts wissen. ONSA hat die Behörden darauf aufmerksam gemacht, dass die Kontrollen und die Sicherheit auf dem Wasser gegenüber den vergangenen Jahren wesentlich verbessert werden müssen.

Übrigens, ein weiterer Grund für das Ansteigen der Überfälle ist, dass immer mehr Crews von Yachten ohne Vorinformation über gefährliche und ungefährliche Gebiete nach Venezuela segeln.

* ONSA (www.org.ve) ist eine Organisation von Freiwilligen in Venezuela, die sich für Sicherheit auf See, Navigation und Umwelt einsetzt. Die Homepage ist in Spanisch, Korrespondenz kann in Englisch erfolgen.

Kolumbien

Kolumbien ist besser als sein Ruf. Allerdings muss man das mit Einschränkungen sagen. Die Situation in der schönsten historischen Hafenstadt des amerikanischen Kontinents, Cartagena, ist sicher. Das gilt für die Zeit Anfang 2002. Anders sieht es im östlichen Teil von Kolumbien aus und an der Westseite des Golfs von Venezuela. Hier gibt es seit langem Grenzschwierigkeiten und hier herrscht schon seit vielen Jahren für Yachten eine unsichere Situation.

Ebenfalls unsicher kann es im Golf von Darien sein. Denn ein Großteil des Drogenschmuggels geht über Panama, entweder über Land oder mit Schnellbooten entlang der panamesischen Küste. Wegen der jahrelangen Präsenz amerikanischer Boote, die den Drogenschmuggel vor der kolumbianischen Küste durch die Karibik beobachteten und verfolgten, ist die karibische Küste relativ sicher. Dass es zu spontanen Überfällen von Fischern und Küstenbewohnern auf ankernde Yachten kommen kann, ist nicht ausgeschlossen.

Der Mann, der auf Piraten spuckte …

Yachtname:	SOL DE MEDIANOCHE
Yachttyp:	*32' Douglas, designed by Ted Brewer*
Eigner:	*Edward Chadband*
Heimathafen:	*Marion Bridge, Novia Scotia, Kanada*
Überfallgebiet:	*Kolumbien und Nicaragua*
Ankerplatz:	*Cabo de la Vela (Kolumbien), Laguna de Perlas (Nicaragua)*
Datum des Überfalls:	*1994 in Kolumbien, 1995 in Nicaragua*
Reisedauer:	*1991 bis 2000*

Edward Chadband wurde in England geboren und zog schon als Kind mit seinen Eltern nach Kanada. Nach seinem Hochschulstudium trat er in die Dienste der berühmten RCM Police (Royal Canadian Mounted Police). 1990, nach 31 Jahren, trennte er sich von seiner zweiten Frau und von seinem Arbeitgeber. Im selben Jahr kaufte er sich eine Yacht in Kemah, Texas. Zufällig war es eine in Kanada gebaute Yacht, die er auch in Kanada registrieren ließ. Sein Vater hatte ihm vor vielen Jahren an der kanadischen Ostküste ein altes 5,30 m langes Neufundland-Dory geschenkt. Damals spannte der Bub ein Bettlaken auf und segelte vor dem Wind die Bucht hinunter, zurück ruderte er. Von da an hatte er Salzwasser geleckt.

Im Jahr 1990 segelte Chadband seine neu erworbene Yacht von Texas nach Marathon Key in Florida und baute die Yacht so um, dass sie für eine vieljährige Reise ein ideales Heim sein sollte. Diese Strecke bezeichnete Edward als seine Jungfernreise. Nach Marathon Key sollte sein Blauwasserseglerleben erst richtig losgehen. Anfang 1991 segelte er über die Bahamasbank nach Great Exuma. Hier tauchte er zum ersten Mal in die Fahrtenseglerszene ein und nahm auch gleich an der Georgetown-Regatta teil. Er genoss den Spaß und das »Damenprogramm«, die solche Fun-Regatten mit sich bringen. Er machte erste Bekanntschaften mit den Blauwasserseglern und gemeinsam segelte man gen Süden.

Edward Chadband, kanadischer Einhandsegler, umsegelte die Karibik innerhalb von 10 Jahren.

»Dieses neue Abenteuer war für mich keine Regatta mehr. Ich nahm mir Zeit und genoss alles, was das Leben zu bieten hatte. Die meisten Segler allerdings waren in Zeitdruck – zum Teil selbst auferlegt, zum Teil warteten Jobs in den USA auf sie. Die Georgetown-Regatta war ihre jährliche Pilgerfahrt.«

Nach den Bahamas segelte Edward zu den Turks, den Caicos Islands, danach nach Hispaniola (Dominikanische Republik), über Puerto Rico zu den Virgin Islands und dann die lange Kette ihm unbekannter karibischer Inseln hinunter bis nach Grenada. Die Antillen begeisterten ihn so, dass er wieder nach Norden segelte und schließlich wegen der Hurrikansaison im September 1991 seinen Kurs nach Trinidad absetzte.

Edward Chadband zog es auch an Land und er erkundete per Rucksack die Insel und ihre Berge. Anfang 1992 ließ er sich nach Westen treiben. Er suchte nichts Bestimmtes, wollte nur sein eigener Herr sein und sich durch nichts in der Welt unter Druck setzen lassen. Druck hatte er früher genug gehabt.

Er beobachtete die Venezolaner, wie sie sich auf der Isla Margarita amüsierten, ihr Geld für zollfreie Waren ausgaben. Vorbei an der Isla Tortuga trieben ihn Passat und Strom zu den ABC-Inseln. Hier begegnete er wieder der

Zivilisation. Umweltverschmutzung und Heere von Touristen vermiesten ihm die Inseln. »Die Hauptstraße von Aruba ist wie Miami, jede Fast-Food-Restaurantkette ist hier vertreten. Ich wollte doch von diesem Zivilisationsmüll weg; also machte ich mich wieder auf nach Trinidad.« Gegen die vorherrschenden Ostwinde und gegen den Strom fuhr er langsam nach Osten – immer ganz nah an der Küste entlang. Er genoss die Buchten und das Fisch- und Garnelenangebot. »Inzwischen war ich dunkelbraun gebrannt, sah aus wie ein Einheimischer und sprach Spanisch.«

In Trinidad mietete er sich für ein Jahr ein Haus, feierte 1993 den berühmten Trinidad-Karneval, ließ keine Party aus, trank mehr Rum, als er sollte, und amüsierte sich mit den Damen der Insel. Er trat auch gleich in den Trinidad & Tobago Yachtclub ein; das hatte den Vorteil, dass er sein Boot an einer äußerst günstigen Muring liegen lassen konnte.

Das Jahr verging und 1994 segelte die SOL DE MEDIANOCHE wieder nach Westen. Der Kanadier Chadband hatte seiner Yacht den Namen Mitternachtssonne gegeben, weil er dieses unvergessliche Licht nördlich des Polarkreises gesehen hatte. Wieder auf Aruba traf er einen alten Freund, einen pensionierten holländischen Marineoffizier, Leiter der dortigen Schiffrettungsorganisation. Er erzählte ihm von seinen Plänen, nach Kolumbien und Panama zu segeln.

Der Holländer nannte ihn im ersten Atemzug »einen verrückten, eigensinnigen Einhandsegler«, wartete aber danach mit vernünftigen Ratschlägen auf. »Pass besonders bei Punta Gallinas auf, dem nördlichsten Kap Kolumbiens. In den drei westlichen Buchten warten Piraten und fangen alles ab, was zu nah unter Land fährt. Bleib am besten hundert Seemeilen von der Küste entfernt.«

Sein Rat war gut gemeint, aber nachdem Edward Aruba verlassen hatte, kam gegen alle Voraussagen kräftiger Sturm auf und er steuerte seine Yacht hinter das Cabo de la Vela, etwas südwestlich von Punta Gallinas – also genau an die Küste, die er meiden sollte. In der Bucht hatten auch einige Garnelenfänger Schutz gesucht. Sie ankerten nicht weit von ihm. Edward schlief sich aus. Mittags hörte er das Geräusch eines Außenborders. Ein Indianerkanu näherte sich mit drei Männern. Nach einer vorsichtigen Abschätzung glaubte Ed, der Situation gewachsen zu sein.

Die Männer riefen und beim Näherkommen wurde ihre Absicht klar. Sie wollten US-Dollar und Benzin. Edward Chadband war Herr der Lage und konfrontierte sie mit einer unvorhersehbaren Reaktion: Er zog seine Shorts aus, splitternackt pinkelte er über die Reling. Die drei Zeugen im Boot waren zum Zuschauen verdammt. Nachdem er fertig war, fragte er sie seelenruhig, weshalb sie ihn geweckt hätten.

Trotzig wiederholten sie ihre Forderung nach Geld und Benzin. Der Älteste war ungefähr 60 Jahre alt, er hatte eine Machete in der Hand. Die beiden anderen waren Teenager. Beide jungen Männer umklammerten mit ihren Händen Holzkeulen. Der Alte grinste die ganze Zeit.

Der Kanadier spuckte verächtlich ins Wasser, dabei lehnte er sich zu seinem Notbehälter herunter und holte die Signalpistole heraus. Langsam, mehr demonstrativ lud er sie. Danach griff er mit der freien Hand nach seiner Machete, die erkennbar für jeden der Männer im Boot, länger war als die des Alten.

Der setzte sich langsam hin. Dann warf er den Außenborder an. Sein Grinsen hatte er abgelegt. Er gab Gas und verschwand mit seinen Kumpanen Richtung Land.

»Den Rest des Tages schlief ich. Erst spät am Abend holte ich den Anker hoch und segelte durch die Nacht nach Südwesten. Die Bereitschaft für einen Überfall war bei den Männern vorhanden gewesen, aber durch mein Training als Polizist, mit körperlicher Gewalt umzugehen, war ich mehr als zuversichtlich, diese Situation beherrschen zu können. Besonders mein Einfall, ostentativ über die Reling zu pinkeln, muss sie eingeschüchtert haben.«

Dies war für Edward Chadband die einzige Begegnung mit Piraten auf seiner knapp zehnjährigen Umrundung der Karibik. Aber seine Geschichte geht weiter …

Er segelte nach Cartagena, der Stadt in Kolumbien, um die so viele Segler einen weiten Bogen machen (auch ich). Er verliebte sich in die Stadt, erkundete alles, was sie zu bieten hat. Sechs Monate blieb er hier. Den Kanadier faszinierten die überall sichtbare Geschichte dieser einst spanischen Stadt, die Schönheit ihrer Kathedralen, die Zitadelle, das Haus der Inquisition und die einmalige Altstadt, die man unversehrt in die Jetztzeit gerettet hat.

Er verlässt Ende 1994 »die schönste Stadt Amerikas«, um in den Golf von Darien zu segeln. Dieser teilt Kolumbien von Panama. Er steuert die zu Panama gehörenden San Blas-Inseln an. Hier leben in weitgehender Autonomie die Kuna-Indianer. Bei ihnen bleibt er solange, bis er den Zeitüberblick verloren hat. Er arbeitet mit den Kuna-Indianern, schläft in ihren Hütten auf ihren Matten, jagt und fischt mit ihnen. Es wird zum einmaligen Experiment, in einer anderen Gesellschaft aufgenommen zu werden und nach deren Regeln zu leben.

1995 lässt er sich mehr nach Norden treiben, als dass es ihn nach Norden treibt. Er bewundert die alte Goldverladestadt Porto Belo. Er lernt die Stadt Colón, am karibischen Eingang zum Panama-Kanal, wegen ihrer Piraten an Land zu verabscheuen. Er schimpft Colón einen stinkigen Ort, ein Rattennest. Schnell ist er wieder auf seinem geliebten Meer Richtung NNW, Richtung der zu Kolumbien gehörenden Isla San Andrés. Doch diese Insel ist dem Segler zu touristisch und er besucht die nördlicher gelegene Isla Providencia, wo er sich mit Lebensmitteln und Diesel versorgt.

»Ich erwartete einen 5-Tage-Törn über die Honduras Bank. Dabei hatte ich auch das Umfahren vieler Riffe und vorgelagerter Bänke mit einkalkuliert. Zu meiner Überraschung kam ich gut voran. Ich fand sichere Ankerplätze und schlief mich immer wieder zwischendurch aus. Ich segelte erst nach Norden, dann ging es am Punta Patuca nach Westen zur Bay of Islands of Roatán. Der beste Ankerplatz liegt zwischen den Riffen an der Nordküste. Hier wartete ich auf meinen englischen Segelfreund Gary Burke und seine Frau Jackie, die ich in Panama kennen gelernt hatte, mit ihrer 34' Yacht STARLIGHT vom Typ Pearson. Wie ich erst später erfuhr, hatte Gary die Warnung nicht beachtet, die Moskitoküste zu meiden.«

Sie gehört zu Nicaragua und grenzt an Honduras. Das Grenzgebiet ist zwischen beiden Ländern umstritten, sodass ein rechtsfreier Status ein unkalkulierbares Risiko mit sich bringt.

Interessant an Edwards Bericht ist seine Einschätzung einer fast unausweichlichen Konfrontation; wörtlich fährt er fort: »So wurden Gary Burke und seine Frau in der Nähe von Laguna de Perlas von Piraten überfallen. Etwas südlich liegt die Bluefields Marina. Bereits bei meiner Abfahrt aus Colón, Panama, hatte ich erfahren, dass die Bluefields Marina kaum Besucher hat, in erster Linie wegen der Piratenaktivitäten in ihrer Umgebung.«

Was war passiert? Später erzählte Gary seinem kanadischen Seglerfreund folgende Geschichte: Zwei große Einbaumboote mit je zwei 50-PS-Außenbordern rasten auf seine Yacht zu. Bereits im Näherkommen schossen Männer aus AK-47er Schnellfeuergewehren über den Mast der Yacht hinweg. Gary und seine Frau erkannten acht bis zehn Bewaffnete, die gestikulierten und schrien. Die Situation war so bedrohlich, dass die Burkes sofort ihre Segel fallen ließen und abwarteten. Zwei der Männer kamen an Bord und schlugen als Erstes Gary Burke nieder. Gary blieb verletzt an Deck liegen. Er konnte beobachten, dass die Piraten kaum sprachen. Seiner Frau taten sie nichts an, sondern durchwühlten das Schiff. Sie verlangten alle Dollars, nahmen große Mengen von Lebensmitteln, Konserven und alle Treibstoffkanister mit. Danach beschädigten sie die Hauptmaschine und verschwanden. Die Burkes konnten sich nur noch unter Segeln fortbewegen.

Sie hatten keine andere Wahl und segelten daher über die Honduras Bank ins offene Meer. Eine gefährliche Route, besonders bei Nacht, wenn die Brandung an den vielen Riffen nur im letzten Moment zu erkennen ist.

Viele Segler und Fischer sind in dieser Gegend verschwunden: als Opfer von Piraten oder von tückischen Riffen. Gary Burke und seine Frau Jackie hatten Glück. In Roatán angekommen, berichtete Gary bei den Behörden in Coxen's Hole von dem Piratenüberfall, aber man konnte ihm nicht helfen und den Fall verfolgen. Das Einzige, was die Beamten tun konnten, war, den Überfallenen Sympathie entgegenzubringen.

Edward Chadband segelt nach Guatemala weiter, bleibt monatelang im hurrikansicheren Rio Dulce vor Anker liegen und bummelt weiter nach Belize und Mexiko. Cancun und Isla Cozumel sind nicht sein Ding, wohler fühlt er sich auf der Isla Mujeres. Von dort ist es ein Katzensprung nach Kuba. Er segelt am Riff der Nordküste entlang, macht die kurze Passage nach Key West und kommt in Marathon Key nach sechs Jahren wieder an seinem Ausgangspunkt an. Er segelt noch vier Jahre in karibischen Gewässern weiter und beendet im Jahr 2000 eine zehnjährige Karibikumrundung. Mit Ausnahme von Jamaica und den Cayman Islands hat Edward Chadband alle größeren Inseln der Karibik besucht.

»Irgendwann, wenn ich alt bin, nicht mehr gehen kann und an einen Rollstuhl gefesselt bin, kaufe ich mir ein teures Kurzwellenradio, nur um den Berichten anderer Abenteurer da draußen auf See zuzuhören.«

\- - -

K. HYMPENDAHL: *Hatten Sie Waffen an Bord?*

E. CHADBAND: Ja! Ein Schlachtermesser, eine Signalpistole, Ofenreiniger-Spray, eine Langustenschlinge, eine Harpune und meinen Menschenverstand. In aller Offenheit – diese Frage ist mir schon oft gestellt worden und ich sagte immer: NEIN! Es gibt kein Gesetz, das den Besitz von Waffen auf hoher See verbietet. Wer will, soll Waffen an Bord nehmen, aber gut überlegen, wann und wo er sie gebraucht. Sagt niemandem, dass ihr Waffen an Bord habt – auch nicht den Hafenbehörden. Die Waffen werden eingezogen und man weiß nie, ob man sie wieder zurück erhält. Während meiner Berufszeit als Federal Peace Officer wurde ich von zahlreichen Polizei-Akademien eingeladen, um Vorträge über neue Untersuchungstechniken zu halten. Es wurde offen darüber gesprochen, dass viele Polizeibeamte mit Freude auch privat Waffen besitzen würden und sie deshalb den Skippern nur zu gerne abnehmen. Ja, ich habe eine Pistole, Kaliber: 9 mm, dabei gehabt. Sie war immer für den Notfall einsatzbereit, kam jedoch nie zum Einsatz.

Was haben Sie rückblickend falsch gemacht?
Nichts, ich behielt die Oberhand. Was meinen Freund Gary Burke betrifft, so hat er nicht auf den guten Rat gehört, sich von einer gefährlichen Küste fernzuhalten, die er leicht hätte umrunden können. Im Übrigen gibt es Menschen, die gar nicht da draußen auf hoher See rumsegeln sollten. Sie haben die falsche Einstellung und glauben immer noch, England beherrsche die Meere. ›Das Überleben des Stärkeren‹ und ›Macht macht's‹ sind überholte Ansprüche. Wenn es um Leben oder Tod geht, dann sollte man besser geschult sein und genau wissen, was zu tun ist.

Was haben Sie richtig gemacht?
Ich wurde als Polizeibeamter ausgebildet, um andere Menschen in Konfliktsituationen psychologisch möglichst unter Kontrolle zu halten. Außerdem fühlte ich mich körperlich in guter Verfassung. Ich hatte mich mit der Macho-Ideologie der Latino-Gesellschaft auseinandergesetzt, bevor ich mich in unbekannte Gebiete aufmachte. So konnte ich zum Beispiel in ihrer Sprache fluchen.

Was würden Sie in Zukunft anders machen?
Da sich Situationen nie wiederholen, kann ich schlecht eine eindeutige Antwort geben. Sei auf das Schlimmste vorbereitet und hoffe auf das Beste.

Was würden Sie anderen Seglern empfehlen?
Höre auf den Amateurfunknetzen, was andere Segler von bestimmten Gebieten berichten. Und segle niemals zu gefährlichen Revieren. Segle mit anderen Yachten zusammen. Vergiss niemals, dass du nicht mal schnell an Bord zum Telefon greifen kannst und schon kommt die Polizei direkt um die Ecke zu dir.

Nicaragua / Honduras

Vorsicht ist an der Karibikküste Nicaraguas und Honduras' für Segler geboten, die hier segeln und abends ankern. Beide Länder sind durch Naturkatastrophen wie Hurrikan Mitch und Erdbeben sowie durch politische Unstabilität geschwächt. Dieses ist in Ländern der Dritten Welt untrüglich ein Zeichen, dass große Armut herrscht und eine überdurchschnittliche Gewaltbereitschaft vorhanden ist. Das Gemisch aus beidem ist ein guter Nährboden für Piraterie. Auch die Grenzschwierigkeiten zwischen den beiden Ländern, die am Internationalen Gerichtshof in Den Haag verhandelt werden, tragen dazu bei, dass in diesem Grenzbereich kaum Ordnungskräfte wie Militär und Polizei vorhanden sind.

Natürlich gibt es in beiden Ländern sichere Regionen mit Marinas und Polizeistationen, mit Einkaufszentren, Hotelanlagen und Ortschaften. Deshalb ist es besonders in diesen beiden Ländern wichtig, sich vorher über Funk bei Seglern genauestens zu informieren. Sehr schnell kann sich hier die Situation ändern.

Terror vor der Moskitoküste

Yachtname:	Hayat
Yachttyp:	*Stahlkutter, 44 Fuß*
Eigner:	*Jacco und Jannie van Tuijl*
Heimathafen:	*Stavoren, Holland*
Überfallgebiet:	*Honduras*
Ankerplatz:	*Caya Media Luna (Half Moon Bay), östlich von Puerto Lempira*
Koordinaten:	*15°16′N, 82°48′W*
Datum des Überfalls:	*28.3.2000*

Ihr Boot haben Jacco und Jannie van Tuijl 1993 auf den Namen Hayat getauft – nomen est omen. Das Wort *hayat* ist türkisch und heißt Leben. Es war die Vision der holländischen Familie, ein völlig anderes Leben auf diesem wunderschönen Stahlkutter zu führen. Ein Leben in Freiheit und Unabhängigkeit. *Yeni hayat*, ein neues Leben, besonders für ihren Sohn Willem sollte es werden. Ihm wollten sie die Welt aus der Schiffsperspektive zeigen. Wie sehr die van Tuijls an das neue Leben auf See glaubten, zeigt der erste Teil ihrer E-Mail-Adresse: *hayatatsea@...*

Familien wie die van Tuijls trifft man oft an den Ankerplätzen dieser Welt. Mittleres Alter, mit vielen Segelerfahrungen in heimischen Gewässern, aus ganz normalen Berufen kommend aber wie alle Blauwassersegler von einem heftigen Fernweh getrieben und von der Neugierde beseelt, wie es wohl auf der anderen Seite der Welt aussehen mag. Jacco, heute 40 Jahre alt, war Berufsseemann und Zweiter Offizier. Er navigierte über einen Computer Schiffe, die offshore Gas- und Erdölrohre verlegen. Seine Frau Jannie ist ausgebildete Krankenschwester. Mit dem Spezialgebiet Hilfeleistungen für gelähmte Menschen in deren Wohnungen.

Wie viele andere Blauwassersegler hatten auch sie ihren 44-Fuß-Kutter selbst ausgebaut. Im Jahr 1993 war das Schiff fertig gestellt und bekam eine leuchtend blaue Farbe auf den Rumpf. Dann waren neben der Arbeit Probetörns angesagt. Es ging nach Norwegen und im nächsten Jahr zu den Kanalinseln. 1995 kam die Entscheidung. Es sollte einmal um die Welt gehen. Das Schiff hatte sich als zuverlässig erwiesen, war ausreichend groß und man hatte Vertrauen in HAYAT. Das Haus wurde verkauft, man zog an Bord, mit an Bord kam natürlich Willem, der damals acht Jahre alt war. Die Bordkasse war gefüllt, um vier bis fünf Jahre auf Reisen zu gehen.

Die HAYAT *vor der Abreise im Hafen von Stavoren, Holland.*

Jacco hatte als Profi einen Großteil seines Lebens auf dem Wasser verbracht. Und einen Großteil der Anschaffungskosten des Schiffes auf dem Wasser verdient. Er traute sich mehr zu als viele Feierabendsegler, die Route der van Tuijl Familie belegt es. Zuerst führte der Weg über den Atlantik, mit Stopps auf den Kanarischen und Kapverdischen Inseln. Danach arbeiteten sie sich an der Ostküste Südamerikas nach Süden vor. Es ging im Süden an der Isla de los Estados vorbei, östlich vor Kap Hoorn in den Beagle Kanal, quer durch die patagonische Inselwelt in den Südpazifik. In etwa dem Kurs des ersten Weltumseglers Magellan folgend, durchquerten sie den Pazifik und kamen nach Guam. Bis hierhin hatten sie zweieinhalb Jahre gebraucht. Willem war zu diesem Zeitpunkt 10 Jahre alt.

Segelfreunde überzeugten sie, im amerikanischen Guam ihre Amateurfunkprüfungen zu machen. Während ihres 5-wöchigen Aufenthaltes studierten sie täglich, bestanden am Schluss die amerikanische Amateurfunkerprüfung und kauften sich einen Transceiver (Amateurfunkgerät). Diese Entscheidung sollte für sie lebensrettend werden. Weiter ging es über den Äquator nach Süden, sie besuchten Neuseeland und segelten um die Nord- und Südinsel herum und nach der Hurrikansaison wieder nach Norden. Sie besuchten Gebiete, die wegen der kurzen taifunfreien Saison nur von wenigen Seglern besucht werden: Südkorea und Japan. Und wieder stießen die drei in neue Gebiete vor, wo die Einheimischen nur selten weiße Segel sehen. Sie durchquerten den Nordpazifik und gerieten in einen schweren Sturm. Nur 4 sm von Land entfernt, in der Nähe der Insel Kodiak, Alaska, verloren sie ihren Mast – mit das Schlimmste, was auf einer Segelyacht passieren kann. Sie konnten den Mast nicht bergen und zogen ihn – samt Segel im Wasser – mit Motorkraft hinterher, bevor sie Schutz in einer Bucht fanden. Über ein Jahr blieben sie im Ort Kodiak. Willem ging dort zur Schule. Alle Reparaturen wurden durchgeführt

Skipper Jacco, seine Frau Jannie und Sohn Willem im Salon der HAYAT *in Alaska.*

und die Familie durchstand einen langen Alaska-Winter. Auch das gehörte zu dem neuen *hayat*, zum neuen Leben.

Mit einem vierten Crewmitglied, einer grünäugigen Siamkatze namens Ketchicat, ging es im Sommer 1999 wieder den Tropen entgegen. Sie segelten die kanadische und amerikanische Westküste hinunter. Mexiko, Costa Rica wurden passiert. Nach dem Panama-Kanal und dem Besuch der San Blas-Inseln lag nun ihr letzter großer Schlag nach Hause vor ihnen. Sie planten, nach Honduras nur noch Belize, Florida, die Bermudas und die Azoren anzulaufen.

Der Familienrat beschloss eines Abends, eines der Riffe weit vor der Küste Honduras' anzulaufen und im Schutz des Riffs zu ankern. Man wollte – von Panama kommend – gründlich ausschlafen, baden und tauchen und frischen Fisch essen. Denn so viele verlockende Ankerplätze lagen nicht mehr vor ihnen. Keine 50 sm entfernt ist die Moskitoküste. Ein Gebiet zwischen Nicaragua und Honduras, in dem es seit langer Zeit Streit über den Grenzverlauf gibt. Ihr nächster Ankerplatz sollte dann bei den Cayos Vivorillo sein, kleine Inselchen im Norden, die gerne von Seglern angelaufen werden.

So werfen sie am 28. März 2000 gegen 15.00 Uhr Ortszeit ihren Anker. Er fällt in türkisfarbenes Wasser und gräbt sich beim Rückwärtslaufen schnell in den Korallensand ein. Hier ankern noch zwei weitere Yachten. Das

Wasser verführt zum Baden. Schnell wird das graue Avon-Dingi zu Wasser gelassen, Vater und Sohn tauchen und besuchen danach eine Yacht, die in der Nähe ankert. Den Eigner kennen sie bereits aus Colón, Panama. Während sich Vater und Sohn mit den alten Segelfreunden unterhalten und bewirtet werden, erhält Jannie Besuch von Einheimischen, die aus ihrem Boot heraus fragen, ob sie für sie etwas zu trinken hätte. Eine Bitte, die Jannie schon oft während ihrer Reise erfüllt hat. Als Segler wird man häufig von Fischern gefragt, ob man Früchte, Kokosnüsse kaufen will, den Müll gegen eine kleine Gebühr an Land bringen lassen will oder ob die Frau des Fischers die Wäsche waschen soll, ob man Zigaretten oder ein Bier spendieren kann. In den zweieinhalb Wochen, die die Tuijls in den San Blas-Inseln verbrachten, waren ihnen täglich von den Kuna-Indianern Molas (bunte, kunstvoll genähte Brust- und Rückenteile der Bekleidung der Frauen) oder Fische zum Kauf angeboten worden.

Jannie geht nach unten, um für ihre vier Besucher Getränke und Gläser zu holen. Sie reicht ihnen alles in ihr offenes Fischerboot. Die Männer bedanken sich und erzählen, sie seien aus Nicaragua. Im Boot sind nur Netze zu sehen.

»Habt ihr keine Fische?«, will sie wissen.

Die Männer geben keine Antwort, sondern reißen unter den Netzen Schnellfeuergewehre heraus und schwingen sich an Deck der HAYAT. Sofort versuchen sie, Jannie mit der Großschot zu fesseln, machen es aber so ungeschickt, dass sie sich teilweise befreien kann.

Vom Nachbarschiff aus erkennt Jacco, dass an Bord seines Schiffes etwas nicht stimmt. »Niemals würde Jannie fremde Leute an Bord lassen«, sagte er später.

Im Nu sitzen er und Willem im Beiboot, der Außenborder heult auf und sie brausen zu ihrer Yacht. Sie erkennen, dass einer der Männer sein Schnellfeuergewehr hochhält und hören ihn schreien: »Kommt an Bord!« Ein anderer Mann schießt als Warnung in die Luft.

»Nein!«, schreit Jacco. »Verdammt, was wollt ihr?«

Auf holländisch ruft ihm Jannie zu: »Haut ab! Fahrt zurück!«

Jacco wendet schnell das Dingi. Die Piraten feuern einzelne Schüsse ab, aber sie verfehlen ihr Ziel. Sie schießen wieder, zielen genauer. Ein Schuss trifft Willems Bauch und durchschlägt das Dingi. Er schreit. Aber der Vater kann sich nicht um seinen Sohn kümmern, denn die Luft zischt bereits aus der durchschossenen Luftkammer. Das Gummiboot überschlägt sich, Vater und Sohn liegen im Wasser.

Die Piraten steigen schnell in ihr Boot und motoren zu den beiden hinüber. Einer schwingt seine Machete.

Der verzweifelte Vater schreit, an der einen Hand seinen Sohn haltend: »Ihr tötet meinen Sohn! Ihr Mörder!« Ununterbrochen schreit er die vier Piraten an, bis sie nervös werden und abdrehen.

»Die haben mich getroffen. Ich habe kein Gefühl in meinen Beinen«, stöhnt Willem.

Und der Vater schwimmt in kräftigen Zügen zum Boot, seinen Sohn mit einem Arm umklammernd. Inzwischen hat Jannie sich vollkommen von den Fesseln befreit.

»Geh ans Radio! Ruf Mayday!«, schreit Jacco.

Dann hieven sie gemeinsam Willem an Deck. Hier liegt er eine halbe Stunde, wird von seiner Mutter versorgt. Währenddessen startet Jacco den Motor und über Amateurfunk berichtet er von seiner Notlage. Zuvor hat er seinen Schiffsfreunden aus Colón per UKW-Radio die Sachlage erklärt. Jetzt zeigt sich für die Familie van Tuijl, wie richtig es war, dass Jacco und Jannie auf Guam ihre Amateurfunkprüfungen gemacht haben. Auf der Frequenz 14.343 MHz auf dem 20-Meter-Band erreicht er zwei Amateurfunker, einen in Boyton Beach, Florida und einen in Waterbury, Connecticut.

»Break, break, break!«, ruft Jacco über sein Handmikrofon in deren Gespräch hinein. »Dies ist ein Notfall. Mein Sohn ist angeschossen worden.«

Seine Nachricht wird verstanden. Sofort übernehmen die beiden Amateurfunker die Aktion und dirigieren Jacco zu dem US Maritime Mobile Net auf Kanal 14.300 MHz. Dann benachrichtigen sie die US Coast Guard in Miami, die US-Botschaft in der Hauptstadt Tegucigalpa, danach die Joint Task Force Bravo, eine kombinierte Einheit aus US Army / US Air Force sowie dem honduranischen Militär, die auf dem Flugplatz Soto Cano Air Base in Commayagua stationiert ist. Diese schicken sofort ein Marineschiff in Richtung HAYAT. In den kommenden 72 Stunden beschäftigt diese Aktion über 12 verschiedene Amateurfunkstationen in den USA und der Karibik. Einige sorgen dafür, dass der Notfall den Behörden in Honduras in fließendem Spanisch vermittelt wird, während die Eltern medizinische Ratschläge über Funk erhalten. Rund um die Uhr werden sie über die Maßnahmen unterrichtet, wie Willem in das nächste Krankenhaus transportiert werden soll. Selbst das Weiße Haus in Washington wird per E-Mail über diesen brutalen Akt der Piraterie unterrichtet. Währenddessen wird die HAYAT zum Hafen von Puerto Lempira dirigiert. Dieser kleine Ort liegt 90 sm vom Tatort entfernt.

»Ich versuchte, meinen Autopiloten zum Steuern zu benutzen, bekam ihn aber nicht in Gang«, sagt Jacco. »Der Stecker war voller Salzkristalle und ich bekam keinen elektrischen Kontakt.«

Auch der 406 EPIRB macht Schwierigkeiten. Jacco versucht, ihn zwei Meter über dem Stahldeck am Großfall zu befestigen. Immer wieder fällt er herunter, bis Jacco ihn mit Klebeband befestigt. Sie müssen motoren, die heftigen Rollbewegungen des Schiffes lassen Willem nicht ruhig liegen. Jannie hat ihm einen Druckverband angelegt. Willem liegt auf einem Schlafsack auf der Cockpitbank. Es ist für die Eltern unmöglich, den von Schmerzen gepeinigten Sohn nach unten in die Kajüte zu bringen. Ihre Freunde begleiten sie zum weit entfernten Hafen.

Beide Schiffe führen nachts keine Positionslampen, damit die Piraten sie nicht finden können. HAYATS Tiefgang von 7 Fuß ist zu viel, um durch die geschützte Lagune von Caratasca zu fahren. Inzwischen werden die Rollbewegungen auf dem Schiff so stark, dass sie Willem auf das Marineschiff übergeben müssen. Es ist ein altes US Coast Guard-Schiff, das der Marine von Honduras überlassen worden ist. Nach vielen vergeblichen Versuchen bei unruhiger See und zwei Fastkollisionen wird Willem schließlich hinübergereicht, dann springt auch Jannie an Bord. Die Marine bringt den schwer Verletzten in zwei Stunden nach Puerto Lempira. Die beiden Yachten folgen.

In dem kläglich ausgerüsteten Krankenhaus kann nichts für Willem getan werden. Deshalb wird ein Ambulanzfahrzeug, das in der Zeit nach den Verwüstungen durch den Hurrikan Mitch auch als Taxi diente, erst einmal von seinen 12 Fahrgästen befreit, bevor es zum nahen Flughafen fährt. In einem bereit gestellten US Army UH-60-Blackhawk-Hubschrauber, ausgerüstet für medizinische Erstversorgung, geht es in einem 2-Stunden-Flug nach La Ceiba.

Es dauert über 20 Stunden, bevor Willem in kompetente ärztliche Betreuung kommt – abgesehen von der notdürftigen Versorgung, die seine Mutter unter der Funkanleitung durch Dr. Jim Hirschmann, Amateurfunker aus Miami, leistete. Mit seiner Hilfe konnten die Blutungen gestoppt und verhindert werden, dass Willem ein Schocktrauma erlitt.

»Wenn ich geahnt hätte, dass das alles so kompliziert werden würde, hätten wir es nicht geschafft. Wir hätten es einfach mental nicht geschafft«, gesteht Jacco später.

Mehrfach haben sie auf der langen Fahrt gefürchtet, dass Willem es nicht überleben würde. »Er wird jetzt sterben«, hatte Jannie unterwegs geklagt, mit der Kenntnis einer ausgebildeten Krankenschwester. »Ich rieche den Geruch, wenn Patienten sterben. So ist das.«

Aber am Ende hat der Junge gesiegt. Und die Familie zusammengehalten.

»Er beruhigte uns auf der Fahrt«, erinnert sich Jacco. »Er sagte: Es wird alles gut enden! Dabei wusste ich doch, welche Schmerzen er auszuhalten hatte. Seine Gedanken waren nur auf unser Wohlbefinden konzentriert. Willem ist sehr gläubig. Er hat seine Hände gefaltet und wir sahen, dass etwas in ihm vorging, in seinem Herzen. Er hat das Etwas, ich habe es nicht. Ich wäre froh, ich hätte es auch. Willem sagte, er sei froh, dass sie ihn angeschossen hätten. Wie könnte ich ohne meine Eltern weiter leben, wenn sie euch getötet hätten, fragte er uns. Er betete sogar für die Piraten. Ich hörte ihn sagen: ›Ich hoffe, sie werden zu besseren Menschen.‹ Da lag kein Zorn in seiner Stimme. Er machte uns alle stark.«

Die Crew der Task Force Bravo begleitet Sohn und Mutter ins Vicente de Antonia Hospital in La Ceiba, wo Willem van Tuijl am 29.3.2000 an beiden Nieren operiert wird.

Mithilfe des Amateurfunks wird das Gespräch mit einer Telefonleitung verbunden (das ist in den USA möglich) und die Eltern können miteinander über den Gesundheitszustand ihres Sohnes sprechen, Jacco an Bord in Puerto Lempira, Jannie im entfernten La Ceiba. Die Verbindung läuft über eine Relaisstation des Amateurfunkers Ed Petzolt in Hobe Sound, Florida. In der Zwischenzeit bietet der Segler Jim Tracey über Funk von Bord seiner Yacht WINDANCE in French Harbour, Isla de Roatán, an, dass Jacco seine Yacht HAYAT neben die seine legen kann. Er würde gerne auf das Boot aufpassen und Jacco könne dann unbesorgt nach La Ceiba zu seiner Familie fliegen. Die Sache hat nur einen Nachteil: Jacco muss bis dahin noch 170 sm einhand zurücklegen. Mit 25 Knoten Wind im Rücken.

Am nächsten Tag um 19.00 Uhr ist Jacco in French Harbour. Schon um 21.00 Uhr telefoniert er mit seiner Frau. Sie muss ihm die schlechteste Nachricht seines Lebens mitteilen: Die Wirbelsäule von Willem ist verletzt; der Schaden ist nicht operabel.

»Er wird niemals wieder gehen können.«

Jacco bricht zusammen.

Am Freitag ist die Familie im Hospital von La Ceiba wieder komplett. Man erklärt ihnen, dass Willem in die USA verlegt werden müsse, um möglichen Folgeschwierigkeiten zuvorzukommen. Wieder hilft das Amateurfunknetz. Im Haus von Hector Godoy in La Ceiba, der die Koordinationen in Honduras gemanagt hat, kann Jacco die Reise in die USA organisieren. »Ich hatte Hector nie vorher getroffen, Amateurfunker helfen sich weltweit. Sie sind wie eine Bruderschaft. Wenn wir nicht Amateurfunker gewesen wären, würde Willem nicht mehr leben«, resümiert Jacco.

Schon am Abend ist die Familie van Tuijl zum Children Medical Center nach Dallas, Texas, unterwegs. Es geht so schnell, dass keine Zeit mehr zum Packen bleibt. Jim Haynie, Präsident der American Radio Relais League (ARRL), und ein Mitarbeiter des Kongressabgeordneten Jim Sessions organisieren die Aufnahme. Sie ordern auch ein Medizinerteam an Bord des SBAir-Lifeguard-Fluges nach Honduras. Man nimmt die Familie auf und noch vor Tagesanbruch landen die van Tuijls am 1. April in Dallas. Am selben Tag werden sie Gast im Ronald McDonald House sein, das ist eines von 206 Gästehäusern in der Welt für Familien, deren Kind ernsthaft erkrankt ist. Hier bleiben sie während Willems Rekonvaleszenz .

»Es war für uns ein zusätzlicher Schicksalsschlag«, sagt Jacco. »Hauptsache Willem hat überlebt. Im Moment sind wir am Boden zerstört, aber wir blicken wieder in die Zukunft. Meine Frau hat mit querschnittgelähmten Menschen gearbeitet, sie ist also diesbezüglich trainiert. Allerdings wird es nicht einfach werden. Wir wollten eigentlich niemals mehr das Boot aufgeben, nie mehr wollten wir wieder in einem Haus wohnen. Segeln war und ist unser Leben.«

Zwei amerikanische Amateurfunker haben später mit Jacco das Schiff nach Florida gesegelt. Heute leben die van Tuijls in einem Haus am Ijsselmeer, in Holland.

Zurückblickend sagt Jacco van Tuijl: »Wir bemühen uns, all das Geschehene auch in einem positiven Blickwinkel zu sehen. Für alles, was geschieht, gibt es einen Grund.«

\- - -

K. HYMPENDAHL: *Hatten Sie Waffen an Bord?*

J. V. TUIJL: Nein, sie hätten in unserem Fall auch nichts geholfen. Die Männer hatten vier Schnellfeuergewehre und ich saß mit meinem Sohn unbewaffnet im Dingi. Derweil war meine Frau gefesselt worden. Was nützen da Waffen?

Wie geht es Willem jetzt?

Willem hat sich damit abgefunden, an einen Rollstuhl gefesselt zu sein. Er fährt damit zur Schule, macht bis zu 20 km lange Fahrten. Er spielt Tennis und ist voll in seiner Klasse respektiert. Willem hat den Unfall ›vergessen‹ und will sich auf sein Leben und seine Zukunft konzentrieren.

Gab es eine Untersuchung?

Natürlich nicht! Die Behörden untersuchen nicht. Die Leute hungern in Honduras. Hurrikan Mitch hat das bereits arme Land bettelarm gemacht. Wenn die Behörden zufällig diese Männer finden, werden sie durch andere ersetzt. Allen Seglern in diesem Gebiet rate ich, seid vorsichtig. Vielleicht wollen 99 Prozent der Fischer auch Fisch verkaufen. Aber man kann niemals sicher sein, wen man vor sich hat.

Wie war die Unterstützung durch die Behörden?

In einem Notfall sollte man nicht davon ausgehen, dass die Behörden so hilfreich sein werden, wie sie es bei uns waren. Es ist wichtig zu wissen, dass es seit vielen Jahren einen Streit zwischen Nicaragua und Honduras über den Verlauf der Grenze [15. Breitengrad, der Autor] beider Länder gibt. Das beinhaltet auch Streitigkeiten über Seegebiete und Fischereirechte. Um Zwischenfälle zu vermeiden, gibt es in diesem Grenzgebiet kaum Militär, Zoll, Polizei oder andere staatliche Kontrollen. Dadurch entsteht eine Art Rechtsvakuum. Ein gesuchter Platz für Drogenschmuggler und andere Desperados.

Begegnung mit der Augenklappe

Moin Klaus, *16°N, 84°W, 19.01.02*

wir hatten einen relativ einfachen Trip von Curaçao nach San Andrés vor der Küste von Nicaragua. Für die 760 sm brauchten wir 4 3/4 Tage, kamen dann aber tief in der Nacht an. Zum Glück ist die Fahrrinne gut befeuert und am Ende lotste uns Hans von der ISLA DEL MAR *um einige Sandbänke zum Ankerplatz. Vorgestern um 05.00 Uhr sind wir dann nach Norden gestartet, 230 sm bis zu einer winzigen Insel 30 sm vor der Küste von Honduras: Vivorillo. 10 kn Wind waren angesagt. 20 kn waren es dann und in Schauern bis 35 kn. Und das immer so 60° am Wind. Wir sind mit Genua und wenn möglich vollem Groß mit um die 8 kn gegenan gedonnert, um der 3 m längeren* ISLA DEL MAR *folgen zu können. Allein hätten wir gewiss nur die Fock genommen.*

Das Seegebiet an der Grenze zwischen Nicaragua und Honduras hat ausgedehnte Flachs und allerhand Riffe, durch die wir hindurch wollten, um nicht Riesenumwege außen herum machen zu müssen. Aber über Nacht bleiben wollten wir hier nach Deiner und anderen Warnungen ohnehin nicht. ISLA DEL MAR *war immer etwas vor uns. Am späten Nachmittag schoss sie plötzlich in den Wind und rollte die Segel ein. Wir waren schnell zur Stelle. Sie hatte sich ein Fischernetz eingefangen, das Propeller und Ruder blockierte. Zum Glück schaffte es der Propeller, die meisten Leinen zu zerschlagen. Immer wieder kamen wir an Stellen mit 3 kleinen und einer großen Styroporkugel vorbei, an denen Netze hingen. Bloß hier keine Havarie, dachte ich. Denn nachts konnten wir die Hindernisse nicht sehen.*

Zu Beginn der Abenddämmerung kam uns ein Shrimp-Fischer in etwa 3 sm Abstand entgegen. Er hatte uns schon seitlich passiert, als er plötzlich das Fanggeschirr hoch-

klappte, umdrehte und in spitzem Winkel auf unsere Kurslinie zuhielt. ISLA DEL MAR *war gut 1 sm voraus und ich rief Hans auf Kanal 72 an, damit er seine Geschwindigkeit reduzierte. Sehr langsam aber stetig kam der Fischer näher. Wir liefen immerhin 7,5 kn. Erst einmal holte ich mein Megaphon mit der Polizeisirene hervor. Dann kontrollierte ich die Elektropistole, sie funktionierte zum Glück sofort. Nun noch die Signalpistole aus dem Tresor und aus dem Geheimfach die Hülse zum Einschieben von scharfer Munition. Verschiedene Sorten von Schrot hatten wir in Venezuela im Waffengeschäft legal erworben. Zunächst schob ich mal eine Blitz-Knall-Patrone in den Lauf. Vielleicht konnte ich damit Eindruck schinden. Das Fischerboot war inzwischen auf 300 m herangekommen. Um den Niedergang im Notfall verrammeln zu können, stellten wir die stabilen Alu-Steckschotten ins Cockpit. Die Luken waren wegen des Seegangs ohnehin dicht. Nun halfen nur noch Abwarten und Beten. Angst hatten wir beide und Hans mit seiner echten Knarre war immer noch fast 1 sm vor uns.*

Inzwischen war das Fischerboot nur noch 100 Meter entfernt. Es lief jetzt parallel zu uns und wir merkten uns schon mal den Schiffsnamen, um ihn im Notfall sofort über Kanal 16 in alle Welt zu posaunen. Wir konnten alles beobachten, was drüben passierte, während wir uns hinter der Sprayhood so versteckt hielten, dass wir keine Ziele abgaben. Ich nahm die Pistole und war bereit, in den nächsten Sekunden einen Warnschuss abzugeben. Da, urplötzlich und unerwartet, drehte das Boot scharf ab.

Puuuhhh! Nur ganz langsam löste sich die Spannung. Adrenalin war reichlich geflossen! Wie hat sich doch unsere Fahrtenseglerwelt in den letzten 20 Jahren verändert. Auch früher machten wir zwar einen weiten Bogen um Kolumbien, weil Drogenschmuggler mit ihren Speedbooten gern mal eine Yacht kaperten, um damit ihren wertvollen Stoff in die USA zu transportieren. Aber wenn sich Fischer näherten, waren wir sicher, dass sie uns Fisch oder Langusten anbieten wollten, und begrüßten sie entsprechend freund-

lich. Heute sind wir in manchen Ecken der Welt froh, wenn sie möglichst weit entfernt bleiben. Schade!

Die Passage durch die Riffe ohne jedes Leuchtfeuer und nur nach Instrumenten war dann schon eher eine erholsame Anspannung.

Herzlichst
Günther,
SY PUSTEBLUME

Für Piraten zählt ein Menschenleben nicht

Yachtname: WENDY
Yachttyp: *Contest 41*
Eigner: *Elke und Ralf Stieber*
Heimathafen: *Kassel, Deutschland*
Überfallgebiet: *Honduras*
Ankerplatz: *Bogus Keys, bei den Vivorillo Keys*
Datum des Überfalls: *19.2.1997*

Nie wieder wird Elke Stieber eine Fahrtenyacht betreten und nie mehr will sie an das erinnert werden, was sie am 19. Februar 1997 in Honduras erlebt hat. Dabei hatte die Planung zu dem neuen Lebensabschnitt auf dem Wasser so viel versprechend angefangen. Ihr Mann Rolf war frühzeitig in Rente gegangen und der Familienrat hatte beschlossen, dass die Eltern sich ihren lange gehegten Traum einer Weltumseglung erfüllen sollten, da die drei Kinder versorgt waren. Schon viele Jahre segelten die Stiebers. Die Eltern besaßen zunächst zwei kleinere Boote, bevor sie sich das schöne neue Fahrtenschiff, die Contest 41, bei der Werft Conyplex in Medemblik, Holland, kauften. Das Schiff, mit dem es in die Ferne gehen sollte, wurde nach der ältesten Tochter WENDY getauft.

1992 ging die Reise los. Besonders die Karibik hatte es Elke und Rolf angetan. Vier Jahre lang blieben die Stiebers zwischen den Inseln, bis sie sich im Jahr 1996 in Florida entschlossen, über die Isla Mujeres, Mexiko, an Honduras vorbei, nach Panama zu segeln, um dann den Pazifik durch den Panama-Kanal zu erreichen.

Ralf Stieber, damals 60 Jahre alt, hatte in den vier Jahren in der Karibik viel in sein Schiff investiert. Immer mehr wurde aus dem »Schiff von der Stange« eine individuelle Fahrtenyacht. So ließ er unter anderem Edelstahlgitter am Niedergang und über den Hauptluken anbringen, die er von innen verriegeln konnte. Kein Einbrecher konnte hinein und trotzdem strömte notwendige Frischluft in das Schiffsinnere.

Im Januar 1997 trafen sich die Stiebers in Mexiko mit Peter Frahm und Sigi Grigo von der deutschen Yacht TRANQUILLO, um gemeinsam nach Panama zu segeln. Vor der Küste Honduras' trennten sich die beiden Yachten, denn die WENDY wollte den vielen, weit ins Meer hinausragenden Inselgruppen und Riffen (Cayos) ausweichen, während die TRANQUILLO unter der Küste entlang segeln wollte. Die WENDY hatte die besseren Winde, kam schneller voran und so vereinbarten die beiden Skipper über Funk, sich bei den Cayos Vivorillo zu treffen, um danach gemeinsam nach Panama zu segeln. Hier fiel der Anker der WENDY am 19. Februar vor den kleinen Inseln des Cayos Bogus.

Die Nachmittagsstunden am Ankerplatz begannen für die Stiebers wie Sternstunden. Das Schiff war sicher verankert, das Wasser um sie herum einladend blau, in Ufernähe türkisfarben. Draußen, hinter dem Riff, hatte der böige Passatwind eine starke Brandung aufgebaut. Hier am Ankerplatz war das Meer ruhig, der Wind kühlte angenehm, das Sonnensegel war aufgespannt und beschaulich blickten die beiden Segler aus ihrem Cockpit aufs Wasser.

Elke und Ralf sahen nicht weit von ihnen entfernt ein zweites größeres Schiff ankern. Es war ein Versorgungsschiff, das den vielen Fischern, die bei diesen hundert Seemeilen vom Festland entfernt gelegenen Cayos auf Fang gingen, Lebensmittel, Brennstoff und Arbeitsmaterial lieferte. Auf der Rückfahrt nahm der Versorger dann den Fang mit zur Fischfabrik.

Elke hatte sich und ihrem Mann einen kühlen Drink geholt. Sie besprachen den Seewetterbericht, den sie auf der Frequenz 8.140 MHz von Hugo, dem Karibiksegler aus der Schweiz, wie jeden Morgen empfangen hatten.

Mitten im Gespräch steht Ralf Stieber auf, denn ein Fischerboot nähert sich der WENDY. Das Boot kommt direkt von dem Versorgungsschiff. Zwei Männer, offensichtlich einheimische Fischer, steuern.

»Hallo, können wir an Bord kommen?«, fragen sie.

Rolf erwidert die Begrüßung und winkt freundlich ab.

Die beiden Männer nennen ihre Namen, fragen von ihrem offenen Boot aus, ob sie Kokosnüsse von der Insel mitbringen sollen.

»Nein, vielen Dank!«, winkt Rolf ab. »Wartet mal!«, ruft er ihnen zu, geht ins Schiffsinnere, holt zwei Dosen kühles Bier und reicht sie den beiden Fischern. Bevor sie davonbrausen, ruft ihnen Rolf Stieber noch zu: »Viel Erfolg!«

Der Skipper der WENDY ist ein vorsichtiger Mann. Jedes Mal, wenn er und seine Frau sich im Schiffsinneren für längere Zeit aufhalten, schließt er die Edelstahlgitter am Niedergang. Eine fast automatisch funktionierende Übung, so auch am Spätnachmittag dieses Tages. Elke ist in der Achterkajüte beschäftigt und ihr Mann arbeitet am Kartentisch, als sie draußen erneut das Geräusch eines sich nähernden Außenbordmotors und gleich darauf Stimmen hören.

Von draußen dringen die Worte zu ihnen ins Schiffsinnere: »*Es un regalo.*«

Beide Stiebers verstehen Spanisch, sodass sie annehmen, dass die Fischer ihnen ein Geschenk bringen wollen. Mit den Worten »*Muchas gracias*« öffnet Ralf das Edelstahlgitter am Niedergang und begibt sich an Deck. Kaum dass er sich hinter der Persenning, die den vorderen Teil des Cockpits schützt, aufgerichtet hat, sieht er die zwei Fischer direkt vor sich stehen. Sie haben aber kein Geschenk für ihn. Ralf schaut in ein blankes Messer. Die Männer, die ihm angeblich ein Geschenk machen wollen, wollen in Wirklichkeit seinen Tod, seine Wertsachen, sein Schiff. Mehrfach blitzt das Messer auf. Der Skipper ist völlig hilflos dieser überraschenden Attacke ausgeliefert. Sie stoßen den Verletzten rückwärts den Niedergang hinunter, an dem Gitter vorbei, das er gerade leichtsinnigerweise geöffnet hat. Der Skipper liegt unter den Stufen des Niedergangs und erliegt schnell den furchtbaren Stichwunden, die ihm die Piraten zugefügt haben.

Schon nach den ersten Geräuschen des Angriffs eilt Elke von der Achterkajüte zum Salon des Schiffes. Blutend liegt ihr Mann vor ihr. Er regt sich nicht. Halb benommen bekommt sie mit, wie die Banditen sofort über sie herfallen, sie niederdrücken, fesseln und im Salon liegen lassen. Sie kann sehen, wie die Piraten den Leichnam ihres Mannes an Deck heben und dort mithilfe von mitgebrachten Stricken Steine an seinem Körper befestigen. Sie weiß, was das zu bedeuten hat. Kurz darauf hört sie das Undenkbare. Der Leichnam ihres Mannes wird über Bord geworfen. Elke Stieber ist gefesselt, machtlos, der Ohnmacht nahe, als die Männer vor ihr stehen. Es sind einfache Fischer in zerlöcherten T-Shirts, kurzen, dreckigen Hosen, mit von der Sonne tief gebräunter Haut, schwarz behaart und unrasiert, mit fettigen Schirmmützen. Jetzt bin ich dran, denkt sie.

Aber die Männer ziehen kein Messer, sie schreien sie an. Sie wollen Geld. Immer wieder brüllen sie: »*Dinero, Dollar, moneda!*«

Als sie nickt, schneidet einer ihr die Fußfesseln los. Mit gefesselten Händen greift sie umständlich nach ihrer Geldbörse. Wenig Bares ist darin, zusätzlich ein paar alte Papiere, abgelaufene Kreditkarten. Kann das die Beute für einen Mord sein? Die Männer durchsuchen das Boot, reißen Schubladen und Schapps auf – vergeblich. Als es zu dämmern beginnt, zwingen sie Elke, ihnen zu zeigen, wie der Motor gestartet wird. Sie ziehen den Anker hoch und motoren Richtung offene See. Es ist fast dunkel. Die Kerle stehen im Cockpit nebeneinander. Einer geht Ruder. Ihr Boot haben sie in Schlepp genommen. Inzwischen hat sich Elke Stieber heimlich von ihren Handfesseln befreien können. Sie schafft es, ohne große Aufmerksamkeit zu erwecken, langsam zum Achterdeck zu gelangen. Von hier aus kann sie die Lichter des Versorgungsschiffs erkennen und schemenhaft die davor gelagerte Insel.

Mit dem Mut der Verzweiflung springt sie über die Reling ins dunkle, fast schwarze Meer. Sie schwimmt und schwimmt und schwimmt. Sie verdrängt die Gedanken an bissige Barrakudas, gierige Haie, deren Hauptmahlzeit zur Zeit der Dämmerung eingenommen wird. Elke Stieber schwimmt weg vor ihrem sicheren Tod. Sie schwimmt drei Seemeilen durch das Meer, immer den Lichtern entgegen, bis sie an dem großen Versorgungsschiff angekommen ist. Sie fürchtet zwar, dass die Piraten irgendetwas mit dem Versorgungsschiff zu tun haben, kamen sie doch von dort, aber dieses große dunkle Schiff mit den Lichtern ist ihre einzige Überlebenshoffnung. Immer wieder fragt sie sich: Sind das auch Piraten? Stecken die alle unter einer Decke? Werden die mich töten?

Aber es kommt anders: Man hilft der Erschöpften an Bord, sie wird sofort betreut. Bereits am nächsten Tag, dem 20.2., wird ihr Sohn Heiko in Kassel, Deutschland, von Nick Guarino, dem amerikanischen Eigner des Versorgungsschiffes, über Funk von dem Tod des Vaters und dem Piratenangriff benachrichtigt. Schon am nächsten

Die WENDY *war eine Contest 41, eine klassische holländische Fahrtenyacht. (Schwesterschiff)*

Tag sitzt Heiko Stieber mit seinen beiden älteren Schwestern Anja und Wendy im Flugzeug nach Honduras. Als sie später Guarino treffen, rekonstruieren sie den Fall. Sie stellen fest, dass die Täter den Mord geplant hatten, denn sie hatten Steine mitgebracht. Leinen für ausreichende Fesseln befanden sich auf ihrem Boot.

Da beide Fischer auf dem Versorger angestellt waren, konnte man sie identifizieren.

Bei der Suche nach den Mördern war Familie Stieber auf die Behörden von Honduras angewiesen. Aber die stellten sich stur. Sie wussten nichts, taten nichts. Die Familie Stieber setzte schließlich eine Belohnung von 500 US-$ aus. Schon bald danach übergaben Verwandte der Gesuchten die Piraten dem Militär.

Nicht so einfach war das Auffinden der Yacht WENDY. Auch hier musste auf die Behörden durch Beziehungen und Zuwendungen erst Druck gemacht werden. Schließlich fand man die Contest 41 auf dem Meer treibend. Aber erst einmal musste das Kerosin für die Flugzeuge der honduranischen Fluggesellschaft ISLENIA, die das Boot entdeckt hatten, bezahlt werden. Den Auftrag hatte Mr. Guarino erteilt. Und die Kosten für das Kerosin hatte er auch vorgelegt. Die WENDY wurde in den nächstgrößeren Hafen nach La Ceiba gebracht. Das Schiff war vollständig gestrippt worden, wie man das unter Blauwasserseglern nennt, wenn ein Boot geplündert wird.

Nachdem das Schiff aus der Luft entdeckt worden war, mussten auch noch die Offiziellen der Küstenwache bestochen werden, um die WENDY zu bergen. Und als die Yacht dann schließlich am Kai von La Ceiba lag, wurde Medizin in Form von weißem Pulver gefunden, was man Elke Stieber zuerst als Drogenbesitz auszulegen versuchte. Wieder half nur massive Bestechung über den inzwischen hinzugezogenen Anwalt der Stiebers. Er verteilte Geld in vielerlei Richtungen. Selbst der Richter versuchte noch, persönlich in den Besitz der Yacht zu gelangen.

Ihr Glück im Unglück war die Bekanntschaft mit Nick Guarino. Er hatte sein Vermögen an der US-Börse gemacht. Weise wie er war, war er ausgestiegen, hatte sich Honduras ausgesucht, um hier eine Fischfabrik aufzubauen – mehr ein Hobby. Er ist reich und er hat Einfluss. Beides ist in einem Land wie Honduras unerlässlich, wenn man das Dickicht der Behörden durchdringen will. Er besorgte den richtigen Anwalt. Und er zog im Hintergrund die Fäden wie in einem orientalischen Bazar.

Stiebers erfuhren auch Hilfe durch die Familie des Deutschen Dr. Seibt, Arzt an der Klinik in La Ceiba, sowie vom Mitarbeiter der Telefongesellschaft Hondutel, Fernando Midence, und von Frau Kuhn, Sekretärin an der Deutschen Botschaft, Unterstützungen, die nur auf privaten Vermittlungswegen zu Stande kamen. Anders als bei dem vergleichbaren Fall der SY HAYAT kam es zu einer Gerichtsverhandlung. Beide Piraten wurden zu lebenslanger Haft verurteilt. Im April 1997 verkaufte der Sohn die Yacht seiner Eltern in Fort Lauderdale, Florida.

Elke Stieber sieht sich auch heute noch nicht in der Lage – sechs Jahre nach dem Tod ihres Mannes –, zu den Ereignissen Stellung zu nehmen.

\- - -

K. HYMPENDAHL: *Waren Waffen an Bord?*

STIEBER JUN.: Mein Vater war ein Waffennarr. Er hatte zwei Handfeuerwaffen und zwei Gewehre an Bord.

Was wurde rückblickend falsch gemacht?

Vor einem so brutalen Überfall kann sich ein noch so vorsichtiger Segler nicht schützen. Es sei denn, man meidet Honduras.

Wie war die Unterstützung durch die Behörden?

Eine Unterstützung durch die Behörden erfolgte nur durch Beziehungen und Bestechung. Es zeigte sich, dass selbst ein guter Anwalt in diesem Land nur Dinge bewegen kann, wenn er Bestechungsgelder zahlt. Wir waren bereit, Geld über unseren Anwalt zu investieren, um die Tat aufzuklären und um wieder an unser Bootseigentum heranzukommen.

Guatemala

Guatemala besitzt nur ein kurzes Küstengebiet an der Karibik. Dieses ist aber um so interessanter, weil hier der Rio Dulce mündet. Der Fluss, seine vielen Nebenflüsse mit ihren verschachtelten Seen bilden nicht nur ein spektakuläres Panorama, sondern auch ein sicheres Hurrikanversteck (*hurricane hole*). Mit dem Nachteil, dass dieses Hurrikanversteck in den letzten Jahren unsicher wurde, weil Piraten hier ihr Unwesen treiben.

Es gibt verschiedene Marinas und hunderte versteckter Ankerplätze, manche sehr einsam gelegen. Nach den ersten Überfällen blieben die Yachten zusammen in den Marinas und den übersichtlichen Ankerbuchten, wo sie nebeneinander ankerten, wagten sich nicht mehr in einsame Dschungelbuchten. Der Deutsche Bernd-Jörg Neubauer von der SY MOTU schrieb mir folgenden Bericht:

An den Ankerplätzen ist nichts passiert, weil keiner außerhalb einer bestimmten Bucht geankert hat. Dann haben sich die Piraten – trotz Konvois – auf das Ausrauben fahrender Yachten spezialisiert, die den Rio Dulce in Richtung Karibik verlassen. So wurden zum Beispiel in einem lang gezogenen Konvoi von vielen Yachten am 11.11.2000, am helllichten Tag, wieder zwei Yachten überfallen und total ausgeraubt.

Ein Cayuco [Einbaum, der Autor] mit vier Männern näherte sich einer Yacht. Sie fragten, ob man etwas kaufen wolle. Dann zogen sie eine Waffe und sprangen an Bord. Der Skipper musste weiter steuern, während er bedroht wurde. Die anderen haben das Schiff geplündert und alles mitgenommen, was nicht niet- und nagelfest war. Vom T-Shirt bis zum Computer, vom Fernglas bis zum Bargeld.

Der Überfall wurde von anderen Yachten bemerkt, die über Funk nach dem Befinden fragten, naturgemäß konnte der Skipper nicht antworten. Außerdem hatten die Piraten als Erstes das Mikrofon abgeschnitten. Eine halbe Stunde später wurde eine weitere Yacht auf dieselbe Weise ausgeraubt. Auffällig ist, dass es sich in beiden Fällen um Einhandsegler handelte.

Bedauerlich ist, dass die offiziellen Stellen wie Polizei und Coast Guard sich weigern, etwas zu unternehmen.

Die Situation am Rio Dulce

Lieber Klaus,

was meine Liebeserklärung zum Rio Dulce anbetrifft – weißt Du, wir sind hier eher des Tauchens wegen. Unsere Reviere sind Belize, Mexiko und Kuba. Den Rio brauchen wir zum Arbeiten am Schiff und als mögliches ›hurricane hole‹; Hurrikan Mitch war hier ein Problem.

So wie hier ist es zur Zeit in Honduras. In Nicaragua ist es schlimmer: Die zunehmende Verarmung der Dritten Welt trifft auch uns; sie betrifft jeden, der sich dort aufhält. Von den Jugendlichen hier im Dorf – alle sehr nett, wir kennen sie von ganz klein an, weil wir ein paar Mal im Jahr mit den Jugendlichen im Dorf spazieren segeln – sind 90 Prozent arbeitslos, haben nicht die geringste Perspektive. Sie sind ehrlich; ich kann 15 Kinder unter Deck lassen, ohne aufpassen zu müssen; niemals fehlt etwas danach.

Die Mädchen warten darauf, geheiratet zu werden. Die jungen Machos müssen sich dem Kampf des Lebens stellen – egal wie.

Vorgestern habe ich einen erwischt (nicht einen von ›unseren‹), als er um 22.30 Uhr auf Deck kletterte. Nur weil das achterne Bullauge geschlossen war, lebt er noch; nach den Überfällen vom letzten Jahr will man kein Risiko mehr eingehen. Wir hielten ihn also eine halbe Stunde gefangen und er hatte wahnsinnige Angst, weil ich ein paar Mal an ihm vorbeigeschossen habe. Er wollte etwas klauen, das ist sicher. Wir hätten ihn auch gerne der Polizei geschenkt, doch man kann hier stundenlang ›Mayday‹ rufen, ohne dass jemand sich melden würde. Die Polizei schon mal gar nicht. Also was tun? Wir trugen ihm auf, am nächsten Tag zu kommen, um uns zu erklären, was los war.

Tatsächlich kam er gestern früh, zusammen mit seiner Frau und drei kleinen Kindern. Er entschuldigte sich, er sei betrunken gewesen – was aber nicht stimmt. Er braucht einen neuen Außenbordmotor für sein Cayuco, mit dem er jeden Tag die Kinder über den Fluss fährt, damit sie zur Schule kommen. Die Leute verdienen hier weniger als 5 Euro pro Tag, bei einem Preisniveau, welches sich von Europa kaum unterscheidet. So ist es in ganz Mittel- und Südamerika, in der ganzen Karibik. Und Not kennt kein Gebot oder?

Nein, ich glaube nicht, dass es am Rio Dulce tatsächlich besser geworden ist. Das Problem wird hauptsächlich von den Marina-Betreibern und selbst ernannten ›Webmastern‹ kleingeschwiegen oder schöngeredet. Im letzten Herbst wurde die SY OBSESSION *überfallen, als sie im Golf ankerte – allerdings zum Schaden der Angreifer, waren Bea und Karel doch fit in Selbstverteidigung und schnell Herr der Lage.*

So weit mir bekannt ist, wurden in diesem Jahr sechs Yachten überfallen. Das ist zahlenmäßig weniger als im Jahr davor, aber man muss bedenken, dass es auch viel weniger Gelegenheiten gab: Der Fluss war leer, es ankerte kaum noch jemand zwischen Livingston und Fronteras – von den zwei Ankerplätzen vor der Brücke und unmittelbar vor den Marinas abgesehen. Dort wurden Beiboote und Außenborder geklaut. Man nimmt, was man kriegen kann.

Profi-Piraten sind das keine; die hätten leichteres Spiel auf See, zwischen Belize, Honduras und Guatemala, und die würden auch wahrscheinlich härter vorgehen. Wer mit der Pistole in der Hand einer Frau sagt, dass sie keine Angst zu haben braucht – man möchte nur ihr Geld –, der ist kein Profi.

Artur Schmid
SY TANGAROA
Guatemala, Rio Dulce, 13.2.02

Ein Mann und zwei Kinder gegen drei Piraten

Yachtname:	SUNSHINE
Yachttyp:	*53' Katamaran, Lock Crowther Design*
Werft:	*Austral Yachts, Whangarai, Neuseeland*
Eigner:	*Dan Caruso*
Heimatland:	*Bradenton, Tampa Bay, Florida, USA*
Überfallgebiet:	*Rio Dulce, Guatemala*
Koordinaten:	*15°23'N, 89°24'W*
Datum des Überfalls:	*19.7.2001*

Dan Caruso begann mit dem Segeln als Teenager. Die vielleicht entscheidendste Reise für sein späteres Seglerleben führte ihn auf das Schulschiff TE VEGA. Auf ihr durchsegelte er die Karibik bis nach Venezuela, weiter ging es nach Französisch-Guayana, Surinam bis Brasilien. Hier fuhr die Stammbesatzung mit den Seekadetten 180 sm den Amazonas hoch. Ein Jahr dauerte diese Reise. Dem jungen Dan waren danach Seebeine gewachsen und fortan segelte er in seiner Freizeit während der nächsten Jahre auf Yachten von Freunden.

Sein Heimatort Bradenton in der Tampa Bay liegt ideal; es ist immer warm, Yachten liegen stets zum Auslaufen bereit, der Golf von Mexiko ist vor der Haustür und junge Männer werden immer als Crew benötigt.

Noch am Anfang seiner Berufskarriere entschloss sich Dan Caruso, sein eigenes Boot zu bauen. Fast zehn Jahre arbeitete er in seiner Freizeit an diesem Projekt, wie er es nannte. Das Schicksal war aber gegen ihn: Die Yacht fing zwei Wochen vor der Taufe Feuer. Ab diesem Moment konzentrierte er sich ganz auf den Aufbau seiner Farbenfabrik. Nur ab und zu übernahm er für Bekannte und

Freunde Überführungsfahrten zu den Bahamas, um das Segeln nicht zu verlernen. Trotz vieler Geschäftsreisen nach China und Fernost blieb Zeit fürs Segeln und in den letzten 15 Jahren besaß er mehrere Yachten. Dan Caruso ist das, was man einen erfahrenen Segler nennt, mit vielen Törns zu den Bahamas, nach Kuba, in die Karibik und nach Mittelamerika.

1994 verkaufte er seine Farbenfabrik und erwarb die sechs Jahre alte SUNSHINE. Die Yacht wurde von dem wohl bekanntesten Katamaran-Designer Lock Crowther in Australien gezeichnet, kam also aus einem sehr guten Stall. Sie war als Kutter geriggt und mit all dem ausgerüstet, was heute als zeitgemäß auf Fahrtenyachten anzutreffen ist. Zusätzlich zu erwähnen sind die zwei Autopiloten und ein Wassermacher. Als Extras kamen eine kleine Jolle und zwei Kajaks an Bord; Dinge, die man eher auf einem Katamaran als auf einem Einrumpfboot unterbringen kann. Als er Jolle und Kajaks anschaffte, hatte er an seine beiden Neffen Ben Caruso, 13 Jahre, und Paul Caruso, 15 Jahre, gedacht, denn mit ihnen plante er eine zweimonatige Reise nach Mexiko, Belize und Guatemala. Es sind die Kinder seines Bruders Sam Caruso, den sie später in Guatemala treffen wollten. Zwischendurch wollte auch Dans Frau Susan ihre Familie an Bord besuchen. Von Anbeginn der Reise war auch Harley, Dans Hund, an Bord.

Start des Törns ist Sonntag, der 17. Juni, abends um 20.00 Uhr. Anders als weit gehend angenommen, beginnen viele Skipper ihre Reisen abends. Die Großfamilie und Freunde stehen am Kai und winken, geben gute Ratschläge.

Der erste Schlag soll gleich quer durch den Golf von Mexiko gehen, nördlich an Kuba vorbei bis zur NE-Spitze der Halbinsel Yucatán, Mexiko. Hier liegen einige reizvolle Inseln. Zur Ersten, der Isla Mujeres, sind es 450 sm bei einem Kompasskurs von 210°. Die beiden Jungen sind voller Erwartung und furchtlos.

»Was soll man auch anderes erwarten?«, schreibt Dan in sein Logbuch.

Dan übernimmt die Nachtwache, um die Neffen zu schonen, teilt aber bereits für die nächste Nacht Wachen für die beiden ein. Er erwischt sie, wie sie in der zweiten Nacht um 02.00 Uhr im Cockpit eingeschlafen sind. Dann folgen Tage und Wochen, die Höhepunkte und Tiefpunkte in unregelmäßiger Reihenfolge verbinden: ein typisches Fahrtenseglerleben, wie es alle aus erster Hand kennen, die die Leinen für längere Zeit losgeworfen haben.

Sie machen mit dem 53' Katamaran ein Etmal von zirka 160 sm pro Tag; trotzdem beißt bei einer Durchschnittsgeschwindigkeit von knapp 7 Knoten gleich am zweiten Tag ein Barrakuda an Pauls Angelleine. So groß die Freude darüber auch ist, kurz darauf fällt in der Nacht die Stimmung in den Keller. Der 13-jährige Ben hat die Entfernung zu einem Berufsschiff falsch eingeschätzt. Ben ruft seinen Onkel. Der greift ins Ruder. Auf beiden Schiffen wird das Manöver des letzten Augenblicks gefahren. Ben bekannte später, dass er durch ein Bullauge bei dem anderen Schiff einen Fernseher hatte sehen können. Für Dan ist es die gefährlichste Fastkollision während seiner vielen Törns.

Nichts bleibt der Crew auf der SUNSHINE erspart, was andere nicht auch auf ihren Reisen auf See erlebt haben. Die Steuerbordmaschine läuft heiß, ein Kühlwasser-

Skipper Dan Caruso mit Hund Harley im Dingi.

schlauch ist geplatzt. Kurz vor dem Ziel, noch 40 sm sind zu segeln, rauscht plötzlich der Anker mit der 160 Meter extra langen Kette raus. Ehe Dan am Ankerkasten ist und die Handbremse betätigen kann, ist die gesamte Kette bis auf zwei Meter ausgerauscht. Fast verliert die SUNSHINE ihren Hauptanker plus Kette. Zwar ist das letzte Glied an einem Auge an der Schottwand befestigt, aber der gewaltige Druck hätte das Auge sehr wahrscheinlich herausgerissen. Die Ankerwinde kann das Gesamtgewicht nicht hochziehen. Die Crew schafft es nur, indem sie zwei Winschen am Mast benutzt und immer wieder zwei Tampen mit Haken an der Kette befestigt und sie damit langsam und mühevoll hochzieht.

Von der Isla Mujeres aus hüpfen sie von Insel zu Insel, die hier Islas oder Cayos heißen. Die schönen Seiten des Segelns sind die herrlichen Schnorchelgründe. Die Jungen harpunieren Fische, manchmal eine Languste. Sie blühen auf, als sie mit den Kajaks in den türkisfarbenen Lagunen paddeln. Der Ältere, Paul, lässt auch die Jolle zu Wasser und segelt bis zu den Außenriffen. Mit ihrem Onkel fahren die Jungen mit dem Dingi zu einsamen Inselchen, fangen Fische, bereiten ein Feuer und veranstalten unvergessliche Barbecues. Manchmal fahren sie zum Festland, tanken auf, kaufen ein und gehen essen. Von Mexiko geht es weiter nach Belize.

Das Meer ist hier gespickt mit Inseln, Riffen, Passagen, Lagunen, Untiefen – kein einfaches Revier, und die beiden Jungen sind voll in die Seemannschaft einbezogen.

Dann funktioniert plötzlich der Kurzwellensender nicht richtig. Sie erhalten mehrere Tage lang keinen Wetterbericht. In einem ruppigen Nachttörn, der Skipper hat gerade Freiwache, lösen sich beide Kajaks von der Verlaschung und rutschen über Bord. Bei einem reißen die Handgriffe, an denen es festgebunden war, und es treibt ab. Das andere ziehen sie unfreiwillig hinterher. Mit viel Mühe winschen sie es später wieder an Deck. In dieser Nacht bricht eine der Segellatten und, viel schlimmer:

Durch eine nicht richtig geschlossene Luke dringt eimerweise Salzwasser ein – alles in der Kajüte ist nass. Dann lassen sich die Batterien nicht richtig laden. Dadurch gibt es Probleme mit dem Kühlschrank. In einer Riffpassage geht ein Impeller der Wasserpumpe einer der beiden Motoren kaputt. Es stürmt, das felsige Ufer liegt in Lee und dann wird es dunkel. Mit letzter Mühe erreichen sie den schützenden Ankerplatz. Sie schleppen das Dingi hinterher. Fast wäre es in diesem plötzlich aufkommenden Sturm vollgelaufen und samt Außenbordmotor untergegangen.

Der Skipper schreibt ins Logbuch: »Oh, die Freuden des Segelns!«

Auch an Land erleben sie Freud und Leid – wie das so ist. In Puerto Morelos schwimmt ein Einheimischer zum Boot, will einbrechen, aber Dan kann es verhindern. In Caye Caulker führt Dan seinen Hund aus und wird mehrfach belästigt, dabei droht jemand seinem Hund mit der Machete in der Hand.

Auch in Belize City machen die Drei aus Florida keine gute Erfahrung. Männer schleichen um sie herum, als ob sie nur auf eine gute Gelegenheit warten würden, sie zu überfallen. Die Segler versuchen, so schnell wie möglich wieder auf die vorgelagerten Inseln zu kommen. Hier waren die Menschen freundlich und die Ankerplätze paradiesisch.

Die Freude ist groß, als Dans Frau Susan in Placencia, Belize, eintrifft. Gemeinsam mit ihr verbringen sie eine Woche auf den vorgelagerten Inseln. Schnorcheln, fischen, schwimmen, entspannen, lesen – ein richtiger Tropenurlaub. Sie planen zu viert Ausflüge, z. B. ins Landesinnere zu den Maya-Kultstätten von Lubaantun. Nach zehn Tagen verlässt Susan Caruso die SUNSHINE in Punta Gorda, Belize.

Weiter geht die Fahrt ins nahe gelegene Guatemala. In Livingston checken sie ein. Dan Caruso klariert auch einige seiner Waffen ein und gibt sie beim Hafenmeister ab.

»Es war witzig anzusehen, wie der Beamte meine Pistole in sein Halfter steckte«, so der Skipper. »Er spielte sich in diesem Moment so richtig auf.«

Livingston ist ein kleiner Ort an der Mündung des Flusses Rio Dulce. In den letzten Jahren hatte der Rio Dulce für Fahrtensegler an Bedeutung gewonnen, weil seine vielen Seitenarme ein sicheres *hurrican hole* bieten. Abgesehen davon ist die Schönheit der Landschaft überwältigend.

Hier treffen sie wieder die US-Yacht SEA QUEST, Freunde, die sie bereits an anderen Ankerplätzen getroffen hatten. Die Eigner erzählen ihnen, dass der Rio Dulce das Schönste gewesen sei, was sie bis jetzt gesehen haben. Noch sieht es aber nicht so aus, als ob Livingston der Eingang zum Paradies sei, denn Onkel und Neffen werden auf ihrem Weg mehrfach angepöbelt – meist ist es harmlos. Vom Ort aus ruft Dan seinen Bruder Sam und Freund Peter in Florida an, die die Segler in einer Woche zu besuchen beabsichtigen.

Der Weg zum paradiesisch anmutenden Rio Dulce, seinen Binnenseen und Flussarmen ist allerdings nicht jeder Yacht geöffnet. Man darf keinen größeren Tiefgang als zirka 1,80 m haben, denn eine Sandbarre liegt an der Flussmündung. Wenn starker Seegang ist, kann die Yacht mit

Die SUNSHINE *im schönen, aber gefährlichen Rio Dulce, Guatemala.*

dem Kiel aufschlagen – dann gibt es kein rein oder raus. Doch die SUNSHINE kommt den Fluss hinauf. Eine atemberaubende Atmosphäre. Rechts und links Dschungel, davor die Hütten der Einheimischen, daneben ihre Boote und Netze, die zum Ausbessern aufgehängt werden, dahinter die Hänge und Felsformationen. Nachts sind sie umgeben vom Zirpen der Urwaldmusikanten. In der ersten Nacht ankern sie, die zweite Nacht verbringen sie in der El Tortuga Marina. Am dritten Tag fahren sie unter Motor zum Lago Izabel. Dort angekommen, setzen sie den Spinnaker und erleben einen Traumtörn auf diesem Süßwassersee. An seiner Nordseite, in der Nähe von Rio Aqua Caliente, ankern sie. Als Erstes geht Dan mit Harley Gassi – an den Ufern des Sees kann sich der Hund austoben und Eidechsen jagen.

Dan Caruso will in die äußerste Ecke des Lago Izabel segeln. Am nächsten Tag geht es über den See; sie motoren einen kleinen Fluss hoch, die Ensanada Los Lagartos. Hier wirft die SUNSHINE Anker, denn schöner als in dieser Umgebung kann es nirgends sein. Jetzt sind sie mitten im Herzen des Urwalds. Direkt schräg gegenüber erblicken die Jungen eine Horde von Affen in den Baumwipfeln.

Von diesem Donnerstag, dem 19. Juli 2001, berichtet Dan Caruso:

»Eine Stunde vor der Dunkelheit sahen wir ein *Cayuco*, einen Einbaum, mit drei Männern, der in unsere Richtung fuhr. Nichts Ungewöhnliches, weil wir täglich viele von ihnen sahen. Aber ihr Motor stoppte, während sie uns passierten. Offensichtlich konnten sie ihn nicht wieder starten. Sie paddelten neben uns und fragten nach einem Zündkerzenschlüssel, den ich ihnen sogleich gab. Ich half ihnen, aber wir konnten den Motor nicht starten. Dann fragten sie uns, ob wir sie mit unserem Dingi abschleppen könnten. Ich stimmte zu und begab mich wieder an Bord der SUNSHINE, um eine Schleppleine zu holen.

In dem Moment stiegen die drei Männer plötzlich auf unser Boot. Einer hatte eine Pistole in der Hand, schoss zweimal zur Warnung in die Luft. Sie umzingelten uns und zwangen uns, auf dem Achterdeck zu knien. Ich konnte erst nicht verstehen, dass mir das passierte! Wir hatten bereits gehört, dass Gangster Touristen in Guatemala getötet hatten, manche erschossen, andere mit der Machete zerhackt. Es ist überflüssig zu sagen, dass wir uns ziemlich sicher waren, was mit uns passieren würde.

Einer hatte eine Pistole, einer eine Kaliber .12 Schrotflinte und der Dritte eine Machete. Der mit der Flinte hielt uns in Schach, während die anderen das Boot plünderten.

Zuerst der Fernseher, dann die Videokamera ... es folgte ein endloser Umzug in ihr Boot. Irgendwann war Schluss damit und der Anführer zwang mich, in den Salon zu gehen. Wieder sollte ich mich hinknien. Diesmal lehnte ich es ab. Ich dachte mir, dass man mich unter Deck bringt, damit die Jungen nicht mit ansehen müssten, wie man mich tötet. Es ist schon merkwürdig, was einem so durch den Kopf geht.

Ich sah einen Hoffnungsschimmer. Wenn sie mich hier im Salon töten und die Jungen dabei keine Zeugen sind, dann bedeutete das, dass sie sie frei lassen, dachte ich. Aber was machte es andererseits schon aus, wo sie es taten? Doch ich wollte nicht wie ein Hund am Boden liegen und erschossen werden.

Plötzlich wurde der Anführer äußerst zornig und ich erwartete, jede Sekunde erschossen zu werden. Immer wieder zielte er mit der Pistole auf meine Brust oder hielt sie an meinen Kopf. Einmal habe ich mich sogar seitwärts gedreht, dachte, die Muskeln meines Arms könnten die Kugel abhalten, in mein Herz zu dringen. Ich sah darin eine Chance, dass ein Schuss in meinen Arm und in die Schulter mir eine Überlebenschance geben könnte.

Ich fühlte mich schrecklich, konnte nicht glauben, dass ich die Jungen in diese Situation gebracht hatte. Andererseits ist es schon fast komisch, dass ich mich jetzt ganz ruhig fühlte. Nicht einmal große Angst verspürte ich. Es war mehr Zorn als alles andere. Und dann war da noch eine gewisse Resignation. Zwei Gedanken schossen mir durch den Kopf. Susan hatte eigentlich noch eine Woche länger bleiben wollen, dann wäre sie jetzt auch in dieser Lage. Und der andere quälende Gedanke galt meiner armen Mutter. Wie würde sie den Tod eines weiteren Kindes ertragen? Gar nicht daran zu denken, dass sie auch zwei Enkel auf dieselbe scheußliche Art verlieren könnte.

Die Piraten bedeuteten mir, dass sie Geld forderten. Sie folgten mir in meine Kabine und ich zeigte ihnen, wo ich einen Teilbetrag versteckt hielt. In diesem Moment hätte ich eine Gelegenheit gehabt, mit diesen beiden abzurechnen. Der Gang zu meiner Kajüte ist so schmal, dass wir hintereinander gehen mussten. Der Anführer hielt von hinten die Pistole an mein Gesicht und jetzt hätte ich sie ihm entreißen können. Der letzte Mann mit der Machete hätte über ihn steigen müssen, um mich zu erreichen. Ich hätte mich mit dem Körper des mittleren Mannes schützen können. Aber das Problem war, dass man oben den Jungen die Mündung der Schrotflinte ins Gesicht hielt. Im schlimmsten Fall hätte der dritte Kerl die Kampfgeräusche gehört und die Kinder erschossen.

Man ließ mich wieder an Deck gehen, wo ich mich zu den Jungen hocken musste. Dann machten die Piraten sich wieder an das Plündern des Schiffes. Ich glaube, dass dies die längste Stunde meines Lebens war. Meine Gedanken rasten. Was sollte ich tun? Sie nahmen alles mit, auch den Außenbordmotor und alle Dieselbehälter.

Was für ein furchtbares Erlebnis, hierbei Zeuge zu sein. Harley legte sich zu meinen Füßen und wollte gar nicht mehr weg. Er ahnte, dass hier etwas sehr falsch lief. Ich sah noch einen anderen Weg, hier herauszukommen. Ich war an der Reling und hätte mich über die Seite ins Wasser fallen lassen können, wäre schnell unter den Rumpf meines Katamarans getaucht. Hier hätte ich Luft holen und dann ans nahe Ufer tauchen und mich zwischen den Wasserhyazinthen verstecken können. Da kann man keinen finden, besonders nicht nachts. Aber auf keinen Fall

Dan Carusos Neffen und Crew: Paul (sitzend) und Ben.

konnte ich die Jungen alleine lassen. Also wartete ich auf eine andere Gelegenheit.

Es war schon verrückt: Als die Sonne unterging, war die Luft voller Moskitos. Ich saß da mit freiem Oberkörper. Ben sagte, mein Rücken sei schwarz von Moskitos. Aber ich merkte nichts davon.

Als die Banditen endlich mit dem Beladen ihres Bootes fertig waren, waren wir auf den Augenblick der Wahrheit vorbereitet. Aber zu unserer Überraschung warnte uns der Anführer, nicht die Polizei zu rufen. Jetzt wusste ich, dass wir den Überfall überleben würden. Immer wieder sagte er: ›*No policia!*‹

Wir antworteten: ›*No problemas!*‹

Welche Befreiung! Natürlich drohte er uns, uns zu jagen, zu töten, falls wir die Polizei einschalten würden. Aber wie wollte er das später anstellen? Nachdem sie mit mehr als 10000 US-$ in Form von Wertsachen, Ausrüstung und Geld abgefahren waren, holten wir den Anker hoch. Wir wollten weg von diesem verlassenen Ankerplatz. Auf unserem Radar verfolgten wir das Boot noch eine Weile, hatten es dann aber nicht mehr auf dem Schirm. Wir motorten zu unserem Ausgangspunkt, den wir am Morgen verlassen hatten, und fielen um Mitternacht todmüde in die Kojen.

Eine Sache ließ mich vor dem Einschlafen lächeln. Ich war so stolz auf diese Jungen. Sie waren dem fast sicheren Tod mit Ruhe, Kaltblütigkeit und Mut begegnet. Dabei war es nicht ein kurzer Moment wie bei einem Beinahe-Verkehrsunfall. Es war eine lange Stunde des Terrors. Erstaunlich!«

K. HYMPENDAHL: *Hatten Sie Waffen an Bord?*

D. CARUSO: Ich hatte einige Waffen dem Hafenmeister in Livingston beim Einklarieren gegeben. Aber ich behielt eine Kaliber 12 Schrotflinte und eine Pistole, Kaliber .45. Allerdings hatte ich Angst, damit erwischt zu werden. Deshalb habe ich sie nicht aus ihrem tiefen Versteck geholt. Es war nicht einfach, sie zu erreichen. Ich wünschte, sie wären griffbereit gewesen.

Was haben Sie rückblickend falsch gemacht?

Ich hätte sie nicht längsseits unseres Bootes anlegen lassen sollen und ich hätte nicht so eifrig bereit sein sollen, ihnen zu helfen. Sie hatten Motorschaden, waren aber nicht in Gefahr. Sie konnten nach Hause paddeln. Wenn ich schnellen Zugang zu den Waffen gehabt hätte, wäre ich im Salon unbemerkt geblieben, während Paul sie hätte fragen können, was sie benötigten.

Ich glaube, der einzige Grund, weshalb wir nicht getötet wurden, war der, dass sie mich als Vater von meinen Neffen ansahen. Die Jungen wollten sie offensichtlich nicht töten. Hätten sie drei Erwachsene vorgefunden, dann hätten sie alle sofort getötet. Sie hätten noch vieles an Bord mitnehmen können. Immer noch frage ich mich, weshalb sie uns nicht getötet, unsere Körper ins Wasser geworfen und in aller Ruhe unser Boot geleert haben. Die Chance, dass ein anderes Boot in dieser verlassenen Ecke nachts auftauchte, war gleich null. Aber sie wollten schnell rauben und schnell abhauen.

Was haben Sie richtig gemacht?

Nachdem wir überrascht wurden und sich keine Gelegenheit ergab zurückzuschlagen, machten wir genau das, was sie von uns verlangten. Das hat unser Leben gerettet.

Was würden Sie in Zukunft anders machen?

Ich werde mich niemals wieder entwaffnen. Immer werde ich Mittel haben, um mich sofort zu verteidigen. Aber!!! Ich werde niemals eine Waffe zücken, bevor ich nicht eine Chance sehe zu gewinnen. Damit meine ich, dass man zu 90 Prozent seine Chancen sehen muss, die Situation zu beherrschen, sonst ist es Selbstmord. Wenn diese Gelegenheit vorbei ist oder sie nicht wiederkommt, lasse ich die Waffe stecken. Dies waren Gelegenheitspiraten, die in einer brutalen und gewalttätigen Umgebung aufgewachsen sind. Es handelte sich nicht um die Art von Gangstern, denen man in einer Bar in einer Großstadt begegnet – das hier sind Killer. Also sollte man einwilligen und kooperieren, es sei denn, man hat die Oberhand.

Was würden Sie anderen Seglern empfehlen?

Ich glaube, das habe ich bereits beantwortet. Aber ich möchte noch hinzufügen: Wenn Sie in entlegenen Gegenden wie dieser segeln, besonders in denen, die für Piratenüberfälle bekannt sind, sollten Sie in Gruppen von mehreren Booten reisen. Immer sollte einer an Deck Wache halten – Tag und Nacht. Auch wir hätten niemals in dieser einsamen Gegend die Nacht verbringen dürfen. Vielleicht macht man einen Tagesausflug hierhin, aber abends sollte man zu einem sicheren Platz zurückkehren.

Wie war die Unterstützung durch die Behörden?
Die Beamten waren sympathisch und exakt in der Formulierung ihres Untersuchungsberichts. Wir hatten aber das Gefühl, dass nichts Wesentliches getan wurde.

Gefährlicher Ankerplatz

Hallo Klaus,

vorletzte Woche wurde ein amerikanischer Segler überfallen, als er mit seinem Katamaran im Lago Izabel ankerte, einsam und alleine. Niemand von den Seglern, die letztes Jahr im Rio Dulce waren, hätte sich auf diesen Platz gelegt – noch nicht einmal zusammen mit anderen Schiffen. In dieser Bucht wurde die deutsche Yacht HANTA JO* *überfallen, während sie dicht neben einer anderen Yacht ankerte. Dort wurden in den vergangenen Jahren ziemlich viele Yachten überfallen. Dieser amerikanische Segler war neu hier am Fluss – in keiner Marina hatte man ihm gesagt, dass er besser nicht im Lago Izabel ankern sollte und auf keinen Fall in dieser Bucht. Er wusste gar nicht, dass allein im letzten Jahr 14 Yachten überfallen worden waren.*

Liebe Grüße

Artur Schmid
SY TANGAROA
Guatemala, Rio Dulce, 2.8.01

* Die Eigner der Yacht HANTA JO sind einige der ganz wenigen, die mir Auskunft und Interview über ihren Überfall verweigert haben. Sie wollten nicht mehr an den Fall erinnert werden, was ich respektiere.

Amerikanische Pazifikküste

Von der pazifischen Seite des gesamten amerikanischen Kontinents wird im Vergleich zu der südatlantischen und karibischen Seite wenig über Piraten berichtet. Eigentlich ist zur Zeit nur das Gebiet der ecuadorianischen Küste gefährlich. Auch hier muss ich eine Einschränkung machen: Obwohl ich von einem sehr tragischen Überfall auf einen persönlichen Freund vor dem Fischerort Sua bei Esmeraldas Kenntnis habe, liegt der allgemeine Schwerpunkt der Piratentätigkeit in Guayaquil, dem Haupthafen von Ecuador. Es wurde mir berichtet, dass hier Banden sowohl Berufsschiffe als auch Yachten berauben, während sie vor Anker liegen.

Wenn hier nicht von der sonst berüchtigten kolumbianischen Küste im Zusammenhang mit Überfällen auf Yachten gesprochen wird, dann heißt das noch lange nicht, dass es dort keine Piraten gäbe. Aber an diese Küste kommen wenige Yachten, sodass auch wenig Information an die Öffentlichkeit dringt.

Überhaupt möchte ich an dieser Stelle sagen, dass Gebiete nicht automatisch deshalb piratenfrei sein müssen, nur weil es darüber kaum Informationen gibt. Auch für diese wenig befahrene kolumbianische Pazifikküste sollte für jeden Segler gelten: sich vorher über Funk, sein Auswärtiges Amt, seinen Cruising Club und andere Quellen zu informieren.

Mit durchschnittenem Hals dem Tod überlassen

Yachtname:	TLC (The Learning Curve)
Yachttyp:	*Aloha 34, 1981 gebaut in Whitby, Ont., Kanada*
Eigner:	*Robert Medd*
Heimatland:	*Sydney, Vancouver Island, B.C., Kanada*
Überfallgebiet:	*Golf von Kalifornien (Sea of Cortez), Mexiko*
Bucht:	*Bahia San Francisquito*
Datum des Überfalls:	*12.8.2001*

Robert Medd, 53 Jahre, ist ein pensionierter Kapitän aus dem malerisch gelegenen Ort Sydney auf Vancouver Island in Britisch-Kolumbien, Kanada. Auch er wollte sich nach seiner Pensionierung einen Traum erfüllen und mit seiner Segelyacht vom Typ Aloha 34 um die Welt segeln. Er gab seiner knapp 20 Jahre alten Yacht den außergewöhnlichen Namen The Learning Curve, abgekürzt TLC. Robert Medd hatte für seine Weltumseglung fünf bis zehn Jahre veranschlagt. Wenn es denn nicht die ganze Welt werden würde, dann doch wenigstens Mexiko, einige Inseln des Südpazifiks und Neuseeland.

Auf den British Virgin Islands und den Abaco Islands in der Karibik hatte er mehrfach ein *bareboat* gechartert, um sich auf seine Segelzukunft vorzubereiten. Das besonders schöne Segelrevier vor seiner Haustür ließ ihm viel Gelegenheit, seine eigene Yacht besser kennen zu lernen. Im Frühjahr 2000 führte ihn dann sein Weg an der Küste entlang nach Süden. Einen längeren Stopp legte er in Santa Barbara ein. Im Winter 2000/2001 kam er mit seiner Yacht TLC in das Seglerparadies vieler nordamerikanischer Westküstensegler, nach Baja California, Mexiko. Landschaft und Menschen hatten ihn so tief beeindruckt, dass

Skipper Bob Medd vor der Abreise.

er sich entschloss, ein Jahr hier zu bleiben. Er wollte die zirka 540 sm lange Sea of Cortez kennen lernen und startete am Sonntag, dem 12.8., zu einer weiteren Etappe: aus dem Hafen Santa Rosalia, der am Westufer gelegen ist, wollte er die Strecke zur 125 sm nördlich gelegenen Bahia de Los Angeles in einem Nachttörn schaffen. In Küstennähe ging es dem Ziel entgegen; er genoss die Einsamkeit und die grandiose Landschaft. Zur Zeit der Dämmerung, gegen 21.00 Uhr, näherte sich ein kleines offenes Boot mit vier jungen Männern. Schon viele Male hatte er Fischer zu seinem Boot kommen sehen, ihnen Wasser gegeben oder Fisch gekauft. Sie kamen in der Regel längsseits und fragten nach Wasser. Wie gesagt, nichts Außergewöhnliches in dieser verlassenen Gegend, in der Fischer in sengender Hitze arbeiten.

Robert begibt sich unter Deck, will das Licht in der Pantry anmachen, um Wasser aus dem Kühlschrank zu holen. Er bemerkt nicht, dass einer der Männer ihm ins Boot gefolgt ist. Als er sich umblickt, steht der Kerl da – in einer Hand die Geldbörse des Einhandseglers, in der anderen Hand dessen Brotmesser.

»*Dinero, dinero!*«, fordert der Eindringling, also Geld.

Robert Medd, ein großer, stark gebauter Mann erwidert, dass er nicht mehr Geld hat als die paar hundert Dollar in seiner Geldbörse.

Das Messer des Angreifers schnellt nach vorne und verletzt Roberts Arm. Danach kommt es zu einem Handgemenge. Ein zweiter Fischer taucht im Boot auf. Und in einem passenden Moment schlägt dieser mit einem nie identifizierten Gegenstand von hinten auf den Kopf des Kanadiers. Der Schlag ist so kräftig, dass der Skipper das

Bewusstsein verliert. Später meint das Opfer, dass ihn wohl ein Stein getroffen habe.

Die Piraten nehmen alles von Wert mit, was sie finden können, und schlitzen dem Ohnmächtigen vor Verlassen des Bootes den Hals auf.

Das Boot treibt in dieser Nacht auf das nahe gelegene Ufer zu.

Irgendwann wacht der Kanadier auf. Er liegt in einer großen Blutlache, denkt zuerst, er hätte eine Verletzung am Kopf oder an der Nase. Dann fühlt er, dass sein Hals von einem Ohr zum anderen geöffnet ist. Die Wunde ist einen Zentimeter breit. Er kann sich später noch daran erinnern, dass der Motor noch lief und das Großsegel noch gesetzt war. Dann fällt er wieder in Ohnmacht und erwacht erst, als der Rumpf seiner TLC gegen Felsen schlägt. Er greift nach einem Kanister Wasser und kriecht aus dem Boot aufs Deck, dann an Land. Außer dem Wasser nimmt er noch eine Wolldecke, eine Taschenlampe und seine Signalpistole mit Munition mit. Er kann sich nicht erinnern, wie er vom Boot ans Ufer gekommen ist. An Land findet er sich in der Einsamkeit der Desierto de Vizaino wieder, einer Wüste, die sich 65 Meilen entlang der Küste zieht. In fast 50° Hitze irrt er umher und sackt irgendwann wieder ohnmächtig zusammen. Immer wieder meint er, Stimmen zu hören – eine Illusion. Als er Fischer am Strand auf sich zukommen sieht – es ist 15.00 Uhr, fast zwei Tage sind seit dem Überfall vergangen –, denkt er an Halluzinationen. Er hat längst jede Hoffnung aufgegeben, seine beiden Töchter noch einmal zu sehen. Sein Spanisch ist schlecht und das Einzige, was er herausbekommt, ist: »*Mas problemas.*«

Die beiden Männer betten den schweren Robert Medd in ihren Panga, ihr Fischerboot. Sie schießen mit der Signalpistole des Skippers Rot und informieren schließlich die mexikanische Marine. Die transportiert den schwer Verletzten ins Provinzkrankenhaus nach Santa Rosalia. Ein Arzt säubert die Wunde, näht sie aber nicht zu, denn bei einer möglichen Infektion hätte die Wunde schnell wieder geöffnet werden müssen.

Zwischenzeitlich wird Christie Dusseault, eine der beiden Töchter Robert Medds, in Victoria, B. C., benachrichtigt. Ihr Mann fliegt sofort nach Santa Rosalia und fährt gleich am nächsten Tag mit seinem verletzten Schwiegervater im Auto nach Norden, Richtung Heimat. Unterwegs entzündet sich die Wunde. In San Clemente, Kalifornien, kommt Robert Medd erneut in ein Krankenhaus und wird fachärztlich behandelt. Später in Kanada operiert man seine zerschnittenen und verletzten Muskeln, Bänder und Sehnen. Die Ärzte geben an, dass sein Vollbart ihm das Leben gerettet hat. Er hat wohl den normalerweise tödlichen Schnitt gemildert.

Robert Medd hatte fast sein gesamtes erspartes Geld in sein Schiff gesteckt. Es war nicht versichert. Über 100000 US-$ hat er verloren. Seine Töchter arrangierten einen Fonds und sammelten bei Freunden und über seine Website im Internet Geld, um wenigstens die Krankenhauskosten bezahlen zu können.

Robert Medd war nicht nur seines Geldes beraubt worden und seiner persönlichen Besitztümer auf dem Boot. Seine Yacht war sein Zuhause gewesen, der Platz, auf dem er aß, schlief, arbeitete und träumte. Er hatte alles investiert – in die Vision eines Lebens auf See. Als die Ärzte begannen, Roberts T-Shirt aufzuschneiden, um an die Wunde zu gelangen, wurde er ein wenig ungehalten, denn das war das Einzige, was er zu diesem Zeitpunkt noch besaß.

Als ich mit ihm telefonierte, hörte ich die sehr angenehme Stimme eines gut gelaunten Mannes. Jedenfalls hat Robert Medd seinen Humor nicht verloren. Gerne zitiert er seinen Arzt: »Er sagt, ich sei der glücklichste unglückliche Mann, den er jemals getroffen hat.« Und dann fügte er hinzu: »Ich muss meine Kehle operieren lassen und wieder einen Job finden.«

Er lebt mittlerweile bei seinem Cousin und hat auch wieder einen Job.

K. HYMPENDAHL: *Hatten Sie Waffen an Bord?*
R. MEDD: Es gab keine Waffen und ich würde auch niemals welche dabei haben.

Was haben Sie rückblickend falsch gemacht?
Ich hätte das Cockpit nicht unbeaufsichtigt lassen sollen, als ich hinunter zur Pantry ging.

Was haben Sie richtig gemacht?
Als ich nach langer Zeit das Bewusstsein wieder gefunden hatte und gemerkt habe, dass das Schiff zerbrechen würde, habe ich meine Signalpistole und die Notsignalmunition mitgenommen.

Was würden Sie in Zukunft anders machen?
Als Einhandsegler hätte ich vielleicht nicht das Cockpit verlassen sollen. Aber ich bin schon so viele Male von Fischern in ihren Pangas nach Wasser gefragt worden oder ob ich Fisch kaufen wollte.

\- - -

Über die Geschichte von dem grausamen Mordüberfall war im Spätsommer 2001 in vielen Zeitungen Kanadas berichtet worden. So muss sich wohl auch ein Reporter auf den Weg zum Tatort gemacht haben, um die Hintergründe der Piratenattacke zu recherchieren. Dieser Reporter des *Global National*, Mario Canseco, kam mit einer ganz anderen Geschichte zurück, als sie Robert Medd in Kanada erzählt hatte. Demnach soll Edwin Sozueta-Larios, ein Beamter in Santa Rosalia, über Roberts Angaben gesagt haben: »Als er zuerst mit den Fischern und den Männern vom Roten Kreuz sprach, sagte er, dass er sich den Hals mit Kabeln auf dem Schiff aufgeschnitten hätte, als das Schiff gegen die Felsen geprallt

Hinter der Abkürzung des Bootsnamens TLC verbirgt sich ›The Learning Curve‹.

sei. Aber bei der Polizei nannte er dann die Piratenversion.«

In Kanada wurde Robert Medd von der Presse mehrfach auf diesen Widerspruch angesprochen. Immer wieder musste er betonen: »Das ist völliger Unsinn. Drähte, die an Bord verwendet werden, legen sich nicht um einen Hals, von Ohr zu Ohr.«

In Kanada vermutet man, dass man in Mexiko um das Image als Touristenland bangt. Dabei hat Robert Medd immer wieder betont, wie sehr er die Mexikaner mag. Auch heute noch.

Piraten und Einhandsegler

Bei meinen Recherchen bin ich auf sehr tragische Fälle gestoßen. So habe ich von mehreren schrecklichen Überfällen auf Einhandsegler gehört. Einige der Überfallenen hat man gefunden, andere werden vermisst. Viele Fälle lassen sich nicht mehr rekonstruieren. Einhandsegler sind eine leichte Beute für Piraten. Der kanadische Segler Leo Reichnamis ist seit seinem Aufenthalt in Venezuela verschollen; seine Segelyacht BALTIC HERITAGE wurde nie mehr aufgefunden. Anders der Amerikaner Steven M. Gartman, Eigner der Yacht SEA LION: Er wurde von Piraten getötet und auf seinem Schiff mit mehreren Einschusswunden entdeckt. Seine Yacht lag vor Anker, nur zirka 100 m von Mario's Marina, Rio Dulce, Guatemala, entfernt. Gartmans Leichnam fand man am 7.6.2000. Der Überfall hatte wohl schon am 3.6. stattgefunden, Vorbeifahrende hatten einen starken Geruch bemerkt. Die Behörden führten eine lustlose Untersuchung durch. Und obwohl die Yacht sehr nahe an der belebten Marina lag, hatte niemand Schüsse gehört. Die Yacht war geplündert worden. Es konnte niemals geklärt werden, ob Gartman an Bord war, als die Piraten einstiegen, oder ob er die Piraten nach seiner Rückkehr an Bord überrascht hat.

Sein Leben hing am seidenen Faden

Yachtname:	ALA DI SABAH
Yachttyp:	*Angleman Sea Spirit, 31 Fuß*
Eigner:	*Dieter Langer*
Heimathafen:	*Los Angeles, USA*
Überfallgebiet:	*Ecuador*
Ankerplatz:	*vor dem Ort Sua bei Esmeraldas*
Datum des Überfalls:	*8.7.2001, 22.00 Uhr*
Crew an Bord:	*Einhandsegler Dieter Langer*

Dieter Langer ist ein Abenteurer, ein Sohn Jules Vernes. Ein Globetrotter par excellence. Ein Mann, den immer das interessiert hat, was sich hinter dem Hügel verbirgt; dem es jedes Mal langweilig wird, wenn er seinen Acker bestellt hat.

Mit seiner Frau Inge kaufte er von seinem ersten Einkommen als Ingenieur und ihrem als Lehrerin einen ausgedienten Mercedes-Transporter, wie sie damals für die Paketzustellung der Post benutzt wurden. Dieses Auto rüsteten sie zu einem vollwertigen Campingwagen um und fuhren von 1973 bis 1975 damit um die Welt. Auf Strecken, die sie damit nicht bewältigen konnten, wie Flüsse oder Meere, setzten sie den Wagen auf Fähren oder Schiffe. Weil ihnen das Reisen so viel bedeutete, kauften sie sich 1979 einen besseren Camper und durchkurvten bis 1981 die USA. Hier trennten sich ihre Wege. Inge Langer kehrte nach Deutschland zurück und Dieter blieb in den USA. Ihm war Deutschland zu eng, die Vereinigten Staaten gerade weit genug. Er ging nach Kalifornien und arbeitete in seinem erlernten Ingenieurberuf. Aber nur so lange, bis ihn das nächste Abenteuer reizte. Er hatte im sonnigen Kalifornien seine PPL-Fluglizenzen (Private Pilot Licence, commercial & instruments) erworben. Und wie es ihm offenbar schicksalhaft bestimmt war, machte

Einhandsegler Dieter Langer beim Lackieren des Aufbaus auf seiner ALA DI SABAH.

er sich auf die Suche nach einem Flugzeug, um damit die Welt zu umfliegen. Allein, versteht sich. Er fand in den Südstaaten die deutschstämmigen Hersteller des Typs MAULE und wählte eine stoffbespannte einmotorige Maschine mit einem 4-Zylinder-Motor, die besonders leicht ist. Dieser Typ wird gerne als Wasserflugzeug, bei Erkundungsflügen oder bei der Überwachung von Drogenanbaugebieten eingesetzt. Die MAULE benötigt nur eine ganz kurze Landebahn, war also genau das Richtige für Langers Vorhaben. In einem Jahr flog er mit den Winden von Westen nach Osten um die Welt. Und weil er immer noch nicht genug hatte, wiederholte er sein Flugabenteuer im Jahr 1996. Dieses Mal flog er von Osten nach Westen. Und er folgte einer besonderen Idee: Er wollte alle olympischen Stätten besuchen, also jede Stadt, in der eine Olympiade stattgefunden hatte. Auch diese selbst gestellte Aufgabe löste er mit Bravour.

Im Jahr 1999 lernte ich Dieter Langer kennen. Er hatte von meiner Weltumseglung gehört und suchte darüber Informationen. Denn nach nur drei Jahren an Land in Kalifornien plagten ihn wieder das Fernweh und die Abenteuerlust. Wir trafen uns in Düsseldorf und er fragte nach tausend Dingen des Fahrtensegelns. Danach tauschten wir Tipps per E-Mail aus. Irgendwann im Sommer 2000 segelte Dieter Langer aus Newport, Kalifornien, weg. Zweimal bekam ich noch seine *news letters* und dann war er, für mich unerreichbar, irgendwo im Pazifik unterwegs. In der Zwischenzeit hatte ich mit meinen Recherchen über weltweite Piraterie begonnen. Am 22.7.2001 erhielt ich zusammen mit vielen E-Mails aus der ganzen Welt folgenden Brief von Dieter Langer:

22. Juli 2001,
Sua, Bahia de Atacames,
Ecuador

Meine lieben Freunde,

sehr gute Nachrichten! Ich lebe und das ist alles, was zählt. Heute, zwei Wochen nach dem Piratenüberfall in Ecuador, erhole ich mich langsam von meiner Verletzung, einem Brustschuss. Nun wird das Leben allmählich wieder normal und ich werde meine Instandsetzungsarbeiten an ALA DI SABAH *fortsetzen.* ALA DI SABAH *wird schöner aussehen als je zuvor, wenn ich Ecuador verlassen und mich auf die Weiterreise nach Süden begeben werde.*

Vor zwei Wochen, am 8. Juli, so gegen 22.00 Uhr, ich schlief tief und zufrieden, schlichen sich vier Piraten auf mein Boot, in der Absicht, mich zu berauben. Es kam zu einem Kampf, in welchem einer der Piraten mir ein 9-mm-Geschoss (20 mm lang) in die Brust feuerte. Dennoch kämpfte ich weiter (ich verstand in Bruchteilen von Sekunden, dass ich um mein Leben kämpfte) und konnte die Piraten schlussendlich vom Boot treiben. Die Burschen verschwanden in der Dunkelheit.

Ich verdanke den Leuten hier in Sua mein Leben, obwohl es fünf Stunden dauerte, bevor ich schließlich in einem Hospital war. Ich hatte schon nicht mehr daran geglaubt, dass ich den Tripp dorthin je überleben würde. Wenn man blutend neben der Straße liegt, hält auch hier kein Auto an. Aber ich hab's geschafft und überlebt. Der 8. Juli 2001 ist mein zweiter Geburtstag.

Eine tödliche Kugel ist in den meisten Fällen ein Souvenir fürs Leben. 9 mm im Durchmesser und 20 mm lang, das

Geschoss, abgeschossen direkt auf mein Herz, nahm einen lebensrettenden Umweg. Nicht jedoch sofort. Das Geschoss durchschlug das Brustbein in gerader Linie Richtung Herz. Nun liegt das Geschoss, um 90 Grad gedreht, an jenem Loch im Brustbein, welches es sich selbst geschaffen hat. Eingeklemmt zwischen Brustbein, Herz und Aorta.

Was passierte, als das Geschoss das Brustbein passierte? Wer drehte das Geschoss um 90 Grad und wer drückte es zurück ans Brustbein? Waren mein Herz und meine Aorta so stark und flexibel, dass sie Yo-Yo mit dem Geschoss spielten? Die Ärzte haben keine Erklärung. Ich auch nicht. Alles was die Ärzte und ich wissen, ist, dass ich viel, viel Glück hatte.

Einen Zentimeter mehr links oder rechts und jemand anders hätte die letzte Nachricht für mich geschrieben. Nun werde ich mit der ›glücklichen Kugel‹ für den Rest meines Lebens leben müssen. Der Ärzte Meinung hier in Esmeraldas: Die Kugel herauszuholen ist zu riskant. Es könnte sein, dass ich diesmal nicht so viel Glück habe. Also bleibt die Kugel vorläufig als ein ›Souvenir von Ecuador fürs Leben‹ ganz, ganz nah an meinem Herzen.

Life goes on and so will my journey!

Zur Zeit habe ich noch nicht die Kraft, das Erlebnis des 8. Juli niederzuschreiben. Aber bevor ich von hier nach Süden aufbreche, werde ich Euch einen detaillierten Bericht geben. Nun wünsche ich Euch allen eine wunderschöne Woche mit ganz viel Sonnenschein.

Euer Dieter Langer,
El Capitán (El Perforado)

ALA DI SABAH ist ein arabischer Name, genauer gesagt ein Kunstname mit arabischen Wörtern, gemixt von Dieter Langer. Wie bei vielen Blauwasserseglern beginnen bei der Namengebung romantische Einflüsse die Oberhand zu gewinnen. *Sabah* heißt der rote Sonnenaufgang – es ist die Stimmung, in die man hineinsegeln möchte. Das war ihm als Bootsname zu wenig, und er fand den Namen *Ala*, die Flügel. Er addierte das »Di« und der Name ALA DI SABAH war geboren. Damals war Dieter noch ein Segelanfänger und wusste nichts von der alten englischen Fischerkenntnis: *Red sun in the night sailors delight. Red in the morning sailor keep warning.* Dieter Langer wusste nicht, dass die rote Morgensonne schlechtes Wetter bedeutet; er bestieg im April 2000 seine hübsche kleine Holzyacht, die vor über 30 Jahren in Japan gebaut worden war. Es sollte um die ganze Welt gehen. »Und wenn es nicht um die Welt geht, ist es mir auch egal.« Er hatte in Los Angeles einen Segelkurs belegt, der einen Nachttörn zur vorgelagerten San Catalina Island beinhaltete. Das sollte langen, den Rest der Segelkunst wollte er unterwegs erlernen.

Seine Route führte über Acapulco, Mexiko, El Salvador, Honduras, Costa Rica, Panama nach Ecuador. Kolumbien hatte er ausgelassen, wie das fast alle Fahrtensegler machen. Er war froh, im sicheren Ecuador zu sein. Zum Steuern benutzte der Einhandsegler einen elektrisch betriebenen Autopiloten und eine mechanische Windfahnensteuerung, die er abwechselnd einsetzte. Nein, Waffen besaß Dieter Langer keine.

»Von Waffen verstehe ich nichts. Also kommen sie auch nicht an Bord und werden auch niemals an Bord kommen.«

Im Juli 2001 lag die ALA DI SABAH vor dem Fischerdorf Sua in der Bahia de Atacames vor Anker. Keine 60 sm nördlich vom Äquator. Die Bucht ist offen zum Meer und trägt mehr zu Unrecht die Bezeichnung Bucht. Neben der ALA DI SABAH ankerte Dieters englischer Freund Tim, ebenfalls ein Einhandsegler. Sie kannten sich seit Costa Rica und hatten viele Hafenkneipen gemeinsam besucht, sich gegenseitig geholfen und festgestellt, dass man zu zweit mehr Spaß hat. Unter der Bedingung, dass jeder sein eigenes schwimmendes Zuhause hat.

Der 8. Juli 2001 ist ein Sonntag. Dieter Langer hat seinen sozialen Tag und lädt eine ecuadorianische Familie auf sein Schiff ein. Es kommen zwölf Personen, die alle bewirtet werden. Vermutlich hat Dieter den Männern auch Gauloises aus seinen letzten Beständen angeboten. Die Kinder lärmen, die Frauen und Männer sind neugierig, wollen das Schiff kennen lernen. Die Männer versichern ihm, dass Sua so sicher sei wie ein Platz im Paradies. Seit Jahren sei hier nichts passiert. Es ist heiß, und als die Tropennacht kurz vor 18.00 Uhr hereinbricht, begibt sich die Gesellschaft langsam von Bord, denn um Schlag 18.00 Uhr ist es stockdunkel. Dieter räumt danach das Schiff auf, beseitigt die Krümel der Chips, wäscht die Gläser und Teller ab, verstaut die Flaschen und macht kurz vor 20.00 Uhr sein Abendessen. Um 20.30 Uhr liegt der Eigner in seiner Koje und findet schnell einen tiefen Schlaf.

Unglücklicherweise schläft er nicht lange. Er wacht auf, als eine Person neben ihm steht. Er springt auf, denkt noch, was wollen die mir verkaufen. Es ist stockdunkel. Er spürt mehr die Person neben sich, als dass er sie sehen kann. In Sekundenschnelle weiß er, dass Banditen an Bord sind. Es fliegen Worte in Spanisch, Englisch und Deutsch. Im Nu ist er in einen Kampf mit dem Mann neben ihm verwickelt. Dieter kennt sein Boot, kennt jedes Detail. Er kann den Mann gegen die solide Maststütze pressen, drückt dessen Arme um die Stahlstütze, eines seiner Knie drückt er dem Kerl in den Schritt und will gerade einen Arm um die Stütze biegen, ihn möglichst brechen, als er den zweiten Mann am Niedergang entdeckt. Jetzt versucht er, den mit ihm Kämpfenden dazwischen zu bringen, als eine Taschenlampe aufleuchtet und der Strahl genau ins Gesicht des Überfallenen trifft. Das Nächste, was er sieht, ist das kurze Aufblitzen eines Feuers. Noch heute weiß er genau, wie dieser kurze Blitz aussah: ein blau-roter Punkt und darum ein leuchtend blauer Ring.

Dieter Langer fühlt sofort einen enormen Schmerz in der Brust und weiß, er ist von einer Kugel getroffen. Für den Bruchteil einer Sekunde löst er den Griff um den Arm des ersten Angreifers. Aber sofort fängt er sich wieder, sein Überlebenswillen springt an. Und er sagt: »Das Tier in mir erwachte.«

Er stößt eine Art Kriegsschrei aus. Greift sofort nach einem Bein der Flüchtenden, bekommt einen nackten Fuß zu fassen, aber der Zangengriff versagt. Zu stark ist der Schmerz in Dieters Brust. Nur seine Beine sind so schnell wie immer. Im Nu ist er hinter den Piraten her, die Niedergangstreppe hoch, sieht in dem spärlichen Licht den Schützen an der Reling, dazwischen sieht er den anderen Eindringling. Der Erste will feuern, kann aber nicht, ohne seinen eigenen Komplizen zu treffen. Beide erkennen schnell die Aussichtslosigkeit und springen über die Reling in eine weiße Lancha, ein einheimisches offenes Holzboot mit laufendem Außenborder. Der dritte Mann am Außenborder lässt das Gas aufheulen, als der letzte Mann noch halb in der Luft ist, und die drei Desperados verschwinden in der Nacht: Killer, Piraten, wie auch immer man sie bezeichnen will.

Dieter Langer weiß, dass es das Wichtigste war, diese Männer von Bord vertrieben zu haben. Aber direkt nach diesem Gedanken schwindet seine Stärke. Er wird kurz ohnmächtig und fällt aufs Deck. Trotzdem fühlt er noch den Schmerz, will sich nicht bewegen. Er will schlafen. Will vorher noch seinen englischen Freund anrufen, aber er ist zu schwach. Er hört sich sagen: »Lass mich nur eine Minute schlafen, dann rufe ich Hilfe.«

Er fühlt das Blut aus der Brustwunde fließen. Irgendwann befiehlt er sich, seinen Freund anzurufen. Er kriecht zum Niedergang und greift von außen nach dem innen eingerasteten Mikrofon: »Timo! Timo! Hier spricht Dieter. Timo, ich brauche Hilfe!«

Eine verschlafene, schwache Stimme antwortet: »Dieter, was ist los?«

»Timo, ich bin verletzt. Piraten – an Bord – schossen. Timo – Hilfe.«

»Dieter, ich bin schon unterwegs.«

Tims starke Stimme tut ihm gut. Dieter schläft wieder ein, doch bald steht Tim neben ihm, weckt ihn.

»Wo bist du getroffen worden?«

Dieter dreht sich um und Tim sieht das blutdurchtränkte T-Shirt im Licht der Taschenlampe.

»Mein Gott, was für eine Scheiße«, ruft er aus. »Dieter, ich hole Hilfe, verstehst du? Nicht einschlafen, verstehst du? Ich hole Hilfe und komme sofort zurück. Kannst du mich verstehen?«

»Ja, ich verstehe«, flüsterte der Liegende.

Er fühlt die tiefe Besorgnis seines Freundes. Und plötzlich wird ihm klar, dass sein Ende kurz bevorsteht. Er dreht sich in eine bequemere Haltung. Und es kommen ihm Gedanken über das Sterben. Im selben Moment geht ein Lächeln über sein Gesicht. »Ich hatte ein gutes Leben. Es war abwechslungsreich und farbig. Ja, mein Leben war gut. Vielen Dank.«

Dieter fühlt, wie sein Herzschlag wieder normaler wird, auch das Atmen fällt ihm leichter. Er merkt, wie Stärke zurück in seinen Körper kommt. »Bleib ruhig, Junge, belaste deinen Körper nicht«, sagt er zu sich selbst. »Ganz ruhig, keine Aufregung, nur relaxen. Hat nicht dieser indische Guru gesagt, dass ich 82 Jahre alt werde? Ich werde schon überleben! Ich weiß es. Ich muss mir nur meine letzte Energie bewahren. Aber jetzt, jetzt will ich schlafen.«

»*Emergencia, emergencia!*« So kommen die Laute von einem Bongo, einem einheimischen Einbaum.

Der schwer Verletzte ist misstrauisch. Wer ist das? fragt er sich.

»*Emergencia, emergencia! Somos aqui para ayudarte*«, kommt es aus dem sich nähernden Bongo.

»Plötzlich sehe ich über mir drei dunkle Figuren. Ich verstehe nichts. Ich erkenne, wie sie meine Matratze aus dem Schiff holen und ins Bongo legen. Als Nächstes fühle ich vier Arme, die mich hochheben, und ein unvorstellbarer Schmerz durchstößt meine Brust. Ich bin soweit, dass ich mir sage: Lass nur alles über dich ergehen. Sie lassen mich sanft auf meine Matratze im Bongo gleiten. Der Einbaum hat nur die Breite meiner Schultern. Es bleibt kaum noch Platz für den Mann im Heck, der Paddler und Steuermann in einem ist.

»Nicht sterben! Hörst du mich? Nicht sterben!«, ruft er auf Spanisch in die dunkle Nacht. Und dabei paddelt er, so schnell er kann, die hundert Meter zum Dorfstrand.

Salzwasser spritzt an Bord, platscht auf die Wunde. Zuerst erfrischt es den halb Ohnmächtigen, dann kühlt es. Dieter fühlt, wie das Bongo knirschend den Sand durchschneidet. Hände ergreifen die Matratze. Es wird viel geschrien. Die Matratze mit dem blutenden Opfer wird am Strand abgesetzt.

Tim ist neben ihm, Dieter hört seine besorgte Stimme: »Bleib bei uns! Du darfst nicht einschlafen! Verstehst du mich?«

Dieter nickt; er kann seine Augen nicht mehr öffnen. Er will nur schlafen. Irgendjemand versucht eine Mund-zu-Mund-Beatmung und der Einhandsegler fühlt, wie sich seine Lunge mit Luft füllt. Ihm wird schlecht, sein Abendessen kommt hoch. Der Schmerz steigert sich. Und mit letzter Kraft schaut er zu Tim, um ihn zu bitten, mit dieser falschen Behandlung aufzuhören. Aber er kann nicht sprechen.

»Dieter, wir bringen dich nach Atacames ins Krankenhaus. Wir suchen nur nach einem Auto.« Tim hat sofort die Dinge ins Rollen gebracht.

Hunderte von Stimmen in der finsteren Tropennacht bedeuten, dass etwas passiert. Männer heben den halb Ohnmächtigen auf einen Pick-up-Truck. Dieter vernimmt immer wieder Tims Stimme, die ihn bittet, wach zu bleiben und nicht zu sterben. Aber der Erschöpfte fühlt seine letzte Stärke schwinden. Das Hupen, das Anfahren und wieder Stoppen, das Rattern, die harten Bewegungen des Wagens, der über eine Straße fährt mit Schlagloch an Schlagloch. Aber es geht zum Krankenhaus. Hier legt man ihn auf ein fahrbares Bett. Alle müssen warten. Der Arzt wird geholt. Nach einer halben Stunde ist er da, man bittet Dieter, sich hinzustellen; qualvoll sind die Schmerzen, während er mit einem Uralt-Röntgenapparat geröntgt wird. Das Resultat: Die Kugel hat das Brustbein durchschlagen und sitzt in der Wirbelsäule. Der Arzt versucht, mit einem Draht in der Wunde nach der Kugel zu suchen, aber Tim hält ihn davon ab. Der Arzt ist ärgerlich und sagt, dass er hier nichts mehr für den Patienten machen kann. Man solle ins Kreiskrankenhaus nach Esmeraldas fahren.

Es gibt hier keine Ambulanzwagen. Kein Wagen hält an, kein LKW nimmt in dieser Gegend nachts Tramper auf. Dieter Langers eine Hand liegt auf dem Straßenschotter. Er greift sich eine Hand voll Steine und denkt: Was für eine beschissene Gegend, um zu sterben.

Niemand hält an. Die Zeit läuft davon. Versuche keine Energie hier zu verschwenden, du wirst noch viel davon benötigen, um über dieses Warten hinwegzukommen, sagt er sich. Ein Fremder hält die ganze Nacht die Plastiktüte mit Flüssigkeit, die mit der Vene von Dieters rechtem Arm verbunden ist. Irgendwann hält ein LKW.

Gerade mal zwei Tage bleibt Dieter Langer im Kreiskrankenhaus von Esmeraldas. Die Ärzte haben die Kugel in seinem Körper genau lokalisiert. Sie misst 9 mm im

Dieter Langer (rechts) mit seinem Lebensretter Tim Crosby in Sua, Ecuador.

Durchmesser und 20 mm in der Länge und sieht erschreckend groß aus in der Röntgenaufnahme. Sie sitzt nicht im Rückgrat, sondern in der Nähe des Herzens. Zwischen Herz und Aorta. Einen Zentimeter nach links oder nach rechts und Dieter wäre tot. Einen Zentimeter tiefer und der Einhandsegler würde nicht mehr leben. Er hat unvorstellbares Glück gehabt.

Der Arzt entlässt ihn mit den Worten: »*You will be fine.*« Das muss langen für einen, der dem Tod von der Schippe gesprungen ist.

Langer kehrt nach Sua zurück. Jeder kennt ihn im Dorf. Er hat sich ein Zimmer in einem Hotel am Malecon Strand genommen. Gegenüber ist die Polizeistation , aber die Polizisten sprechen ihn nicht an, fragen ihn nicht aus. In Ecuador wird man nicht von der Polizei gefragt; man muss zu ihr gehen. Hier muss man alles selbst in die Hand nehmen. Selbst recherchieren, organisieren, bestechen. Aber Dieter Langer ist zu schwach. Von seinem Zimmer aus kann er aufs Meer schauen und sein Boot sehen. Von jetzt an ist es von einem Fischer bewacht. Dieter sieht in die Gesichter der neugierigen Männer und denkt sich oft: War es der?

Nur wenige wagen es, mit ihm direkt zu reden, von Angesicht zu Angesicht. Sie fragen ihn, wie es ihm geht. Einige beten für ihn. Andere wissen offensichtlich, wer die Täter sind. Es ist eine Stimmung wie in dem Film ›Lohn der Angst‹. Auch der spielte in Südamerika. Das Dorf ist klein und jeden Tag begegnen Dieter vielleicht seine Killer, aber er kennt sie nicht. Sein Dingi ist in der Nacht verschwunden. Man sagt ihm, dass zwei Stunden nach der Tat ein roter Pick-up-Truck mit dem roten Dingi das Dorf verlassen hat. Irgendwann erfährt er auch den Namen des Wagenbesitzers, Palo Sanchez. Das ist der Bürgermeister.

Nur der Hafenkapitän zeigt sein Mitgefühl. Er verspricht, einmal in der Woche werde ein Patrouillenboot kommen. Und tatsächlich zeigt sich die Guarda Costas in der Bucht von Sua. Ein gutes Gefühl für die beiden Einhandsegler Dieter und Tim.

Eine bittere Enttäuschung ist die unterlassene Hilfe der Deutschen Botschaft. Der lapidare Kommentar eines Mitarbeiters der Botschaft lautet: »Sicherlich hat Herr Langer Verwandte in Deutschland, die ihm Geld schicken können.«

Dieter Langer wollte kein Geld, er wollte die Botschaft lediglich informieren. Ganz anders die amerikanische und die britische Botschaft, die beide an einem Report interessiert waren.

Am 2.10. flog Dieter Langer nach Deutschland, um sich die Kugel aus der Brust operieren zu lassen. Abends besuchte er mich. Er hatte viel zu erzählen und wir redeten und tranken bis in die Morgenstunden. Zwei Tage später wurde er in der Herzklinik in Duisburg operiert und die Kugel entfernt. Befund: Seine starke Brustmuskulatur und das Brustbein hatten die Kugel gebremst. Sie lag an der Rippenpfanne am Brustbein und hatte eine Seitenbewegung gemacht. Am 8.10. saß Dieter Langer wieder im Flugzeug nach Los Angeles. Er wollte sich noch ein Dingi kaufen und gleich nach Quito, Ecuador, weiterfliegen. Dort wartete sein Freund Tim.

Die beiden Einhandsegler wollen weiter …

\- - -

K. HYMPENDAHL: *Hattest du Waffen an Bord?*

D. LANGER: Da ich Waffen generell ablehne, konnte ich auch keine einsetzen.

Was hast du rückblickend falsch gemacht?

Ich habe alles richtig gemacht.

Was würdest du in Zukunft anders machen?

Ich würde jetzt eine Alarmanlage einbauen, die mit der Salingsbeleuchtung [Decksleuchten, der Autor] verbunden ist, die zusätzlich ein starkes akustisches Signal auslöst. Ich bin sicher, dass die Piraten sofort das Boot verlassen hätten, wenn sie durch Lichter und ein starkes Signal erschreckt und überrascht worden wären. Ich überlege auch, eine Tonbandkassette an diese Alarmanlage anzuschließen, auf der sofort lautes Hundegebell zu hören ist.

Wie war die Unterstützung durch die Behörden?
Die amerikanische Botschaft und andere US-Regierungsstellen warnen vor Ecuador, aber das tun sie in vielen Ländern. Nein, es gab keinen Grund, die Gewässer Ecuadors nicht zu bereisen.

Wie stehst du heute zu den Piraten?
Inzwischen bin ich so weit, dass das Attentat hinter mir liegt. Es ist Geschichte. Ich habe keinen Groll mehr gegen die Angreifer und weiß, dass in Ecuador eine ganz andere Werteordnung besteht – ein Leben zählt hier nichts, jedenfalls nicht viel. Wenn ich in Sua in einer Kneipe sitze und erfahre, dass der Mann, dem ich gerade ein Bier ausgegeben habe, der Mann ist, der auf mich geschossen hat, dann spendiere ich ihm noch eins. Aber nur unter der Bedingung, dass er mir erzählt, was er gefühlt hat, als er auf mich geschossen hat.

Ozeanien

Der Pazifik bedeckt etwa ein Drittel der Erdoberfläche. Seine Oberfläche ist größer als die des Mondes und diese Fläche ist piratenfrei. So jedenfalls hieß es bis vor kurzem. Neuerdings wird von Überfällen vor den Salomon-Inseln und Vanuatu berichtet. Vermutlich liegen die Gründe wie auch in anderen gefährlichen Gebieten in politischen Unruhen. Auf den Salomon-Inseln fand im Jahr 2000 eine politische Revolution statt. In der Nachfolge wurden vereinzelt Yachten am Ankerplatz der Hauptstadt Honiara überfallen. Auch in Fidschi gab es 1980 und im Jahr 2000 politische Unruhen, die aber die Seglerwelt kaum tangiert haben. Anders in Papua-Neuguinea (PNG) – während der Unruhen, besonders auf Bougainville Island im Jahr 1990. Es kam zu einzelnen Übergriffen auf Yachten. Besonders größere Städte wie Port Moresby wurden zeitweise als »nicht sicher« bezeichnet. In Vanuatu gibt es einen Schwerpunkt von Überfällen fast ausschließlich am Ankerplatz der Insel Espiritu Santo.

Südostasien

Die Gewässer der Inselstaaten Indonesien und Philippinen gehören genauso wie das Chinesische Meer zu Regionen, in denen Piraterie seit hunderten, wenn nicht tausenden von Jahren Tradition ist.

Es gibt Segler, die segeln jahrelang in philippinischen Gewässern und haben nicht einen Piraten gesehen, und es gibt Yachten, die segeln einmal durch dieses Revier und werden gleich überfallen. Zur Zeit sollte die Sulu-See für Segler tabu sein. Hier kämpfen moslemische Tausang um ihre Rechte und Rebellen der Abu Sayaf für eine moslemische Unabhängigkeit.

Vier Segler berichteten 2001 von meist indonesischen Fischern im Seegebiet zwischen Australien und Cocos Keeling, die Yachten belästigten. Dieses geschah durch Kollisionskurse, nächtliche Verfolgungen oder versuchtes Längsseitsgehen. Besonders aus dem Gebiet der Karimata Straße in Indonesien kamen in letzter Zeit Meldungen von Überfällen. Deren nördliche Verlängerung ist die berühmte Malakka Straße, das Eldorado der organisierten Piratenbanden, die es aber fast ausschließlich auf die Berufsschifffahrt abgesehen haben.

Die Taktik der Piraten in den südostasiatischen Gewässern unterscheidet sich sehr von denen in mittelamerikanischen Gewässern. Sind es dort meist kleine Boote mit zwei, drei Männern, die leicht bewaffnet sind, sind die Banden hier organisiert und gut bewaffnet. Es ist vorgekommen, dass zwei Boote nachts von vorne kamen und gleichzeitig eines von achtern, das den Überfall durchführte. Die zwei vorderen Boote blendeten und irritierten den Skipper, lenkten seine Aufmerksamkeit ab, ließen ihn überlegen, ob es Fischer seien, während das achtern aufkommende Boot auffuhr und die Yacht enterte. Eine Taktik, die besonders bei der Berufsschifffahrt angewendet wird. Überhaupt greifen im asiatischen Raum meist mehrere Boote an.

Besonders nachts ist deshalb immer scharfer Ausblick zu halten. Hier bewähren sich Nachtsichtgeräte sehr gut.

Nächtliche Ankerwachen in Südostasien

Lieber Klaus,

die Zeiten haben sich geändert. Heute muss man nicht nur auf See, sondern auch am Ankerplatz Wache gehen. Jedenfalls in den Gebieten dieser Welt, in denen man von Piratentätigkeiten gehört hat. Das sind Gott sei Dank nicht viele Regionen.

Aber in Südostasien sind wir auch nachts Ankerwache gegangen. Auf See passieren ja wenige Piratenüberfälle; die meisten geschehen vor Anker. Oft sind es ›Freizeitpiraten‹ (nicht alle haben ihren Fischerjob aufgegeben). Niemand hat jemals versucht, bei uns an Bord zu kommen. Einer der Gründe dafür war unsere 24-Stunden-Wache. Die hielten wir besonders vor Anker in entlegenen Gegenden ein.

Jedes Boot, das sich uns näherte, wurde mit einem sehr starken Scheinwerfer empfangen. Wir richteten den gebündelten Strahl direkt auf die Gesichter der Männer. Dadurch wussten sie nicht, wie groß unser Boot war, ob wir Waffen trugen und wie viele Männer hinter dem Scheinwerfer standen. Die ›Freizeitpiraten‹ drehten immer schnell ab und wir wurden nicht belästigt. Es hätten auch Fischer sein können, aber mal ehrlich, welcher Fischer nähert sich im Dunkeln einer einsam ankernden Yacht? Eine kleine Yacht kann man schnell entern. Deshalb halte ich eine Ankerwache – oder soll ich sagen Sicherheitswache – für genauso wichtig wie eine Wache auf hoher See.

Cheers,
James C. Wiener
SY AUSTRIA

Kein Hurrikan und keine Piraten konnten sie fangen

Yachtname:	NISOS
Yachttyp:	*Moody 42*
Eigner:	*Gernot Berner und Bobby Ernst*
Heimathafen:	*Frankfurt/Main, Deutschland*
Überfallgebiete/Koordinaten:	*Südchinesisches Meer, 10.11.1999* *1°53′ S, 108°11′ E* *Bengalische See, 7.2.2000* *6°25′ N, 82°10′*

Bobby Ernst und Gernot Berner starteten 1993 zu ihrer Weltumseglung. Ausgangspunkt war die Insel Paxos im Ionischen Meer in Griechenland. Sie folgten von Europa aus einer ganz normalen Route. Vielleicht war es unüblich, Cartagena in Kolumbien anzusteuern und danach Salinas in Ecuador. Vielleicht nahmen sich die beiden auch mehr Zeit als andere Segler. Sieben Wochen verbrachten sie auf den Galapagos-Inseln, wo anderen Seglern nur ein mehrtägiger Aufenthalt gewährt wird. Auf den Marquesas war ihr verlängerter Aufenthalt unfreiwillig, denn durch den Verzehr eines selbst gefangenen Rotbarsches vergifteten sie sich und litten vorübergehend an der Nervenkrankheit Ciguatera. Während der ersten Tage waren sie fast handlungsunfähig. Befreundete Segler halfen ihnen. Fast fünf Wochen hatten sie unter den Folgen zu leiden.

Dadurch blieben sie in Französisch-Polynesien länger als vorgesehen und es wurde für die Crew der NISOS schließlich höchste Zeit, das Gebiet zu verlassen, denn ihre Aufenthaltsgenehmigung erlosch am 31.10.1997.

Es war ein El-Niño-Jahr, also ein Jahr mit zeitweiligem Aussetzen der Passatwinde im Pazifik und einer erhöhten

Hurrikangefahr. Die normale Hurrikansaison dauert von November bis April.

Am 31. Oktober gingen sie in der Lagune der kleinen Insel Maupiti ankerauf. Maupiti liegt 30 sm westlich von Bora Bora. Sie wollten noch die letzte Insel dieses Archipels anlaufen: Mopelia. Für Deutsche ist diese Insel von besonderem Interesse, denn hier hat Graf Luckner im Ersten Weltkrieg seine SEEADLER verloren. Reste des Wracks kann man noch erkennen.

Nachdem in diesem verrückten El-Niño-Jahr im Pazifik zwischen den Tuamotus und Bora Bora Windstille herrschte – er war wellenlos wie ein Baggersee –, frischte es vor der Insel Mopelia auf, es regnete und die Sicht war nicht gut. Um 08.15 Uhr Ortszeit nahm Gernot wie jeden Morgen das Wetterfax aus dem Drucker und erkannte eine Sturmwarnung für Hurrikan Martin. Die NISOS wollte nach Rarotonga, Cook-Inseln, segeln und der Hurrikan konnte sie unterwegs treffen. So beschlossen sie, in die kleine Passage von Mopelia einzulaufen und in der Lagune abzuwarten, um eventuell dort Schutz zu suchen.

Die Meldungen des nächsten Tages sahen nicht gut aus. Die NISOS wurde mit zwei Ankern so gesichert wie noch nie zuvor. Ein Notanker lag bereit. An Deck wurde alles festgelascht, das Dingi auf dem Vordeck festgebunden, das Sonnensegel abgenommen. Am 3. November tobte Hurrikan Martin über Mopelia – und über die einzige Yacht in der Lagune. Die Anker hielten dem Toben nicht stand. Der Skipper warf den Notanker, doch im Nu riss die Trosse wie ein Bindfaden. Mit Motorkraft bei null Sicht versuchte Gernot Berner, gegen den Sturm seine Position zu halten, aber der Motor fiel aus. Die Yacht trieb wie ein Spielball quer durch die Lagune in Richtung Außenriff. Also stiegen beide in ihre Neoprenanzüge und legten ihre Rettungswesten an. Gernot aktivierte den Notsender auf 406 MHz. Sie beschlossen, die Yacht nur bei Untergang zu verlassen. Gernot kletterte in das gut geschützte Mittelcockpit, wollte sehen, wohin die nächtliche Drift ging.

Zwischen den Blitzen erkannte er Palmenkronen, die auf sie zukamen. Der Wind musste um 90° gedreht haben.

»Die Palmen vor uns knickten um, kaum dass wir sie berührt hatten. Ein kurzer Stopp, noch eine Welle, kräftige Palmen fingen NISOS auf und nachdem das Wasser schließlich abgelaufen war, standen wir unter 70° angelehnt auf dem Kiel«, so der Originalton des Skippers. »Ich kletterte zurück in den Salon, schaute aufs Barometer. Der Zeiger zitterte auf der Marke 956 rauf und runter. Dann machte ich meine letzte Logbucheintragung: 03.20 Uhr, NISOS unter Palmen.

Gernot und Bobby, die durch viele Abenteuer auf See gegangen sind.

Am nächsten Tag war der Spuk vorbei. 250 m lang war der Weg, den die Yacht über Land zurückgelegt hatte. Die Welle, die sie getragen hatte, war 4 bis 5 m hoch gewesen. Der gesamte Wasserspiegel in der Lagune hatte sich während des Hurrikans um 5 m gehoben. Die Motus [kleine Inseln auf dem Riff, der Autor] waren vollständig unter Wasser.«

Knapp zwei Monate später wurde die NISOS auf einen Holzschlitten gesetzt und von einem Schlepper in die Lagune zurückgezogen. Im Schlepp ging es nach Raitaea, wo sie repariert wurde.

Bis jetzt war ihr Hauptgegner die Natur, Hurrikan Martin, gewesen. Jetzt mussten sie sich auf einen neuen Gegner einrichten: Piraten. Die Besorgnis vor Piratenüberfällen wächst bei Seglern, die aus dem friedlichen Zentralpazifik nach Westen segeln. Schon im Westen des Pazifiks gibt es vereinzelte Überfälle – meist Diebstähle, so vor Honiara, der Hauptstadt der Salomon-Inseln, im Norden Vanuatus oder in Port Moresby, Papua-Neuguinea. In den

Philippinen und Indonesien gibt es traditionell Piraten – und das schon seit hunderten von Jahren.

»Am 9. November 2000 ließen wir die Javasee hinter uns. Um die Mittagszeit motorten wir über die spiegelglatte See der Karimata Straße zwischen Borneo und der Insel Belitung, die einige Seemeilen westlich liegt. Dann waren wir im Südchinesischen Meer und nahmen direkt Kurs auf Batam, die indonesische Insel in der Straße von Singapur. Hier wollten wir ausklarieren.

In den frühen Morgenstunden des 10. November, um 04.30 Uhr, holte mich Bobby aus der Koje.

›Gernot, komm schnell! Da kommt ein Schiff auf uns zu!‹

In der dunklen Neumondnacht sehe ich schemenhaft an Steuerbord ein Boot auf uns zufahren. Keine Positionslichter, nur ein schwacher Lichtschein ist aus den Fenstern des Kajütaufbaus zu sehen. Wir laufen etwa fünf Knoten mit gedrosselter Maschine und halten Kurs.

Warum fährt der nicht an unserem Heck vorbei? Wir sind gut sichtbar. Muss der auf unseren Bug zuhalten?, fragen wir uns.

Bobby sagt, sie habe das Boot schon seit einiger Zeit auf dem Radar ausmachen können. Es habe zuletzt eine Seemeile an Steuerbord voraus gelegen, bevor es sich plötzlich in Bewegung setzte.

Ich überlege, ob ich den Kurs ändern soll, da wir normalerweise ausweichpflichtig sind. Aber in diesem Moment ist es auch schon zu spät, um hinter sein Heck zu gehen. Ich mache eine Wende über Backbord und gehe mit Vollgas auf den alten Kurs zurück. Das Boot kommt von Backbord auf uns zu. Schlagartig ist die Lage klar: Die wollen uns entern! Im starken Scheinwerferlicht sehen wir das 10 bis 12 m lange Holzschiff mit flachen Aufbauten und einer Cockpitüberdachung, in dem einige geduckte Gestalten sichtbar werden. Sie kommen wieder auf 50 m heran, sind aber nicht wesentlich schneller als wir.

Die Nisos *ankert vor den Islas Mangles, San Blas-Inseln, Panama.*

Ich schieße eine rote Signalrakete ab und betätige das Schiffshorn. Das Boot vergrößert den Abstand, fährt aber weiter parallel zu uns. Voraus sehe ich ein rotes Blinklicht.

›Da ist noch einer!‹, meint Bobby.

›Das könnte auch eine Fischerboje sein, wie wir sie in der Java-See gesehen haben‹, erwidere ich.

Sie schaut auf dem Radar nach und erkennt ein Schiff, das sich von Backbord auf uns zu bewegt. Als das Licht kurz vor unserem Bug ist, schieße ich wieder Rot und gebe einen Schuss aus der Pistole ab. Mit dem Scheinwerfer leuchte ich zum Bug und sehe eine Motoryacht in nur geringem Abstand und schneller Fahrt unsere Kurslinie kreuzen. Auf dem Vordeck sehe ich deutlich eine Person mit eingeschalteter Taschenlampe.

Bobby hat inzwischen einen dunklen Trainingsanzug angezogen, die blonden Locken unter einer Strickmütze versteckt, Geld und Wertsachen unter die Bodenbretter gesteckt und dann wieder am Radarschirm Ausschau gehalten. Sie teilt mir den Abstand der Motoryacht mit, die uns bis zum Morgengrauen mit einer Seemeile Abstand folgt. Das erste bedrohliche Boot ist verschwunden.

Inzwischen ist eine Stunde vergangen; die Dämmerung setzt ein. Backbord sehen wir drei große Boote nebeneinander, die sich langsam auf unsere Kurslinie zu bewegen. Ich kann mir nicht vorstellen, dass an der Treibjagd so viele Schiffe beteiligt sein sollen. Und so ist es denn auch. Als wir näher kommen und es heller wird, erkennen wir die Krabbenfischer, die gerade ihre Arbeit aufnehmen. Einer winkt uns zu und gibt Lichtsignale mit der Taschenlampe. Das Motorboot ist weiter zurückgefallen. Der Spuk ist vorbei, die Jagd ist aus.«

Ähnlich wie Bobby und Gernot hat auch die fünfköpfige kanadische Familie Stuemer über Verfolgung in indonesischen Gewässern berichtet. Die NISOS und die NORTHERN MAGIC der Stuemers waren im selben Zeitraum in denselben Gewässern. Beide Crews fühlten sich verfolgt, beide wurden nicht überfallen und hatten Glück. Genauso wie auch Peter Högel, der deutsche Einhandsegler auf der PANDAREA, der zu dieser Zeit von einer ganz ähnlichen Verfolgung berichtet, die glimpflich ausging.

Die Fahrt der NISOS führt weiter durch den Golf von Bengalen nach Sri Lanka, wo es zu einem weiteren Vorfall kam.

»Hinter den Nikobaren und den Andamanen erwischten wir den NE-Monsun, der uns in einigen Tagen flott über den Golf von Bengalen beförderte. Der Wind wurde schwächer, je näher wir dem indischen Subkontinent kamen. 200 sm vor unserem Landfall in Galle auf Sri Lanka war der Wind weg. Wieder motorten wir über eine zunehmend unbewegte See durch die Nacht. Anders als in den indonesischen Gewässern, denen Malaysias oder Thailands ist hier kein Schiffsverkehr.

Der 7. Februar ist ein schöner, sonniger Tag. Wir tuckern wieder mit 5 kn unserem Ziel entgegen. Auf Kanal 16 höre ich eine Stimme, die ein Segelboot auf seiner Bugseite anspricht. Ich stehe gerade neben dem UKW-Gerät am inneren Steuerstand. Es ist 11.30 Uhr Bordzeit. Draußen sehe ich mich nach einem Schiff um, kann keines erkennen, gehe wieder runter. Wird nicht uns gegolten haben, denke ich. Nach einiger Zeit höre ich die Stimme erneut. Gehe wieder raus und sehe hinter uns am Horizont ein Schiff auftauchen. Nun versuche ich auf der Funke festzustellen, ob der Ruf uns galt. Keine Antwort.

Von jetzt an behalte ich das näher kommende Boot im Auge und stelle im Radar die Entfernung fest. Um 13.00 Uhr hat es sich bis auf 3 sm genähert. Zwei weitere Anrufe über Kanal 16 bleiben unbeantwortet.

Wir werden langsam unruhig.

Es ist noch nicht auszumachen, um welche Art von Schiff es sich handelt. Aber es schleppt eine schwarze Rauchwolke nach. Der könnte auch mal wieder sein Rohr putzen, denke ich. Zehn Minuten später fordere ich den Kapitän auf, sich mit mir in Verbindung zu setzen. Das tut er nun auch. Ich nenne ihm unsere Daten, woher und wohin, und er nennt mir seinen Schiffsnamen. DARINGI – eventuell ein indisches Schimpfwort? Heimathafen Madras, 18 Mann an Bord, sie würden mit Leinen fischen. Wie viele Leute bei uns an Bord seien, fragt er.

Bobby zeigt mir ihre fünf Finger, ich sage vier. Es folgt ein bisschen Smalltalk; er spricht gutes Englisch mit dem typisch indischen Akzent. Inzwischen ist er näher gekommen, wir sehen das Schiff fast nur von vorne. Bald stelle ich fest, dass er kaum 18 Mann an Bord haben kann, dazu ist das Boot zu klein.

Bei uns läuten die Alarmglocken!

Ich gebe Gas und unmittelbar danach erhöht auch er seine Geschwindigkeit. Der Abstand beträgt nur noch eine Viertelseemeile. Ich ändere den Kurs von 255° auf 215°. Das Boot folgt unserer Kursänderung.

›Dieses Mal sind wir dran!‹, sagt Bobby mehrmals, greift sich ihre Videokamera und versucht, von dem Angreifer in unserem Kielwasser noch ein paar Aufnahmen zu machen, bevor sie die Kamera versteckt.

Ich lege meine Pistole und meine Signalpistole bereit. Der Feuerlöscher ist griffbereit. Dann schalte ich das Galaxy Inmarsat Gerät ein und wähle im Distress Menue ›Piracy Attack‹ – alle anderen Daten wie Position, Kurs und Geschwindigkeit hält es automatisch fest. Ich schaue aus dem Niedergang und sehe das Schiff und einen Mann am Bug ganz nahe an unserem Heck. Ich drücke die beiden Notruftasten. Dann ändere ich den Kurs an unserem Autopiloten nochmals um 10°. Jetzt kann ich auf dem indischen Schiff vier Mann im Cockpit erkennen und einen Mann, der sich am hochgezogenen Bugbalken festhält und eine aufgeschossene Leine in der Hand hat. Er gibt dem Steuermann Anweisungen. Mit ihrem Bug ist das indische Schiff bereits auf Höhe unseres Besanmastes. Offensichtlich will der Mann auf unsere Cockpitüberdachung springen und die Leine am Besanmast festmachen. Dann hätten die Inder uns am Haken.

Jedes Mal, wenn der Kerl zum Sprung ansetzt, ändere ich den Kurs um weitere 10° nach Backbord. Bei der nächsten Annäherung schieße ich dem Mann am Bug eine rote Signalrakete über den Kopf. Der laute Knall der Explosion hat eine Bombenwirkung. Die Kerle drehen sofort ab! Ich mache schnell noch drei Fotos und wir fahren weiter nach Südwesten, weg von unserem Ziel. Dorthin fahren die Piraten.«

- - -

K. HYMPENDAHL: *Hatten Sie Waffen an Bord?*

G. BERNER / B. ERNST: Nur eine Pistole und die Signalpistole. Zu dem zuletzt geschilderten Fall könnte man der Meinung sein, das war ja alles gar nicht so schlimm. Die Piraten hatten keine Schusswaffen oder haben sie nicht eingesetzt. Wären sie aber erst einmal an Bord gewesen, bestimmt mit Messern, Macheten oder Knüppeln bewaffnet, hätten sie ihre Arbeit gemacht. Um das zu verhindern, hätte ich weitere Mittel eingesetzt. Ich habe keine Ahnung, welche Verletzungen entstehen, wenn jemand aus kurzer Entfernung von Signalmunition getroffen wird. Glücklicherweise weiß ich es bis heute nicht. Unblutig wäre der Überfall jedenfalls nicht verlaufen.

Was haben Sie richtig gemacht?

Wir haben die Bedrohung rechtzeitig erkannt, Gegenmaßnahmen getroffen und die Taktik besprochen. Wir sind in Deckung geblieben, haben den Angreifern kein Ziel geboten. Im Moment der unmittelbar bevorstehenden Gefahr haben wir Schusswaffen eingesetzt und somit deutlich gemacht, dass mit erheblichem Widerstand zu rechnen ist und Lebensgefahr für die Piraten besteht.

Was würden Sie anderen Seglern empfehlen?
Empfehlungen kann man keine geben. Jede Crew und jeder Fall sind ganz verschieden. Wenn man Angst hat oder zur Selbstverteidigung nicht fähig oder nicht bereit ist, sollte man die riskanten Seegebiete meiden.

Wie war die Unterstützung durch die Behörden?
Radio Colombo antwortete nicht auf unseren Notruf über SSB-Radio. Beim Chef der Hafenpolizei von Galle machte ich Meldung. Auch 24 Stunden nach der Meldung hatten sie nichts unternommen. Ich übergab Abzüge der Fotos des Piratenbootes an die Marine, die auch ein Patrouillenboot zum Little Basset Reef schickte, das 30 sm von der Überfallstelle entfernt liegt.

Die etwas andere Piratengeschichte

Geschichten von Piraten müssen nicht immer dramatisch enden. Manch eine hat auch einen Robin-Hood-Effekt. Wir trafen unterwegs den Australier Paul. Er hatte sich eine kleine Yacht auf den Philippinen gebaut. Sein Boot hatte er mit Tropenhölzern vollgepackt, die er in seiner Heimat verkaufen wollte. In der Sulu-See kamen Piraten an Bord. Er winkte ihnen zu, doch unter Deck zu kommen.

Sie fragten nach einem Radio.

›Habe ich nicht.‹

Sie wollten ein GPS-Gerät.

›Habe ich keines.‹

Ob er einen Kompass hätte.

›Ich habe keinen Kompass.‹

Dann fragten sie nach Geld.

›Das ist alles, was ich habe.‹ Paul holte aus seiner Hosentasche ein paar Münzen heraus.

›Warte!‹ Die Piraten begaben sich zurück auf ihr Schiff und kamen mit einem Kompass, einem GPS-Gerät, einer Taschenlampe und einigen Lebensmitteln zurück. Sie gaben ihm die Dinge und ermahnten ihn: ›Sei vorsichtig!‹

Paul zuckte die Schultern und segelte weiter.«

(*Erzählt von Shirley Billing, Autorin des Buches ›Red Sea Peril‹, The Cruising Association. London, 1998.*)

Wie man mit Angelleinen Piraten fängt

Yachtname:	NORTHERN MAGIC
Yachttyp:	*42' Stahl Ketch,*
	Bj. 1960 in Holland
Eigner:	*Herbert und Diane Stuemer*
Heimathafen:	*Ottawa, Kanada*
Segelgebiete:	*Indonesien, Küste Somalias,*
	Rotes Meer
Zeitpunkt der Ereignisse:	*1999/2000*

Der Berliner Herbert Stuemer wuchs auf einem Binnenschiff auf, das auf europäischen Flüssen verkehrte. Mit 21 Jahren wanderte er nach Kanada aus. Er heiratete Diane, sie bekamen drei Söhne und gründeten in Ottawa eine Werbeagentur. Ein Jahr vor ihrer Abreise kauften sie sich eine 22' Jolle, benutzten sie nur sechsmal. Aber bereits nach dem ersten Segeltag stand ihr Plan fest: eine Yacht kaufen, die Werbeagentur verkaufen und die Kinder auf eine Weltumseglung mitnehmen. Das Schicksal hatte ihren Lebensweg zu dieser Zeit durch Krankheiten bereits zweimal hart gestreift. Sie nahmen es als Zeichen für einen Neubeginn.

Die Stuemers erstanden eine knapp 40 Jahre alte holländische Stahlyacht und rüsteten sie aus. Zu den teuersten Geräten zählten ein Inmarsat für weltweite Satelliten-Kommunikation und ein Kurzwellensender mit einem Modem für E-Mails. Am Tag ihrer Abreise, dem 11. September 1997, konnten sie noch nicht segeln. Mit an Bord waren neben Herbert Stuemer, heute 47 Jahre alt, Diane, 42 Jahre, die Söhne Michael, 15, Jonathan, 13, und Christopher 9. Auf den Inlandkanälen nach New York lernten sie ihr neues Schiff kennen. Über die Ostküste ging es nach Kuba und zum Panama-Kanal. Auf dieser langen Fahrt fanden sie endlich die Zeit, die Segelmanöver gründlich zu erlernen. Sie zeigten den Kindern das endemische Tierleben auf den Galapagos-Inseln. Im Mai 1998 segelten sie über die Marquesas durch den Pazifik nach Australien. Westlich von Neukaledonien kamen sie gleich in zwei schwere Stürme, in denen vier Boote verloren gingen und vier Menschen starben.

Auf der indonesischen Insel Komodo staunten die Stuemers über die letzten Warane dieser Art, von denen die Einheimischen erzählen, dass sie die Vorbilder der Chinesischen Drachen sind.

Die Reise war vollgepackt mit außergewöhnlichen Begegnungen und Ereignissen: In der Bengalischen See mussten sie notgedrungen die Nicobar-Inseln anlaufen. Das ist ohne Sondergenehmigung verboten und die ganze Familie wurde drei Tage unter Arrest gestellt, ihre Pässe wurden konfisziert. In Sri Lanka musste Diane operiert werden. Auf der Yacht schlug der Blitz ein. Sie blieben mehrere Monate in Tansania und Kenia und kauften sich vorübergehend eine Milchkuh. Als sie im September 1999 im Hafen von Aden ankerten, explodierte an ihrem Ankerplatz die Bombe eines Selbstmordkommandos, die das Kriegsschiff USS COLE schwer beschädigte, es gab auf amerikanischer Seite 17 Tote. Im Sudan litt die Familie unter Ruhr. Diane über ihre Reise: »Wir dachten, dass wir die Welt kennen lernen würden, aber es wurde eine Reise zu den Menschen.«

Sie hat ein wunderbares Buch über ihre Reise geschrieben. Der Titel lautet ›The Voyage of *Northern Magic*‹[1]. Ich möchte zwei Auszüge zum Thema Piraten daraus vorstellen. Selten sind die Vorsorge und die begleitende Angst bis hin zur Selbstironie so treffend in der Segelliteratur beschrieben worden. Die Texte habe ich ein wenig gekürzt.

1 Stuemer, Diane: The Voyage of NORTHERN MAGIC, Verlag McClelland and Stewart, Kanada. (Man kann es über ihre Website www.northernmagic.com bestellen.)

»Am nächsten Tag machten wir uns auf den 2-Tage-Törn zu der Insel Bawean, die zwischen den indonesischen Inseln Lombok und Borneo (Kalimantan) liegt. Den Touristenpfad zu verlassen erzeugte in uns ein Gefühl der Unsicherheit. Zu dieser Zeit war Südostasien die heißeste Gegend von Piraterie. Unsere Besorgnis wurde durch Warnungen verstärkt sowie durch fast tägliche Beschreibungen weiterer Piratenattacken, die wir über das Inmarsat Satelliten-System empfingen. An der Nordküste von Java und der Ostküste Borneos soll es geradezu eine Piratenplage sein. Vor dem Hintergrund dieser Informationen segelten wir zwischen genau diesen Inseln durch.

Tagsüber fühlten wir uns sicher, aber in der Nacht stiegen unsere Befürchtungen doch stark an. Jedes Licht, hinter dem wir sonst ein Leuchtfeuer oder Zeichen von menschlichem Leben sahen, wurde zu dem von Mördern oder Vergewaltigern. Aber nur vier Tage, nachdem wir den Ankerplatz von Bawean verlassen hatten, wurde an demselben Ankerplatz ein Boot von Piraten attackiert.

Vor der Nordküste Javas gab es in dieser Nacht viele Fischerboote, die wir besorgt umschifften. Ständig hatten wir Sicht von zwei bis drei Lichtern. Um 03.00 Uhr weckte mich Herbert.

›Eines dieser Lichter verfolgt uns. Schon eine Stunde ist es hinter uns.‹

Herbert hatte das Licht zuerst vor unserem Bug gesehen, dann umkreiste es unser Boot und jetzt folgte es uns im Heckwasser. Es war ein paar Kabellängen hinter uns. Nahe genug, dass wir den hämmernden Dieselmotor hören konnten. Wir segelten unter Spinnaker gemächlich mit zirka vier Knoten dahin. Unser Verfolger – wenn es denn wirklich unser Verfolger war – war bestimmt schneller, wenn es darauf ankam.

Es konnte natürlich auch nur ein neugieriger Fischer sein. Aber weshalb folgte er uns? Was tun, wenn er neben uns kommt? Sollen wir ein Rennen mit ihm aufnehmen?

Die Signalpistole holen? Sollen wir ihn mit einem starken Scheinwerfer blenden, unser Pfefferspray benutzen? Gar das Holzboot mit unserem Stahlrumpf rammen? Oder gar nichts unternehmen?

Wir hatten das UKW-Radio eingeschaltet. Obwohl keiner sprach, kommunizierten Menschen miteinander – mehrfach wurde hin und her gepfiffen, vielleicht war es ein geheimer Code? Schon früher hatten wir dieses Pfeifen gehört, aber die Wahrnehmung zwischen Realität und Einbildung ist um 03.00 Uhr nachts verschwommen. Besonders wenn man in der dunklen Javasee allein ist und von einem Licht verfolgt wird, nicht wissend, was der andere vorhat.

Die NORTHERN MAGIC, *eine starke 40 Jahre alte Stahlyacht, auf dem Weg um die Welt. (Foto: Wayne Cuddington, Ottawa Citizen)*

Herbert behielt den Verfolger im Auge und ich ging an den Navigationstisch, startete unser E-Mail-System. Was ich tat, fand ich im Nachhinein lächerlich. Und während ich das Folgende schrieb, kam mir die Situation irgendwie irreal, ja lachhaft vor: ›Um 03.06 Uhr befinden wir uns auf der Position 6°23′S, 113°38′E. Wir werden von einem anderen Fahrzeug verfolgt, möglicherweise von Piraten. Wenn keine Kommunikation in der nächsten Stunde erfolgt, sind wir in Schwierigkeiten.‹

Ich habe diese Mitteilung nicht abgeschickt, ließ sie in der Nacht grünlich vom Bildschirm scheinen, bereit, sie durch einen einzigen Knopfdruck abzusenden. Wir waren zwar hunderte von Seemeilen von der nächsten Segelyacht entfernt, aber was hielt mich davon ab, mir einzubilden, dass wir einen Segelkameraden in der Nähe hätten? Manchmal, wenn das andere Boot weit entfernt ist, und sich zwei auf der Funke unterhalten, kann man nur den einen hören. Das brachte mich auf die Idee, heiser in das Mikrofon zu sprechen: ›FUTUNA, FUTUNA, hier spricht NORTHERN MAGIC. Situation 68. Situation 68 … Roger.‹ (Ich weiß, dass das ziemlich abgedroschen klingt, aber zu der Zeit konnte mein schwaches, vom Schlafentzug gemartertes Gehirn sich nichts Besseres ausdenken. Schon als ich das aussprach, amüsierte sich meine andere Hälfte über diese lächerliche und ziemlich durchsichtige Charade.)

Letztlich meinte Herbert, dass es an der Zeit sei, den Motor anzustellen, die Batterien zu laden, den Kühlschrank anzustellen und ein bisschen schneller zu fahren. Das Boot hinter uns verfolgte uns noch eine lange Zeit, ohne beängstigende Kursabweichungen zu machen. Nur hörte ich ab und zu ein Pfeifen aus dem UKW-Lautsprecher.

Irgendwann ließen wir das Boot hinter uns. Unsere Notmitteilung wurde niemals gesendet. Im Morgenlicht betrachteten wir die Episode als ziemlich albern und waren über uns selbst leicht verlegen.«

Ein Jahr später segelten die fünf Stuemers von Kenia zur vorgelagerten Insel Lamu. Einerseits waren sie von der arabischen Welt auf Lamu fasziniert, andererseits konnten sie die Insel nicht so recht genießen. Etwas hing in der Luft, etwas was sie fürchteten, dem sie aber nicht entfliehen konnten. Mit jedem Tag wurden ihre Bedenken angesichts der anstehenden Passage größer.

»Wir hatten verschiedene Gründe, uns vor dem nächsten Reiseabschnitt zu fürchten. Erstens ist er mit 1600 sm der zweitlängste Törn unserer gesamten Reise. Unsere bisherigen schlechten Erfahrungen mit dem rauen Indischen Ozean ließen den vor uns liegenden Tripp als Tortur erscheinen. Der zweite Grund ist das Wetter. Es sah so aus, als ob wir am Wind segeln müssten, besonders am Horn von Afrika konnte er stark aufkommen. Es gab sogar die Möglichkeit eines Zyklons. Aber was uns wirklich Sorgen machte, waren die Piraten. Wir waren bereits durch Piratengebiete in Indonesien und Malaysia gesegelt. Aber die ärmlichen indonesischen Fischer mit ihren Messern wirkten wie Kindergartenschüler, verglichen mit denen aus Somalia mit ihren AK-47-Schnellfeuergewehren. Wir wussten von mindestens sieben Piratenüberfällen auf private Yachten, zwei mit Schüssen aus Schnellfeuergewehren. Einige Jahre vorher wurde sogar eine Yacht mit Mörserfeuer beschossen. Im letzten Moment kam dieser Yacht ein kanadisches Kriegsschiff zu Hilfe. Mehr als einmal stellten wir uns die Frage, ob es richtig war, abseits der Segelrouten nach Ostafrika gereist zu sein. Wären wir wie die meisten Segler direkt ins Rote Meer gesegelt, dann wären wir von anderen Yachten begleitet worden, wären möglichen Gefahren nicht allein ausgesetzt gewesen.

Unsere Route nach Aden, im Jemen, würde uns entlang einer tausend Seemeilen langen Küste führen, an der kein Gesetz herrscht. Dann müssten wir um das stürmische Horn von Afrika, an der gefürchteten Pirateninsel Socotra vorbeisegeln und letztlich durch heftig aufkommenden

Schiffsverkehr in den Golf von Aden. Gerade hier zwischen dem Jemen und Somalia passierten die meisten Piratenattacken. Ich hatte diese Überfälle auf unserer Seekarte registriert. Es hatte keinen Zweck, wir mussten mitten durch das mit vielen x-en markierte Seegebiet. Für jede überfallene Yacht oder Handelsschiff hatte ich ein X auf der Seekarte gezeichnet. Wir mussten das Spießrutenlaufen aufnehmen und auf das Beste hoffen.

Nie zuvor belastete uns eine Reise so sehr wie diese. Wir entschlossen uns, den Radarreflektor zu entfernen, kein UKW-Radio zu benutzen, nachts keine Navigationslichter einzuschalten. Wir wollten so unsichtbar wie möglich sein. Mit unserem Freund Tony Britchford in Kilifi machten wir Zeit und Frequenz für tägliche Funkkontakte aus. Dabei vereinbarten wir einen Code, der ihm unsere Position mitteilte, falls Piraten auf einem gestohlenen Kurzwellenradio mithören sollten.

Wir ersannen Pläne, wie wir unsere wichtigsten Geräte verstecken könnten. Irgendwo im Schiff entdeckten wir ein kleines, bisher auch uns entgangenes Versteck, in dem wir unser Hand-UKW-Radio, unser Hand-GPS-Gerät, unsere Kameras und unseren Laptop verstauten. Hier versteckten wir auch unsere Eheringe und das meiste Bargeld. Einen kleineren Betrag legten wir in einen ›Opferbeutel‹.

Nachdem alle Eventualitäten bedacht und wir alle bestens präpariert zum Abreisen bereit waren, gingen wir ankerauf. Nun wollten alle die Sache hinter sich bringen.

Unser Weg zum Roten Meer erforderte einen erheblichen Umweg nach Osten, weg von der Küste Somalias, weg vom Horn von Afrika. Das International Reporting Centre in Malaysia riet allen Schiffen, Somalia wie die Pest zu meiden, mindestens einen Abstand von 50 sm einzuhalten. Jeder, der der Küste näher kommt, läuft Gefahr, ausgeplündert oder als Geisel von bewaffneten Piraten festgenommen zu werden. Hier gäbe es seit zehn Jahren kein Recht und Gesetz mehr …

Andererseits könnten wir in der Nähe der Küste den Nord gehenden Somalia-Strom besser ausnutzen. Schließlich einigten wir uns auf eine 60-sm-Pufferzone. Sie gab uns Sicherheit und einen Strom von zwei Knoten, der uns nach Norden schob. Dennoch gingen wir strenge Wachen, schauten ständig zu dem nicht sichtbaren Land im Westen.

Schon am ersten Tag auf See brach sich Herbert den kleinen Zeh. Der arme Zeh war abgewinkelt und hatte sich über den zweiten Zeh geschoben. Nur langsam bildete er sich zurück, und um ihn wieder ganz gerade zu bekommen, bog ihn Herbert unter starken Schmerzen nach ein paar Tagen wieder in seine alte Position.

Am sechsten Tag kam uns nachts ein Großschiff auf Kollisionskurs entgegen. Wir hatten alles getan, um unsichtbar zu sein. Kein Navigationslicht war an, das UKW-Radio abgestellt, denn es ist bekannt, dass Piraten Kanal 16 abhören. Wir konzentrierten uns ganz auf die Nachtnavigation. Das Schiff passierte mit sicherem Abstand von zirka einer Seemeile. Plötzlich leuchtete ein starker Scheinwerfer auf, der den Ozean so lange absuchte, bis er auf der kleinen NORTHERN MAGIC verharrte. Sicherlich hatte der Wachoffizier ein Objekt auf seinem Radarschirm gesehen und wollte feststellen, um was es sich da handelte. Wir machten unsere Navigationslichter an, die uns als Segelboot identifizierten. Es schien, als ob sie genauso besorgt wegen der Piraten waren wie wir. Wir fühlten uns ein bisschen blöde, für ihre Befürchtungen verantwortlich gewesen zu sein. Aber letztendlich waren wir doch viel verletzbarer als ein Großschiff, und so gesehen rechtfertigte das unsere Verdunklungsmaßnahme – wir waren nur sichtbar für uns selbst. Der Wind nahm zu, trieb uns nach Norden und verschaffte uns ein Rekord-Etmal von 184 sm.

Am neunten Tag lagen wir vor Socotra. Es war unser erster richtiger Gefahrenpunkt. Die Insel gehört zum Jemen, liegt nur zirka 120 sm vor der Küste Somalias und hat den Ruf einer Brutstätte von Piraten. Schon vor Monaten hatten wir darüber debattiert, die Insel westlich oder mit erheblichem Umweg östlich zu umsegeln, was weitere vier Tage kosten konnte. Dadurch hätten wir weiter in den nördlichen Indischen Ozean segeln müssen mit der Gefahr eines möglichen Zyklons um diese Jahreszeit.

Nach dem Ratschlag erfahrener Segler haben wir uns für die westliche Passage entschieden. Wir wollten im Schutz der Dunkelheit an Socotra vorbeisegeln. Obwohl es schon längere Zeit her war, seitdem in dieser Gegend ein Überfall erfolgt war, waren unsere Nerven ziemlich angespannt. Es war später Nachmittag, als wir im letzten Büchsenlicht die kleinen Nachbarinseln von Socotra erkennen konnten. Wir hatten Flaute und motorten. Am Nachmittag hatte bereits die Wasserpumpe ihren Geist aufgegeben, der Motor wurde heiß. Herbert hatte sie schnell ausgebaut und durch eine Reservepumpe ersetzt. Aber nur wenige Seemeilen weiter hatten wir festgestellt, dass die neue Wasserpumpe undicht war, Wasser sammelte sich in der Motorbilge, stieg bis zum Motorblock. Hier war nicht der richtige Platz, um erneut eine Reparatur durchzuführen. Motorlos würden wir in dieser gefährlichen Gegend herumtreiben wie eine verwundete Ente. Also entschlossen wir uns, die Bilge alle 30 Minuten auszupumpen und die lecke Wasserpumpe zu belassen.

Als es Morgen wurde, sahen wir kein Land mehr und alle an Bord waren erstmals erleichtert. Aber unsere Sorgen waren noch nicht vorbei, denn die nächste Region war mit ›hohem Risiko an Piraterie‹ in unserem Handbuch gekennzeichnet. Fast alle der registrierten Piratenüberfälle, manche erst aus den letzten Wochen, lagen genau zwischen unserem Standort und unserem Ziel Aden. So setzten wir unser unsichtbares Spießrutenlaufen fort, suchten ständig den Horizont ab und beobachteten 24 Stunden lang unseren Radarschirm.

Es war der zehnte Tag und immer noch kein Hauch von Wind. 500 sm lagen noch vor uns. Der Diesel wurde lang-

Die Stuemers wollten ihren Kindern die Mittelmeerkultur zeigen.

sam knapp und wir mussten die Maschine langsamer fahren lassen, um Kraftstoff zu sparen. Endlich kam leichter Wind auf und die letzten zwei Tage konnten wir segeln. Nach 13 Tagen erreichten wir Aden. Entgegen all unseren Befürchtungen war die Reise noch zu einem fast perfekten Törn geworden.«

Doch im Hafen von Aden wurde die Crew der NORTHERN MAGIC Zeuge des vielleicht gemeinsten Aktes von Piraterie der Neuzeit. Harmlos näherte sich ein offenes Boot dem amerikanischen Kriegsschiff USS COLE. Die Wachen stuften es als »nicht beachtenswert« ein, als Fischer. Doch unter ihren Netzen hatten die vermeintlichen Fischer Sprengstoff geladen. Kaum am Kriegsschiff angekommen, detonierte die Ladung und riss die Selbstmörder und 17 amerikanische Soldaten in den Tod. Das alles geschah nicht weit weg vom Ankerplatz der NORTHERN MAGIC, deren Besatzung gerade einen Landausflug machte. Bei ihrer Angst vor Überfällen hatten die Kanadier niemals an diese Art von Piraterie gedacht. Das Kriegsschiff konnte vor dem Sinken bewahrt werden. Noch Tage später hörten die Stuemers auf UKW die Reparaturanweisungen, Kommandos und Ersatzteilbestellungen. Drei Tage nach dieser furchtbaren Explosion verließen sie Aden.

»Es war genau mitten im ›Tor der Tränen‹, der Einfahrt zum Roten Meer, als die Stimme von Herbert aus dem Cockpit kam. ›Da rast ein Schnellboot auf uns zu.‹

Wie ein eingespieltes Team bereiteten wir uns auf einen Überfall vor. Der Laptop wurde abgeschaltet, zusammen mit den Kameras verschwand er im Versteck. Michael startete den großen Computer und gab unsere Position für eine eventuelle Notmeldung ein, die auf Knopfdruck gesendet werden kann. Ich hielt das tragbare UKW-Gerät in meiner Hand, bereit, um das in Sicht kommende Großschiff jederzeit anrufen zu können.

In dem Schnellboot saßen sechs Männer. Es war genau so ein Boot wie es in anderen Piratenberichten beschrieben wurde. An Steuerbord lag der Jemen, an Backbord der Staat Djibouti, deutlich konnte man trotz diesiger Sicht das Land erkennen. Das Boot näherte sich uns mit zirka 20 kn. Wir konnten nicht ausweichen.

Schweigend warteten wir ab. Eine seltene Ruhe überkam uns. Ohne Frage: Sie wollten uns abfangen. Unsere beiden älteren Jungen streckten ihre Köpfe aus dem Cockpit, sodass die Männer sehen konnten, dass wir zu mehreren an Bord waren. Dann konnten wir ihre Gesichter erkennen. Sie trugen Bärte, die typischen jemenitischen Röcke und Turbane, und sahen aus, als ob sie mit Lawrence von Arabien Züge in die Luft gesprengt hätten. Oder auch ungeschützte Segelyachten ausraubten …

Langsam kam das Boot längsseits. Jetzt wirkten sie nicht mehr gefährlich, eher neugierig. Wir winkten und zwei von ihnen winkten zurück. Wir sahen keine Waffen, aber auch keine Netze. Dann umkurvten sie uns. Als sie hinter uns waren, hielten sie plötzlich an. Zwei Männer machten sich an ihrem Propeller zu schaffen. Wir mussten grinsen. Ihr Propeller hatte sich in unseren beiden Angelleinen verfangen, die wir hinter uns her schleppten.

Niemals hatten wir daran gedacht, dass Fischen eine Anti-Piraten-Maßnahme sein könnte. Aber es hatte sich prima bewährt.«

K. HYMPENDAHL: *Hatten Sie Waffen an Bord?*

H. STUEMER: Wir sind gegen Waffen. Sie eskalieren nur eine Krise. Letztendlich werden sie gegen einen selbst verwendet. Oder sie ermutigen die anderen, zuerst zu schießen.

Was haben Sie rückblickend richtig gemacht?

Wir haben eine genaue Planung von Verhaltensmaßnahmen gemacht. Diese haben wir aufgeschrieben und geübt. Über diese Vorbereitungen bin ich nachträglich froh. Man kann es vertreten, glaube ich, unter diesen Umständen nachts ohne Navigationslichter zu segeln. Man muss natürlich immer wachsam sein. Ohne Radar würde ich nicht reisen. Unser Radargerät wurde in Malaysia von einem Blitzschlag zerstört und wir haben lange debattiert, ob wir ein Neues kaufen sollten oder nicht. Im Nachhinein betrachtet, war es eine wichtige Sicherheitsmaßnahme, ein neues Radargerät zu installieren.

Was würden Sie in Zukunft anders machen?

Wir würden nicht mehr außerhalb der Saison durch das Rote Meer segeln, weil man dann allein segelt. Furcht hat uns immer begleitet, gemeinsam mit einem anderen Boot wäre es leichter gewesen.

Was würden Sie anderen Seglern empfehlen?

Das beste Verhalten bei einer Attacke ist eine passive Kooperation. Um eine Attacke zu vermeiden, sollte man mit anderen Yachten segeln.

Weshalb sind Sie durch das gefährliche Rote Meer gesegelt und nicht um das Kap der Guten Hoffnung?

Der Weg um das Kap der Guten Hoffnung herum hätte viele Seemeilen erfordert, auf denen wir nicht viel Interessantes gesehen hätten. Wir hatten ja schließlich die Vorstellung von unserer Reise, viel Neues über diese Welt kennen zu lernen. Wir wollten einfach nicht den Jemen, Ägypten, Israel und das Mittelmeer missen. Wir konnten uns nicht vorstellen, um die Welt zu segeln, ohne unseren Kindern die Pyramiden, Jerusalem oder Athen mit der Akropolis gezeigt zu haben. St. Helena und die Karibik wären ein schlechter Ausgleich dafür gewesen.

Somalia – Horn von Afrika

Das Vorgehen der somalischen Piraten lässt auf eine gute Organisation schließen. Wie bekannt, sind die Somalier streng ihren Clans verbunden. Wie ein Staat im Staat betreiben sie ihre eigenen Gesetze. Verschiedene Clans, die die Hoheitsrechte für ihre Seegebiete beanspruchen, teilen sich die Küste auf. In soldatischem Gehorsam fahren Clanmitglieder in kleinen offenen Booten weit aufs Meer hinaus und suchen nach Beute. Diesen Männern ist es meist egal, ob es sich dabei um einen Frachter oder um eine Yacht handelt. In ihren Booten sitzen zirka fünf bis sieben Männer. Alle sind schwer bewaffnet, meist mit Schnellfeuergewehren. Zu beobachten ist auch, dass sie sowohl einen Anführer im Boot als auch Vorgesetzte an Land haben. Man kann bei ihrer Organisation durchaus von paramilitärischen Strukturen reden. In der Vergangenheit war zu beobachten, dass die Anführer an Land ehrbare Berufe ausübten.

Die somalischen Piraten stellen insofern eine Ausnahme dar, als es ihnen weniger um ein paar hundert Dollar Beute geht als vielmehr um ein Lösegeld für ein Schiff oder eine Yacht. Dies haben sie mehrfach von Versicherungen gefordert.

Das Seegebiet vor der somalischen Küste ist unbedingt zu meiden. Es empfiehlt sich, einen Sicherheitsabstand von zirka 100 sm einzuhalten.

Auch hier gilt, dass die Szene sich schnell ändern kann. Somalia steht im Fadenkreuz der internationalen Terrorbekämpfung. Durch die neue internationale militärische Präsenz vor seiner Küste und die geplante Einbindung der Clanführer in die Terrorbekämpfung könnte das traditionelle Piratenunwesen hier schnell aussterben.

Erst Lebensgefahr – dann Lösegeld

Yachtname:	VIOLETTA
Yachttyp:	*33' GFK Slup, Eigenbau des Skippers*
Eigner:	*Pertti und Pirkko Pulkkinen*
Heimathafen:	*Loviisa, Finnland*
Überfallgebiet:	*Vor der Küste von Somalia*
Koordinaten:	*12°40.35'N, 48°28.00'E*
Datum des Überfalls:	*28.4.1999*

Ich habe einmal Jimmy Cornell, den Ausrichter der ersten ARC-Rallyes über den Atlantik, gefragt, wer seemännisch die besten Segler aus all den vielen Nationen seien, die zu seinen Regatten kommen. Ohne zu zögern antwortete er: »Die Skandinavier.«

Pertti Pulkkinen und seine Frau Pirkko Torna kommen aus Finnland. Sie passen genau in Jimmys Beurteilung. Skipper Pertti hat sein ganzes Leben am oder auf dem Wasser zugebracht. Schiffe bedeuten sein Leben und bevor er sich die 33 Fuß lange Yacht VIOLETTA selbst baute, hatte er bereits fünf Segelyachten gebaut. 1981 lernten sich die beiden kennen, Pertti nahm seine spätere Frau Pirkko mit zum Segeln. Die ersten Jahre segelten sie auf dem Binnensee Päijänne; viele Regatten haben sie bestritten, bevor es sie 1989 an die offene Ostsee zog. In Loviisa, östlich von Helsinki, am Finnischen Meerbusen, war der neue Liegeplatz der VIOLETTA, die Pertti für eine Weltumseglung geplant und gebaut hatte. Der Skipper gehört zu den Puristen der Blauwassersegler. Sein Motto lautet: viel segeln, kaum motoren, wenig Ausrüstung an Bord nehmen, die kaputt gehen kann. Zwar gab es ein UKW-Radio und auch ein GPS-Gerät, aber er führte auch einen Sextanten an Bord. Einen SSB-Transceiver hatte er nicht, nur einen Weltempfänger. Auch das übliche Radargerät war

Pertti Pulkkinen und Pirkko auf Rarotonga, Pazifik.

nicht installiert. Niemals haben die beiden unterwegs Radarsicht benötigt – auch als die Piraten kamen, hätte es wenig genutzt. Aber sie hatten einen Notsender installiert, ein EPIRB. Diesen hat der Skipper auch aktiviert; die Meldung kam auch in der Zentrale in England an, ist aber nicht nach Finnland an die angegebene Adresse weitergegeben worden. Einen entsprechenden Bericht haben die beiden Finnen erst später bei ihrer Rückkehr erhalten.

Ich sprach von Puristen und möchte das ein bisschen genauer erklären. Der Motor auf der VIOLETTA war ein alter 2-Zylinder-Volvo von mageren 18 PS. Oftmals war seine Leistung zu gering, um gegen Wind oder Strom anzukommen. So starteten sie den Motor nur bei Hafeneinfahrten oder um gelegentlich die Batterien zu laden. Denn einen kleinen elektrisch betriebenen Wassermacher hatten sie sich geleistet, der zirka 5 l Trinkwasser pro Stunde produzierte. Nicht aus Luxus, sondern allein aus dem Grund, weil ihre Tankkapazität mit 3 × 60 l limitiert war. Von guter Seemannschaft zeugte auch das umfangreiche Seekarten- und Handbuchmaterial, das für die ganze Reise von Anfang an an Bord war – allein um 300 Seekarten zu verstauen, benötigt man viel Platz auf einer 33-Fuß-Yacht.

Pertti Pulkinen, heute 56 Jahre alt, war Betriebswirt in einer finnischen Möbelfabrik. Seine Frau Pirrko war

Krankenschwester und arbeitete in der Verwaltung eines Krankenhauses. Ein Probetörn vor ihrer Weltumseglung führte sie durch die Ostsee. Am 30.6.1994 machten sie sich auf den Weg rund um die Welt.

Auf der ganzen Reise bis zu dem Überfall vor der Küste Somalias hörten sie von keinem Piratenfall. Es wurde ihnen nichts entwendet und sie wussten auch nichts über Diebstähle zu berichten. Erst auf dem Weg von Cochin nach Djibouti erfuhren sie am eigenen Leib, dass das Leben auf See auch Gefahren durch andere Menschen mit sich bringen kann.

In Djibouti wollten sie sich neu proviantieren, denn die Reise von Cochin hatte viel länger gedauert, als sie einkalkuliert hatten. Frisches Obst, geschweige denn Gemüse gab es schon lange nicht mehr an Bord. Mit ganz leichten östlichen Winden näherte sich die VIOLETTA dem Roten Meer. Die erfahrenen, umsichtigen Finnen hielten Kurs direkt in der Mitte des Golfes von Aden. Im Logbuch des anbrechenden 28.4.1999, einem Mittwoch, steht: »Vollmond, Wind 2–3 Beaufort aus Osten, keine Navigationslichter gesetzt.« Seit 23 Tagen waren sie bereits unterwegs und hatten seit der indischen Insel Kalpeni nur in weiter Ferne ein Schiff auf dem Ozean gesehen.

Eigentlich wollten sie einen Stopp in Al-Mukalla im Jemen einlegen, um sich mit frischem Obst und Gemüse einzudecken. Aber sie waren spät in der Saison; der Monsun mit seinen Gegenwinden konnte bald einsetzen und sie entschieden sich, weiter nach Djibouti zu segeln.

Das UKW-Radio stand immer auf Kanal 16 auf Standby.

In dieser Nacht ist es unheimlich. Stundenlang kann man aus dem Lautsprecher ein menschliches Murmeln hören. »*Banana monkey*« nennen es Pertti und Pirkko. Manchmal hört man Musik, dann wieder ein Brummen und Knurren. Plötzlich, nach Stunden, hören sie eine Stimme: »*This is not a party – shut up.*« Die Musik, die Geräusche und die Gespräche hören schlagartig auf. Man ist auf der VIOLETTA erleichtert.

Die finnischen Segler wissen, dass sie sich einem gefährlichen Gebiet nähern. In Seglerkreisen gilt Somalia als Piratenküste, von der man sich am besten 60 sm entfernt hält.

Der Skipper hat Wache. Im Schiff ruht sich seine Frau aus. Gegen 02.00 Uhr hört Pertti aus weiter Ferne ein Motorgeräusch.

Als es näher kommt, ruft er ins Schiffsinnere: »Es sieht nicht gut aus. Komm bitte raus!«

Und schon kommt das fremde Fahrzeug noch näher. Schüsse werden in die Luft abgefeuert. Das Boot steuert direkt auf die Yacht zu und im Nu sind drei Männer an Bord der VIOLETTA gesprungen. Einer hält eine Kalaschnikow in der Hand und richtet sie auf den Skipper. Alles geht so schnell, dass erst jetzt die noch leicht verschlafene Bordfrau an Deck erscheint.

Wie unter Schock fragt Pirkko: »Was geht hier vor? Sind das Männer von der Küstenwache?«

Die finnischen Weltenbummler können die Situation nicht fassen, sie erscheint ihnen unrealistisch. Das soll ein Piratenüberfall sein? Das soll ihnen passieren? Hier auf dem Indischen Ozean? Ist das vielleicht ein Traum?

Aber sie können nicht lange resümieren. Schnell werden sie in das Piratenboot geordert. Das geschieht mit Gewalt, unter Zerren an der Kleidung. Die Männer schreien und werfen ihren Gefangenen eine Art Sitzkissen hin. Doch kaltblütig nimmt Pertti von den Kissen keine Notiz; im Gegenteil, er klettert wieder an Bord seines Bootes, so als ob keine Piraten da wären, keine Kalaschnikow auf ihn gerichtet wäre, und nimmt das Großsegel herunter. Die Genua war bereits eingeholt worden.

Nach dem Überfall wollen die Piraten die Yacht abschleppen, aber der Autopilot steuert sie in eine andere Richtung – nach Djibouti. Die Piraten fordern den Skipper auf, den Autopilot abzustellen und die Maschine anzuwerfen. Man erlaubt dem Ehepaar sogar, sich wieder auf ihre Yacht zu begeben, allerdings in Begleitung von drei

Männern und einer Kalaschnikow. Jetzt geht es im Konvoi Richtung Hafen Bosasso. Vorne das Schiff der Kaperer, dahinter die VIOLETTA, 24 Stunden motoren sie an der Nordküste Somalias nach Westen. Die Finnen müssen ihr Wasser mit den Piraten teilen. Ihr Essen haben die Männer vom Festland in Beuteln mitgebracht, in denen sie auch Kleidungsstücke verwahren. Später lassen sie sich Papier geben, krümeln ihren Tabak rein und drehen sich damit Zigaretten. Abends rauchen sie Haschisch und der süßliche Geruch überlagert in der Tropennacht das Cockpit der VIOLETTA.

Das bewirkt eine gesteigerte Aggression der Eindringlinge. Die Finnen fragen sich, ob das noch eskalieren kann und verhalten sich besonders zurückhaltend und vorsichtig. Ein Funke, zum Beispiel ein falsches Wort, eine zu schnelle Bewegung, hätte einen der Männer noch aggressiver werden lassen können. Die Nordländer denken an Schlaftabletten, die sie ihnen ins Trinkwasser geben könnten. Aber sie haben Angst vor den Folgen, falls es entdeckt wird. Nein, sie wollen sich nicht der Gefahr aussetzen, verletzt, gar getötet zu werden.

Die Überfallenen werden nicht körperlich belästigt. Geiseln und Besatzer dösen in der Hitze, man trinkt Wasser und isst wenig. Die Finnen beobachten ständig die Piraten, um eventuell in den Besitz der Kalaschnikow zu gelangen, aber es ergibt sich keine Gelegenheit. Pertti hat sich bereits eingeprägt, wie man sie bedient. Immer wieder richten die Männer das Schnellfeuergewehr auf ihre Opfer, immer ist es unerreichbar in der Hand der Wache.

Es ist den Finnen erlaubt, sich zu unterhalten, im Schiff auszuruhen. Bewusst zeigen Perrti und Pirkko keine Angst, gehen ihren Dingen nach, wie sie es gewohnt sind. Sie sind den Eindringlingen gegenüber höflich und entgegenkommend. Aber die Angst ist groß.

Im Hafen von Bosasso angekommen, wird die VIOLETTA vor Anker gelegt. Die Besatzung landet in einem 10 bis 15 km abseits gelegenen Dorf. Es ist ein erbärmlich armer

Ort, nur eine karge Behausung für ein paar Menschen aus sechs bis acht Lehmhütten mit Strohdächern. In der Hütte, die man den Gefangenen zuweist, gibt es eine Strohmatte. Man gibt ihnen zweimal am Tag zu essen. Unglaublich, aber wie in einer Kantine fragt man sie: »Fisch oder Fleisch?« Man will offensichtlich die Ware Mensch gut behandeln, denn nur für Lebende gibt es Lösegeld.

Zweimal nehmen die Piraten sie mit zum Hafen von Bosasso, in ihr »Headquarter« wie sie sagen. Dort treffen sie die »elders«, die Clan-Chefs.

Nach sechs Tagen erfahren UNDP (United Nations Development Program) Mitarbeiter in Bosasso, dass man Segler als Geiseln in einem nahen Dorf gefangen hält. Sie üben Druck auf die Clan-Chefs aus und diese befehlen, die Geiseln sofort freizulassen. Die Clan-Chefs bringen

Pertti Pulkkinens Zeichnung des Gefangenenlagers an der Küste Somalias – vor der Hütte spielende Wächter.

Herbert Sorg von der NONO *fotografierte heimlich in Bosasso die gekaperte finnische Yacht* VIOLETTA.

die Finnen in die UNDP-Basis und dort erlaubt man ihnen, mit ihren Angehörigen in Finnland zu telefonieren. Alles, was sie mitteilen können, ist: »Wir leben noch, haben aber unsere gesamte Habe verloren.«

Inzwischen hat die finnische Presse von dem Geiselfall durch die Faxe erfahren, die die Überfallenen an Freunde und Verwandte in Finnland geschickt haben. In diesen Faxen hatten sie geschrieben, dass die somalischen Piraten von ihnen ein Lösegeld von 50000 US-$ erwarten. Das Auswärtige Amt und die Kriminalpolizei in Helsinki werden eingeschaltet. Anrufe der finnischen Presse gelangen nach Bosasso, immer wieder wird beharrlich nach *»pirate news«* gefragt.

In der Zwischenzeit hat der UNDP-Mitarbeiter Brian Drayner Pertti und Pirkko unter seinen Schutz genommen und sie in sein Haus eingeladen. Der Einfluss der UNDP ist offensichtlich so stark in diesem Gebiet, dass die Geiseln frei kommen. Officer Drayner organisiert auch einen Flug in einem der Dienstflugzeuge ins nahe Nairobi, Kenia. Hier empfangen Angehörige der finnischen Botschaft die beiden. Ihr Leben ist gerettet.

Sie erholen sich bei einer Safari. Es ist mehr als ein verdienter Urlaub. Wie soll es weitergehen? Ihr Schiff, ihr schwimmendes Zuhause, ist in den Händen der Piraten.

Die Diebe haben ihnen alles weggenommen, was sie besaßen. Allerdings haben sie eine VISA Card übersehen. Sie lag versteckt in Pirkkos Bikinihöschen. Ihr Helfer in der Not, Mr. Drayner, kann ihnen keine Hoffnung auf die Rückgabe ihrer Yacht machen. Das ist ein Schock für die Segler. Die VIOLETTA ist ein wichtiger Teil ihres Lebens. Alle ihre Erinnerungen, alle ihre Souvenirs, Fotos, Tagebücher, die Geschenke an die Freunde und Liebsten in der Heimat liegen in den Schapps. Allein die Vorstellung, dass gierige Hände all das anfassen, vieles zerstören! Und dann die Yacht, die Pertti in vier Jahren Arbeit nach Feierabend selbst gefertigt hatte! Fünf Jahre war die VIOLETTA mehr als nur eine Yacht für sie – und jetzt ist sie weg?

Voller Trauer besteigen sie in Nairobi das Flugzeug nach Finnland. Hier erholen sie sich, denken über ihre Zukunft nach und warten ab. Nach ein paar Monaten erhalten sie ein Fax vom Clan-Chef der Piraten aus Bosasso. Yosuf Ali Mohamed und Hasan Abdi Ali haben das Fax unterschrieben. Sie wollen 50000 US-$ Lösegeld für das Boot. Es vergeht eine nervenaufreibende Zeit. Die Yachteigner spielen vom entfernten Finnland aus mit den Piraten auf Zeit.

Endlich, nach fünf Monaten des Wartens, erhalten sie die Nachricht, dass ihre Yacht in Aden, Jemen, ist. Das Warten hat sich gelohnt. Ohne Lösegeld zu zahlen, erhalten sie ihre Yacht zurück. Allerdings ist sie in einem traurigen Zustand. Ihre Versicherung hat nur ein »Liegegeld« bei der Fischereibehörde in Bosasso bezahlt. Die Höhe des Betrages ist unbekannt.

Pertti fliegt sofort nach Aden. Zwei Monate lang repariert er an Schiff und Motor, wobei ihm Volvo die Teile aus Schweden schickt. Allein segelt er dann gegen die vorherrschenden Winde seine VIOLETTA durchs Rote Meer bis nach Eilat, Israel. Hier besucht ihn Pertti zu Weihnachten. Erst im nächsten Jahr geht die Reise der VIOLETTA weiter und am 27.8.2001 liegt sie wieder sicher im Hafen von Loviisa.

K. HYMPENDAHL: *Hatten Sie Waffen an Bord?*

P. PULKKINEN: Nein, nur eine Signalpistole. Wir dachten daran, diese Pistole auf das Piratenboot abzuschießen.

Was haben Sie rückblickend falsch gemacht?
Wir haben darüber lange nachgedacht. Im Nachhinein meinen wir, nichts falsch gemacht zu haben. Vielleicht hätten wir eine Pistole dabei haben sollen. Sie hätte vielleicht zu einer Rettung beigetragen – aber mit welchen Ergebnissen und Folgen?

Was haben Sie richtig gemacht?
Wir versuchten, ruhig zu sein und rational zu handeln. Immer haben wir auf Rettung mit Gottes Hilfe gehofft.

Was würden Sie in Zukunft anders machen?
Wir hoffen, dass das der einzige Piratenüberfall in unserem Leben gewesen ist. Dennoch denken wir über ein Einbrechersicherheitssystem nach. Wir denken auch schon mal über ein Jagdgewehr oder eine Pistole nach – sind aber noch unentschlossen.

Was würden Sie anderen Seglern empfehlen?
Vermeidet alle gefährlichen Reviere. Sicherer ist es, in einer Gruppe zu segeln, wenn man sich solch gefährlichen Gebieten nähert. Sollte es zu einem Überfall kommen, dann darf man nicht die Kontrolle über sein Temperament verlieren, muss immer auf Rettung hoffen! Den gesunden Menschenverstand benutzen, rational denken.

Wie war die Unterstützung durch die Behörden?
Wir hatten das Glück, in Nairobi die finnische Ärztin Dr. Heinonen getroffen zu haben, die für die UN arbeitet. Sie hatte Erfahrung mit anderen Geiseln und gab uns sehr gute Ratschläge für unsere Rekonvaleszenz: sprechen, immer wieder über die schockierenden Erinnerungen sprechen!
Unsere Versicherung half sehr. Sie erstattete Teile der Schäden an der Yacht. Allerdings ist unser persönliches Eigentum im Inneren der Yacht davon ausgenommen. Selbst die Liegegebühr in Somalia, die die Fischereibehörde erhoben hatte, zahlte die Versicherung – obwohl es die Piraten waren, die unsere Yacht dorthin gebracht hatten.
Eine deutsche Versicherung bot uns an, die Yacht über ihren Agenten aus Somalia herauszuholen. Sie sandten ihren Agenten nach Bosasso, der nach einigen Schwierigkeiten unsere und eine deutsche Yacht nach Aden brachte, sogar mit Unterstützung durch einen Konvoi der lokalen Fischereibehörde von Puntland [Gebiet im Norden Somalias um die Stadt Bosasso, der Autor].

Die Piraten erspähten ihr Opfer vom Leuchtturm aus

Yachtname:	NONO
Yachttyp:	*Delta 46 aus Taiwan*
Überführungsskipper:	*Boris Kulpe*
Heimatland:	*Deutschland*
Überfallgebiet:	*Somalia*
Koordinaten:	*12°13′N; 50°53′E*
Zeitpunkt der Ereignisse:	*18.6.1999*

Die als Kutter getakelte Segelyacht NONO hat schon viel von der Welt gesehen. Sie ist ein Charterschiff und wartet im Hafen von Victoria auf der Insel Mahé, Seychellen, auf neue Gäste. Am 5.6. begrüßt Überführungsskipper Boris Kulpe seine neue Crew an Bord bei einem kühlen Drink. Mit an Bord gehen Richard Esser, der eine kleine Yacht in Holland segelt, Georg und Barbara Cojocura und Herbert Sorg, ein Segler vom Bodensee, der jedes Jahr auch im Mittelmeer eine Charteryacht skippert. Es soll eine lange Reise werden. Erst bis Aden; dort will man sich neu verproviantieren und dann durchs Rote Meer in die Türkei segeln. Hier ist Endstation; hier soll die Yacht für die nächste Weltumseglung mit Kojencharter überholt werden.

Die in Taiwan gebaute NONO ist bestens ausgerüstet, obwohl bereits einiges an der Ausrüstung repariert werden muss. Die ersten Reparaturen macht der Skipper noch am Ankerplatz in Victoria, unterwegs werden weitere Reparaturen durchgeführt. Aber auf welcher Fahrtenyacht ist das nicht der Fall? Zur Ausrüstung gehören zwei Schlauchboote, eine komplette Tauchausrüstung mit Flaschen und Kompressor, eine eigene Bordwerkstatt, elektrische Maschinen, sogar ein Schweißgerät, ein 220-V-Generator, natürlich ein Kurzwellensender und ein EPIRB-Notsender.

Der Skipper ist von kräftiger Statur, ein erfahrener Mann auf den Meeren und kompetent in der Führung der Mannschaft. Er brachte weitere Seekarten aus Deutschland mit sowie sein persönliches Navigationsbesteck, denn auf der NONO wird noch mit dem Sextanten navigiert und damit werden die GPS-Daten überprüft. Skipper Boris teilt die Mannschaft in Wachen ein, er selbst geht keine Wache, ist immer Standby.

Die Crew genießt zunächst die tropische Inselwelt der Seychellen. Vor mehreren Inseln ankern sie, schwimmen im türkisfarbenen Wasser der Lagunen, lassen sich abends an Restaurantbüffets verwöhnen, feiern bei Champagner den Geburtstag der einzigen Mitseglerin und gehen am 12.6.1999 ankerauf. Kurs 330°, Wind 3 bis 4 Beaufort aus Süd, Spinnakerkurs.

Am 14.6. haben sie bereits den zweiten Spinnaker zerfetzt, UV-Strahlung und Salzwasser hatten das Material spröde gemacht. An diesem Tag überqueren sie den Äquator; sie liegen beigedreht und Chartergast Georg lässt sich an einer Sorgleine über den Äquator ziehen. Wieder gibt es Champagner. Der Wind frischt auf, bei der Genua reißt ein Unterliek, das am nächsten Tag repariert wird.

Am 16.6. gelangen sie in das Gebiet des Somalia-Stroms, der nach NE setzt. Zusätzlichen Schub erhalten sie durch einen SW Starkwind, sie machen eine Fahrt über Grund von 12 kn. Ihr bestes Etmal: 211 sm.

Am 18.6. stürmt es, sie bergen alle Segel bis auf das kleine Kuttersegel. Zur Unterstützung läuft der Motor mit. Jetzt ist die See 4 bis 5 m hoch. Am nächsten Tag stehen sie zwischen der Insel Socotra und dem Festland Somalia. Der Skipper hatte entschieden, die Insel im Westen zu umgehen.

»Wir entschieden uns, durch die Straße von Socotra zu fahren, da wir der Meinung waren, dass sich bei diesen Wind- und Seeverhältnissen kein Pirat aufs Wasser wagen würde. Außerdem hatten wir die Durchfahrt so geplant, dass wir während der Nachtstunden ohne Licht die engste Stelle passieren konnten.«

Aber der Starkwind schläft genau zum falschen Zeitpunkt ein. Sie bergen die Segel und motoren. Es ist unerträglich heiß; über dem Cockpit ist ein Sonnensegel gespannt. Sie sehen im Westen die hohen Berge von Somalia. Ein Frachter begegnet ihnen an Steuerbord, Abstand zirka 1,5 sm. Plötzlich erkennt der Skipper ein sich schnell näherndes flaches Motorboot. Er greift zum Fernglas und beobachtet, wie das Boot von Backbord achtern schnell aufkommt. Er gibt Vollgas, übergibt blitzschnell dem nächst Stehenden das Ruder, springt zum Kartentisch, hält Uhrzeit und Position fest und versucht, den Frachter anzurufen. Aber der meldet sich nicht auf Kanal 16. Dann versucht Boris Seenotraketen klar zu machen, aber die Piraten sind schon neben der NONO. Einer schießt mit einem Revolver in die Luft. Die anderen sechs Männer zielen mit ihren Gewehren auf die Besatzung.

Inzwischen steht der Skipper wieder am Ruder. Er rät seiner Crew, sich hinzusetzen, sich ruhig zu verhalten. Barbara bittet er, vorläufig unter Deck zu gehen.

Es sind sechs Männer, dunkelhäutig, mit Wickelröcken um die Hüften. Fünf von ihnen haben ein Maschinengewehr in den Händen, einer besitzt einen Revolver. Sie fordern die Deutschen auf, das Schiff zu stoppen. Noch während der Fahrt gehen die Piraten längsseits, drei springen auf das Vorschiff über. Dabei verliert einer der Piraten seinen Wickelrock und steht nun nackt da, sein Schnellfeuergewehr auf die Opfer gerichtet – ein makabrer Anblick. Auch die anderen Piraten zielen, offensichtlich nervös, mit ihren Gewehren auf die Crew. Einer zeigt in Richtung Land, dorthin soll die Fahrt gehen.

Jetzt kommt auch Barbara an Deck. Ihr ist nicht ganz klar, was passiert ist. Boris gibt ihr den Rat, sich ruhig hinzusetzen. Er betont gegenüber seiner Crew, auf alle Fälle sitzen zu bleiben, keine abrupten Bewegungen zu machen, sich ganz ruhig zu verhalten.

Nach zwei Stunden erreichen die Nono und das Piratenschiff eine große Bucht mit dem kleinen Fischerdorf Allula. Das ganze Dorf wartet am Strand. Auf Position 11°58'N, 50°55'E fällt der Anker.

Der jüngste Pirat spricht ein wenig Englisch. Später stellt sich heraus, dass er in Aden zur Schule geht, er hat Ferien und hilft ein bisschen im Piratenbusiness, quasi als Ferienjob. Er fordert die Deutschen auf zu warten. Nach zwei Stunden kommen die Piraten mit einem älteren Mann zurück, der sich als Doc Aden vorstellt. Er sei der Dorfarzt und solle dolmetschen.

Doc Aden kommt direkt zur Sache: »Wie viel Geld haben sie dabei?«

Die Gefangenen geben 400 US-$, Reiseschecks, Kreditkarten. Die Piraten lachen nur über das Angebot. Das Fischerboot fährt an Land und kommt mit einem Dutzend Somalis wieder. Unter einem aufgespannten Segel sitzen mehrere Männer auf dem Vordeck und diskutieren. Irgendwann kommt Doc Aden zu den Überfallenen ins Cockpit und nennt seine Forderung: 200000 US-$.

Nein, so viel ginge nicht, sie könnten aber die beiden Beiboote, die Außenborder, Verpflegung, Diesel und andere Ausrüstungsgegenstände haben, verhandeln die Geiseln.

Das ist den Piraten viel zu wenig, sie fahren wieder an Land. Einer erklärt den Überfallenen, dass sie die Nacht an Bord verbringen sollen, am Morgen kämen sie frei.

Unter der Leitung von Skipper Boris legt die Crew ihre Verhaltensregeln fest: keine Provokation, keinen Alkohol, keine Fotos, die Kameras verstecken, immer ein ruhiges Verhalten zeigen! Allen ist klar, dass die Situation sehr ernst ist. Sobald einer von ihnen aufsteht, werden die Männer mit den Kalaschnikows nervös, zielen auf sie.

»Ich hatte den Eindruck, dass die Piraten ständig auf einen Angriff von uns warteten«, so Herbert Sorg später.

Am nächsten Morgen, dem 20.6., gehen die Verhandlungen um das Lösegeld weiter. Zwischendurch verlangen die Piraten immer wieder Cola und Zigaretten. 100000 US-$ werden jetzt gefordert. Natürlich können die Geiseln auch diese Summe nicht aufbringen. Man erklärt ihnen, die Fahrt gehe jetzt weiter in Richtung Bosasso. 80 sm motoren sie an der Küste entlang – mit dem Piratenboot im Schlepp. Vorne sitzen die Piraten im Schatten des Segels, das die Geiseln für sie über den Spinnakerbaum gespannt haben; hinten sitzen die Geiseln im Cockpit unter dem Bimini. Erst nachts um 02.00 fällt der Anker auf Position 11°27.5′N, 49°40.0′E, einer Bucht vor der Provinzhauptstadt Bosasso. Skipper Boris Kulpe versucht vergeblich, das EPIRB zu aktivieren, das beim Test auf den Seychellen noch funktioniert hatte. Er muss sehr vorsichtig sein, denn ständig haben die Piraten das Kurzwellengerät im Blick.

Morgens sind am Ufer verlassene Fischerhütten zu sehen. Laut Seekarte sind die kargen Berge 1500 m hoch. Ansonsten gibt es nur Steine und Sand. Doc Aden ist seekrank. Seine Männer bringen ihn in eine der Hütten. Der Tag vergeht, nichts passiert. Es ist windstill. Unter den Sonnensegeln steigt die Temperatur auf 45 °C; im Schiff kann man es vor Hitze nicht aushalten. Immer wieder versuchen die Piraten, über ihr Funkgerät Kontakt mit

Nichts als Wüste, Steine, Sand und kahle Berge liegen vor ihrem Ankerplatz vor Bosasso, Somalia. (Foto: Herbert Sorg)

dem Anführer ihres Clans in Bosasso aufzunehmen, aber es gelingt nicht.

Zu bestimmten Zeiten dürfen sich die Gefangenen im Meer »abkühlen«. Barbara hat es mit Sicherheit am schwersten von allen. Sie muss einen Rock und eine Bluse tragen. Auch beim Schwimmen darf sie die Sachen nicht ausziehen. Einige der Einheimischen vertreiben sich die Zeit mit Fischen, dabei geht ihr Außenbordmotor kaputt. Der Skipper und seine Crew tauschen den Impeller aus; vergeblich, denn auch der Zylinderkopf stellt sich als defekt heraus.

Am nächsten Tag versuchen die Deutschen, den Somalis klar zu machen, dass die NONO nicht ihr eigenes Boot sei, dass sie keine reichen Menschen seien, dass sie die Yacht nur überführen. Sie erklären, dass es das Beste wäre, wenn sie schnell nach Deutschland reisen und dem Eigner Bescheid sagen könnten. Dann würde dieser das Lösegeld für seine Yacht beschaffen.

Während sich die Piraten über den Vorschlag herumstreiten, versucht der Skipper, einen Notruf auf dem Kurzwellensender abzusetzen. Aber es meldet sich niemand. Einer aus der deutschen Crew will die Piraten heimlich filmen. Die anderen unterbinden das. Er macht auch Vorschläge, die Piraten zu überrumpeln. Auch das wird strikt abgelehnt. Die Situation nagt an den Nerven. Heimlich trinkt einer Alkohol. Herbert Sorg bemerkt es, schüttet den restlichen Alkohol in den Ausguss. Jetzt ist die Stimmung noch gereizter, gesteigert durch die unerträgliche Hitze.

Am 23.6. heißt es wieder Warten. Irgendwann kommt ein Fischerboot vorbei. Die Gefangenen müssen unter Deck. Die Piraten laden ihre Gewehre; sie wollen sich die Beute nicht von einer anderen Bande abjagen lassen. Die Deutschen wissen inzwischen, dass die Piraten aus einer streng organisierten Truppe stammen und offensichtlich gut ausgebildet sind. Sie stellen mehrfach über Kurzwellenfunk Kontakt zu ihrer Führungsstelle her, verhalten sich auch sonst sehr diszipliniert. Es wird klar, dass der Clanführer – der »*old man*«, wie sie ihn nennen – ihre unumstrittene Autorität ist. Die Piraten machen nicht den Eindruck von marodierenden Strauchdieben, vielmehr den einer militärisch gut organisierten Einheit.

Am nächsten Tag gibt es kaum noch Trinkwasser an Bord der NONO. Die Piraten haben sich kräftig an den Vorräten bedient. Einer geht mit einem Crewmitglied an Land, er will von einer Quelle Wasser holen. Auf dem Rückweg lösen sie sich mit dem Tragen der schweren Kanister ab. Mal trägt sie der Somali und der Deutsche trägt die Kalaschnikow, mal ist es umgekehrt.

Es ist am Abend des 24.6., als ein Fischerboot Doc Aden, ein paar Somalis und einen Europäer an Bord der NONO bringt. Der Europäer stellt sich als Nanko Borsboom aus Holland vor. Er erzählt, dass er einer Hilfsorganisation angehört und von dem Überfall in Bosasso gehört habe; er erkundigt sich als Erstes nach ihrer Gesundheit. Nanko erklärt den Deutschen, dass er ihnen helfen werde, in Kürze frei gesetzt zu werden. Noch am selben Abend geht es ankerauf nach Bosasso. Nanko bittet die Deutschen, ihm heimlich alle wertvollen Gegenstände zu geben. Sie sollen dann ihre persönlichen Sachen packen und sich bereit machen, an Land zu gehen. Die Segler wissen nicht, ob sie ihm trauen können. Aber ihr Misstrauen erweist sich schnell als unberechtigt. Nanko Borsboom lotst über Funk Jeeps der UNICEF ans Ufer.

Als alle am siebten Tag ihrer Gefangenschaft in den Jeeps sitzen, wissen die Charterer und ihr Skipper, dass sie frei sind. Noch eine Stunde brauchen sie über die Geröllpiste bis nach Bosasso. Hier können sie im einzigen Hotel duschen und ausschlafen. Danach haben sie Zeit, sich bei ihren Rettern zu bedanken, erfahren, wie diese von dem Überfall gehört haben und lernen auch B.W. Drayner kennen, der bereits dem finnischen Seglerpaar von der Yacht VIOLETTA aus ihrer Gefangenschaft geholfen hat. Heimlich fotografiert Herbert Sorg vom Hotelfens-

Der ›Piratenhafen‹ Bosasso vom Dach des einzigen Hotels aus gesehen. (Foto: Herbert Sorg)

ter aus die einzige Yacht im Hafen. Es ist die VIOLETTA aus Finnland, die die Piraten vor sechs Wochen 60 sm vor der Küsten gekapert hatten.

Inzwischen hat Nanko den deutschen Botschafter in Nairobi informiert. Danach telefonieren die Deutschen mit ihren Verwandten und der Charterfirma. Die Presse in Deutschland wittert eine Sensation. Pausenlos wird im Hotel nach den Überfallenen verlangt.

Während Nanko auch noch die Flugtickets nach Dubai organisiert, erfährt die Crew eines der wohlgehütetsten Geheimnisse an der Küste Somalias. Es geht die Vermutung, dass der Chef der Küstenwache der ranghöchste Pirat sei. Er sei ein ehemaliger Fischer. Alle Fischerboote hätten ihm zu berichten, sobald sich eine Yacht näherte. Es gibt zur Zeit kein Küstenwachboot, also bedient sich der Chef seiner Freunde, der Fischer. Hinzu kommt, dass der Leuchtturm am Horn von Afrika nicht in Betrieb ist. Er würde quasi als Aussichtsturm von den Piraten genutzt, um nach Beuteschiffen Ausschau zu halten, heißt es. Von dort aus hatte man mit Sicherheit auch die sich nähernde NONO erkannt und ein Kaperschiff in ihre Richtung geschickt.

Die Gefangenen können vom Hoteldach aus erkennen, dass ihr Haus hermetisch mit Stacheldrahtzaun und bewaffneten Posten abgesichert ist. Jeder zweite Mann in der Stadt trägt eine Waffe. Keiner von der Crew verspürt Lust auf einen Stadtbummel. Jeder ist froh, heil und gesund dieses Land verlassen zu können. Dennoch, keiner ist in all den Tagen von den Piraten grob angefasst, geschweige denn körperlich misshandelt worden.

- - -

K. HYMPENDAHL: *Hatten Sie Waffen an Bord?*
B. KULPE: Wir hatten keine Waffen an Bord. Persönlich lehne ich das Führen von Waffen an Bord ab. Ich weiß auch nicht, ob ich eine Waffe benutzt hätte. Schließlich standen wir sechs bewaffneten, relativ gut ausgebildeten ›Soldaten‹ gegenüber. Ich denke, wenn sie einen von vornherein töten wollen, dann tun sie das auch.

Was haben Sie rückblickend richtig gemacht?
Die Piraten waren mindestens so nervös wie wir. Beim kleinsten Anlass hätten sie sich erschreckt, hätten geschossen. Deshalb war es sehr richtig von uns, dass wir uns ruhig und abwartend verhalten haben.

Was würden Sie in Zukunft anders machen?
Gar nichts. Zu Hause kann mir auch ein abgedrehter Fixer eins über den Schädel geben. Oder irgendein Mensch hält mir auf einem Parkplatz eine MK 9 ins Gesicht.

Was würden Sie anderen Seglern empfehlen?
Seid ruhig, höflich und aufmerksam. Erfüllt ihre alltäglichen Wünsche nach Wasser, Essen, Tabak. Helft ihnen bei Kleinigkeiten. Wir haben ihnen den Außenborder repariert, Wasser von Land geholt, ihnen einen Platz unter einem Sonnensegel verschafft. Ja, wir haben sie sogar kochen lassen. Als einer Spülmittel mit Speiseöl verwechselte, habe ich ihn darauf aufmerksam gemacht. Man sollte sich den neuen ›Gastgebern‹ so weit wie möglich anpassen und den Stress aus der Sache nehmen. Auch die Piraten stehen unter erheblichem Stress und reagieren auf unüberlegte Handlungen der Crew genauso unüberlegt.

Wie war die Unterstützung durch die Behörden?
Weder der Botschafter in Nairobi noch eine Behörde in Deutschland interessierten sich für unser Schicksal. Schon bei meinem ersten Telefonat mit dem Botschafter wurde mir mitgeteilt, dass

ich alle Kosten zu tragen habe. Es ging nur ums Geld. Nanko Borsboom setzte sich später mit der Deutschen Botschaft in Nairobi in Verbindung. Außer einer Zusicherung der Botschaft, dass er alle Schmiergelder (Post, Einwanderungsbehörde, Verbindungsmänner zu den Piraten etc.), die Hotelkosten, Flugtickets nach Dubai, die er alle aus eigener Tasche vorgestreckt hatte, später zurückbekommen würde, hatten wir keinerlei Unterstützung.

Wie war die Yacht versichert?
Das Schiff war Vollkasko mit einer Selbstbeteiligung versichert für weltweite Fahrt. Als wir wieder frei waren, sagte die Versicherung zunächst die komplette Regulierung des Schadens zu. Erst als später bekannt wurde, dass auch das Schiff wieder frei war, kam es zu Schwierigkeiten. Die Versicherung bestand darauf, dass ich weder als Skipper noch als Crew das Schiff nach Europa zurückführen dürfe. Am Schluss drohte sie sogar, mich auf die gesamte Schadenssumme zu verklagen. Ich hätte grob fahrlässig gehandelt, da ich ihrer Meinung nach zu dicht unter Land war. Die Klage kam allerdings nicht zu Stande.

Wie ist Ihre generelle Einstellung zu Piraten?
Man sollte viel mehr die Ursachen der Piraterie bekämpfen, nämlich die Armut und Ungerechtigkeit, die in diesen Regionen herrschen. Diese Menschen tun das, was sie seit tausenden von Jahren tun. Wenn sie sich ungerecht behandelt fühlen, nehmen sie sich mit Gewalt das, was sie auf regulärem Weg nicht bekommen können. Für einen Somali ist ein Mensch, der auf einer Yacht mit all ihrem Luxus über das Meer fährt, unvorstellbar reich. Er kann nicht verstehen, dass ein solcher Schiffseigner in seinem Land auch lange und hart dafür arbeiten muss. Es leuchtet ihm auch nicht ein, dass für solch einen Yachtbesitzer 100000 US-$ viel Geld ist. Könnten wir es in seiner Situation? Warum gibt es z. B. in Dänemark keine Piraten? Weil es keiner nötig hat. Ich will die Piraten nicht entschuldigen, aber man sollte mehr über die Ursachen als über die Auswirkungen nachdenken.

Brief des Skippers Boris Kulpe

Er erreichte mich einige Monate nachdem Boris Kulpe mir seinen Report geschickt hatte:

Hallo Klaus,

wenn ein Flugzeug entführt wird, redet die Presse weltweit darüber und die Luftpiraten können kaum damit rechnen, davonzukommen. Wird aber eine Yacht oder ein Frachter entführt, interessiert es keine Sau. Wenn der Tote auf dem Amazonas nicht Sir Peter gewesen wäre, hätte es wahrscheinlich nicht mal eine Notiz in der Zeitung gegeben. Und was ist letzten Endes daraus geworden? Warum sind gerade diese Leute so schnell gefasst worden? Was wird unternommen, um eine Wiederholung zu verhindern? Es müsste doch ein Aufschrei durch die Gemeinschaft der internationalen Yachtszene gehen. Aber ich denke, es wird sich nichts Entscheidendes tun. Auch Dein Buch wird wenig bewirken. Es gibt die übliche Reaktion nach dem Motto: »Ach, schau mal: Piraterie auf See gibt es auch noch? Die sind ja selber Schuld, weshalb fahren die da hin?«

Im Übrigen hat für die meisten Menschen Piraterie heute noch immer einen starken Hauch von Abenteuer und Romantik. Solange Kinder und Erwachsene als Piraten verkleidet zum Karneval gehen, kann man wohl kaum erwarten, dass die Menschen Verständnis für die Opfer entwickeln. Wer würde sich erlauben, an Karneval als Luftpirat oder Talibankämpfer aufzutreten?

Was soll's, ich habe die Segeljacke jedenfalls erst mal an den Haken gehängt. Nicht zuletzt auch wegen der Erlebnisse vor Somalia und Brasilien und der Zunahme weltweiter Piratenübergriffe – auch in Gebieten, die bisher als relativ sicher galten.

Also bis dann
Boris Kulpe

Jemen – Golf von Aden

Von historischer Tradition ist das kriminelle Gewerbe der Piraterie im Jemen. Früher überfielen jemenitische Piraten arabische Dhaus, später europäische Handelsschiffe, heute Berufsschiffe und Yachten. Meist kommen sie mit drei kleineren offenen Booten. Die Männer sind schwer bewaffnet, oft mit Kalaschnikows. Da im Golf von Aden häufig leichte Winde wehen, können diese offenen Boote weit aufs Meer hinausfahren. In jemenitischen Gewässern fanden Überfälle bis zu 60 sm vor der Küste statt. Bei höherem Seegang fahren diese Boote nicht aufs Meer, dann sind Yachten sicher.

Den jemenitischen Piraten geht es in erster Linie um Bargeld, Schmuck und Ausrüstungsgegenstände. Sie rauben alles, was nach Wert aussieht – anders als die Somalis, denen es um Lösegeld geht. Die Organisation der Überfälle beginnt bereits an Land. Agenten, die den Yachties Diesel und Lebensmittel besorgen, fragen sie aus, wohin sie segeln wollen, wie viele Leute an Bord sein werden, bis hin zur Frage, ob sie Waffen an Bord haben, solche kaufen wollen.

In diesen Gewässern kommt es immer wieder vor, dass sich von achtern Boote mit starken Außenbordmotoren nähern. Die Männer in Uniform oder in Tarnanzügen geben sich als Polizisten oder Offizielle aus und verlangen Geld, genannt Bakschisch. Besonders berüchtigt sind die Piraten der jemenitischen Insel Socotra, einer traditionellen Piratenhochburg. Das Gefahrengebiet zieht sich vom Golf von Aden durch die Meeresenge Bab-el-Mandeb bis zu den Hanish-Inseln im Roten Meer.

Überfall auf eine Nussschale

Yachtname:	The Way
Yachttyp:	*Pearson Commander 25'*
Eigner:	*Zoltan Gyurko*
Heimathafen:	*Los Angeles, USA*
Überfallgebiet:	*Jemen, Golf von Aden*
Datum des Überfalls:	*März 1999*

Zoltan Gyurko hat gerade sein Diplom der Columbia Universität in der Tasche, als er auf die Idee kommt, die Welt mit einem Segelschiff kennen zu lernen. Wie sieht es außerhalb Amerikas aus?, lautet seine Frage. Der Grund, weshalb er sich für ein »schwimmendes Appartement« entscheidet: Er will seine Bücher mitnehmen, sein Surfbrett, die Kameras, seine Taucherausrüstung und all die anderen Annehmlichkeiten. Er ist jung, gerade 21 Jahre alt. Sein Budget ist klein und so kauft er sich im Jahr 1994 für 2000 US-$ eine 28 Jahre alte Yacht, eine Pearson 25', gerade etwas über sechs Meter.

Zoltan hat kaum Ahnung vom Segeln, war noch niemals über Nacht auf einem Boot. Aber er lernt schnell und kommt nach nur 20 Tagen auf Hawaii an. Auch seine Bootsausrüstung ist bei Reisebeginn gelinde gesagt dürftig. Im ersten Jahr gibt es keine Maschine, keinen Herd, kein Radio, kein GPS-Gerät – nur einen Sextanten aus Plastik. Im Laufe der Zeit aber investiert er in all die hilfreichen Ausrüstungsteile wie Echolot, zwei GPS-Geräte, einen EPIRB-Rettungssender und sogar in ein Radargerät. Sein kühner Plan ist es, einmal rund um die Welt zu segeln.

Sieben Jahre später endet die Reise nicht in Los Angeles, sondern in Griechenland. Unterwegs ist er meistens allein, bleibt jahrelang im Pazifik. Während der ersten vier Jahre ist er Einhandsegler. Ab und zu segelt ein

Freund mit. Erst in Singapur steigt seine gleichaltrige Freundin Jennifer Hile zu ihm ins »schwimmende Appartement«. Von nun an wollen sie gemeinsam weitersegeln. Sie verdient ihren Lebensunterhalt als freie Journalistin, macht Videofilm-Produktionen. So wie Zoltan am Anfang der Reise hat auch sie bei Reisebeginn keine Ahnung vom Segeln. Aber bis zu dem Zeitpunkt, als sie auf die Piraten treffen, hat auch Jennifer eine Menge dazugelernt.

Inzwischen haben beide von einer Filmproduktionsfirma ihre Erlebnisse dokumentieren lassen: ›Without Warning‹ erscheint im Discovery Channel und wird auch international gesendet.

Ich habe alle Berichte, die mir von den Überfallenen zur Verfügung gestellt wurden, in ein bestimmtes Raster übertragen, sodass der Leser das Geschehen später besser vergleichen kann. Bei Zoltan Gyurko mache ich eine Ausnahme. Er ist ein junger Schriftsteller, der auf die Veröffentlichung seines ersten Romans wartet, der Richtige also, um seine Geschichte selbst zu erzählen:

»Die Terroristenattacken vom 11. September werde ich nie in meinem Leben vergessen können. Aber noch tiefer sitzt die Erinnerung an den Piratenüberfall, den ich vor der Küste des Jemens erleben musste.

Als ich gerade 21 Jahre geworden war, begann ich 1994 eine Segelreise mit meiner THE WAY, einer Pearson 25', die mich um die Welt führen sollte. In Singapur kam eine Freundin, Jennifer Hile, an Bord, und wir zwei segelten durch die Malakka Straße in die Bengalische See. Unser erster Landfall, nachdem wir den Indischen Ozean überquert hatten, war Salalah in Oman. Von hier wollten wir der jemenitischen Küstenlinie bis nach Aden folgen.

Es muss so um 03.00 Uhr nachts gewesen sein. Ich trank eine Tasse Kaffee und beobachtete die Sterne, als ich das entfernte Summen eines Außenborders hörte. Zu dieser Zeit segelten wir zirka 7 sm von Land entfernt. Ich hatte Nachtwache, Jennifer schlief. Langsam wurde das Geräusch des Außenborders lauter. Irgendwann konnte

Jennifer Hiles und Zoltan Gyurkos Piratenbegegnung wurde in einer Dokumentarsendung des Travel Channels verarbeitet. Jennifer Hile schreibt und filmt für National Geographic Today, Zoltan Gyurko ist freier Video-Journalist. (Foto: Jen Sticks)

ich die Umrisse eines Schnellbootes ganz in der Nähe erkennen. Ich hoffte, dass es nur ein Fischer sei. Aber als das Boot neben meinem Schiff deutlich sichtbar war, konnte ich vier Männer mit Masken und Schnellfeuergewehren in den Händen erkennen.

Ich rief sofort nach unten: ›Jennifer! Jennifer, wach auf!‹ Sie fragte noch halb im Schlaf, was los sei.

›Komm nicht an Deck! Versteck dich unter der Bettdecke und den Kissen! Vier maskierte Männer mit Gewehren kommen! Ich glaube, es sind Piraten!‹

Ich hatte immer die geladene Signalpistole und ein großes Fahrtenmesser griffbereit in der Nähe der Spüle verstaut. Aber in diesem Moment war mir klar, dass beides nutzlos gegen vier AK-47 war. Es gab keine Chance, mich zu verteidigen. Der Gedanke, gefesselt und geknebelt zusehen zu müssen, wie Jennifer von dieser Vier-Mann-Bande vergewaltigt werden könnte, war entsetzlich. Mein wichtigstes Ziel war, die Männer vom Entern meines Bootes abzuhalten. Ich musste verhindern, dass sie die blonde Frau entdeckten. Sollten sie so viel Geld erhalten, wie sie wollten.

Die Piraten waren schnell neben The Way, bereit, sie zu rammen. Ein Suchlicht, auf ihrem Kajütdach montiert, blendete mich. Als sie auf mein Boot auffuhren, gab es einen ohrenbetäubenden Schlag. Ich verlor das Gleichgewicht und fiel ins Cockpit. Sofort stand ich wieder auf, die Hände über dem Kopf. Alle AK-47 waren auf mich gerichtet.

Der Anführer befahl einem seiner Leute, vorne auf mein Boot zu springen. Der versuchte, sich an einer der Wanten festzuhalten, konnte sie aber nicht packen, weil beide Boote in dem starken Schwell des Ozeans sehr schwankten. Der Mann musste sogar aufpassen, dass seine Hände nicht zwischen die beiden Schiffskörper kamen, die wie wilde Böcke auf und nieder gingen.

Ich rief ihnen zu: ›Was wollt ihr? Ich habe Geld! Dollars! Dollars!‹

Wenn es mir gelang, die Aufmerksamkeit des Anführers zu fesseln, konnte ich es vielleicht schaffen, dass er seinen Komplizen nicht zu mir an Bord beorderte. Aber

The Way *segelt vor einem aktiven Vulkan in Papua-Neuguinea. (Foto: Jimmy Hall)*

der Kerl schaute nur kurz zu mir. Dann wandte er sich zu seinem Mann am Bug und schrie ihn an. Natürlich verstand ich nicht, was er sagte, aber wahrscheinlich beschimpfte er ihn, dass er zu blöd sei, meine Yacht zu besteigen. Dann befahl er einem anderen Mann, mein Boot zu entern. Der warf sein Maschinengewehr über die Schulter und lief zum Bug.

In dem Moment, als beide Piraten versuchten, meine Wanten zu ergreifen, machte THE WAY eine besonders heftige Bewegung zur Seite. Sie wurde von einer größeren Welle hochgetragen und schoss drei Meter ins Wellental. Alle verloren das Gleichgewicht. Wieder fiel ich ins Cockpit. Als ich mich aufrappelte, war das Piratenboot drei Meter entfernt. Der Anführer schrie und gestikulierte zu seinem Steuermann, längsseits zu gehen.

›Dollars! Ich kann euch Dollars geben‹, schrie ich frenetisch. Dabei machte ich Handbewegungen und Gesten, dass keiner an Bord zu kommen brauche – ich müsste nur ins Schiffsinnere, um das Geld zu holen.

Sie brauchten nur 30 Sekunden, um ihr Boot umzudrehen und es wieder neben meines zu bugsieren. Wieder rief ich dem Anführer zu, dass ich Dollars für ihn hätte. Ich bezweifelte, dass er Englisch verstand. Aber nachdem sich eine weitere Welle über die Hecks beider Boote ergossen hatte, deutete er mit dem Gewehrlauf zu meinem Niedergang und brüllte: ›*Moonney! Moonney!*‹

Ich rannte unter Deck, griff nach meinem Portmonee. ›Verdammt!‹ fluchte ich. Ich hatte nur eine 50-Dollar-Note. Der Rest waren Travellerschecks. Ich überlegte eine Sekunde, griff nach einer Stange Marlboro und nach der Flasche Whisky *made in Sri Lanka*. Schnell war ich wieder an Deck, unsicher lehnte ich mich über die Reling, überreichte alles dem Anführer. Er ließ sein Gewehr zur Seite an Deck fallen. Bevor er auch nur einen Blick auf das Geld warf, begutachtete er die Flasche Whisky.

Wieder kam eine dieser hohen Wellen, die die Boote trennte. Kaum waren die Schiffe erneut auf gleicher

Höhe, befahl der Anführer seinem Mann am Ruder, Kurs auf die Küste zu nehmen.

Ich lief nach unten zu Jennifer. An ihrer Koje brach ich zusammen.

Am nächsten Tag erinnerte mich Jennifer, dass Alkohol im Jemen verpönt sei. Der Gedanke daran ließ mich zum ersten Mal seit der Attacke lächeln. Aber auf unserem Weg durchs Rote Meer, den Suezkanal und bis zum Mittelmeer hatten wir noch viele weitere Gründe zum Lächeln.

Dennoch, die Nachtwachen auf dieser Reise waren nicht mehr so wie bisher. Der Frieden, den man nachts mit einer Tasse Kaffee in der Hand verspürt, wurde gestört durch das Lauschen auf das Geräusch eines sich nähernden Bootsmotors.

Ich kann nur hoffen, dass mir nie wieder Maskierte mit AK-47 Schnellfeuergewehren begegnen.«

- - -

K. HYMPENDAHL: *Hatten Sie Waffen an Bord?*
Z. GYURKO: Ich hatte keine Waffen an Bord.

Was haben Sie rückblickend falsch gemacht?
Ich bin nicht sicher, ob ich etwas falsch gemacht habe. Außer der Tatsache, dass ich meine Navigationslichter an hatte. Niemals in Zukunft werde ich in einem gefährlichen Gebiet Navigationslichter führen.

Was haben Sie richtig gemacht?
Das Beste, was mir einfiel, war, meine Freundin zu verstecken, sodass die Piraten sie nicht entdeckt haben. Außerdem handelte ich sehr diplomatisch, indem ich ihnen alles gegeben habe, was sie verlangten. Und in keinem Moment habe ich einen Kampf herausgefordert.

Was würden Sie in Zukunft anders machen?
Ich würde nichts anders machen – außer, dass ich ohne Lichter segeln und anstatt 7 sm mindestens 20 sm von der Küste entfernt bleiben würde.

Was würden Sie anderen Seglern empfehlen?
Ich empfehle, im Konvoi zu segeln, mit einer halben Seemeile Abstand. Außerdem würde ich Gebiete wie den Jemen meiden.

Gegenwehr rettete ihr Leben

Yachtname:	DAISY DUCK
Yachttyp:	*Halberg Rassy 38*
Eigner:	*Federico Pettenella*
Nationalität:	*Italien*
Heimathafen:	*London, England*
Überfallgebiet:	*Golf von Aden, 60 sm vor der Küste Jemens*
Koordinaten:	*12°55′ N, 48°20′ E*
Datum des Überfalls:	*12.4.01*

Federico und Fulvia Pettenella sind erfahrene Blauwassersegler. Seit 1984 durchkreuzen sie die Ozeane und haben fast zweimal die Welt umsegelt. 1990 und 1996 wurden ihre Kinder Valentina und Diego geboren. Das bedingte für die Pettenellas lediglich einen Stopp, aber kein Ende ihrer Wanderlust auf den Meeren. Sie segeln auf einem Klassiker, einer Halberg Rassy 38, von der einige hundert Exemplare gebaut wurden.

Wie die meisten Fahrtensegler rüsteten auch sie die 1981 gebaute Yacht mit Solarzellen und einem starken Wassermacher aus, der bis zu 180 l frisches Trinkwasser pro Stunde produzieren kann. Denn wie auf allen Blauwasseryachten sind die zwei Hauptprobleme: zu wenig Strom und zu wenig Wasser, besonders wenn zwei immer durstige Kinder an Bord sind.

Die Freiheit, die die Pettenellas suchen, finanzieren sie unterwegs zum Teil durch gut bezahlte Gelegenheitsjobs. Wie auf vielen Schiffen üblich erhalten die Kinder Fernunterricht. Im Jahr 2000 segelten die vier Italiener spät in der Saison, im goldenen Oktober, aus Viareggio weg. Es wurde langsam kühl in Italien und ihr Kurs führte sie direkt zum warmen Roten Meer. Sie blieben zwei Monate im Sudan, einem der schönsten Tauchreviere der Welt.

Die Halberg Rassy 38 Daisy Duck *vor Anker in Thailand.*

Danach verbrachten sie zwei Monate in dem jungen Staat Eritrea, der früher eine italienische Kolonie war, sodass heute noch der Einfluss der einstigen Statthalter überall sichtbar ist. Viele Eritreer sprechen Italienisch und so fühlten sich die Vier von der Daisy Duck nicht einmal fremd.

Anfang April war die Zeit gekommen, das gastfreundliche Land wieder zu verlassen. Die Segler hofften auf leichten NE-Monsun, der auch auf N und NW drehen kann. Er sollte die Daisy Duck um Sri Lanka herum nach Thailand bringen. Es herrschte jedoch Windstille, an segeln war nicht zu denken und sie motorten. Das wegen seiner Starkwinde gefürchtete Bab-el-Mandeb, das berüchtigte Tor der Tränen, erlebten sie in totaler Flaute. So ging das tagelang.

Dann kommt der 12. April. Seit Massawa, dem Haupthafen Eritreas, fahren sie unter Motor. Kein Wind will aufkommen und wer weiß, wie lange der Monsun noch auf sich warten lässt. Ihr Kurs ist Ost. Ihr Ziel Thailand. Bereits 600 sm liegen seit Massawa hinter ihnen und der Skipper macht sich langsam Gedanken um den Dieselverbrauch.

Die Familie sitzt im Cockpit beim morgendlichen Frühstück, als Federico hinter sich ein riesiges Containerschiff aus dem Morgendunst aufkommen sieht. »Sie sind zirka zwei Meilen hinter uns. Die kommen gerade recht«, sagt er und greift zum Mikrofon seines UKW-Radiogerätes.

Es kommt schnell eine Verbindung auf Kanal 16 zu Stande. Der Wachhabende und der Skipper einigen sich, einen anderen Kanal zu wählen, um den Notfrequenzkanal frei zu lassen und ungestört längere Zeit reden zu können. Jetzt erkennt Federico auch, dass es sich um ein Schiff der koreanischen Reederei Hyundai handelt. Denn groß stehen die ihm bekannten Lettern an der Seite des Schiffs.

»Hier spricht die italienische Yacht DAISY DUCK«, beginnt er das Gespräch. »Können Sie mich vor Ihnen gut ausmachen?«

»Ja, DAISY DUCK, wir können Sie gut erkennen.«

»Unser Ziel ist Thailand. Seit 600 sm motoren wir. Wenn kein Wind kommt, haben wir Probleme mit dem Diesel. Können Sie uns ein Fass Diesel geben? Wegen der Piraten hier möchten wir keinen Hafen anlaufen. Vor knapp zwei Monaten wurde in dieser Gegend ein Katamaran überfallen.«

»Tut mir Leid mit dem Diesel«, kommt von der Brücke des Hyundai-Schiffs die Antwort. »Unsere Geschwindigkeit erlaubt es uns nicht, zu stoppen. Wenn wir jetzt anhalten, können wir unsere Termine nicht einhalten.«

Inzwischen erkennen die Italiener ein kleines offenes Holzboot, das sich ihnen plötzlich von Backbord nähert. Federico nutzt die Gelegenheit und berichtet dem Wachoffizier: »Sehen Sie das kleine Holzboot von Backbord auf uns zukommen? Wir fühlen uns hier nicht sicher.«

»Ja, wir sehen das Boot. Wir wissen, dass es in diesem Gebiet Piraten gibt. Aber seien Sie unbesorgt.«

Von achtern kommt der blaue Rumpf des riesigen Hyundai-Containerschiffs auf. Nur zirka hundert Meter an ihrer Backbordseite schiebt sich der Schiffsleib schnell an DAISY DUCK vorbei. Zeitweise verdeckt er das sich nähernde Holzboot. Kaum ist der Koreaner an ihnen vorbei, erkennen Federico und seine Frau, dass sich das Holzboot noch schneller genähert hat. Es ist zirka acht Meter lang und hat drei Männer an Bord. Zwei stehen am Bug und einer achtern. Sie wollen offensichtlich keinen Sicherheitsabstand einhalten, kommen bis auf 15 Meter näher und winken ihnen anzuhalten.

Federico hat sich von seiner Frau inzwischen seine Schrotflinte geben lassen. Sie liegt, für die Piraten unsichtbar, vor ihm auf der Cockpitbank. Die Kinder haben sie unter Deck geschickt. Er legt jetzt den Gashebel auf volle Fahrt, um den Männern zu entkommen.

Plötzlich zieht einer der beiden Männer am Bug eine Kalaschnikow und schießt. Der italienische Skipper zögert keinen Moment, greift sein Gewehr und schießt zurück. Gegenwehr sind die Piraten nicht gewöhnt. Sofort drehen sie ab. Man hat ihnen den Effekt der Überraschung genommen; die Italiener sehen, wie die Piraten zurückfahren.

In der Zwischenzeit ist Fulvia Pettenella ans UKW-Radio gehastet und ruft auf Kanal 16 um Beistand: »Mayday! Mayday! Mayday! Hier spricht die Segelyacht DAISY DUCK. Wir werden von Piraten überfallen. Unsere Position: 12°55′N, 48°20′E.«

Es kommt keine Antwort.

»Mayday! Mayday! Mayday! Hier spricht die Segelyacht DAISY DUCK ...«

Keiner antwortet.

Sie probiert es wieder: »Mayday! Mayday! Mayday! Bitte helfen Sie uns, wir haben Kinder an Bord. Wir werden von Piraten überfallen.«

Wieder kommt keine Antwort.

Verzweifelt schreit die Mutter ins Mikrofon: »Weshalb antwortet denn keiner? Wir brauchen Hilfe! Bitte, Hyundai-Containerschiff, Sie haben doch gerade vor fünf Minuten mit uns gesprochen. Bitte antworten Sie!«

Keine Antwort.

Nur eine halbe Seemeile voraus fährt das Hyundai-Containerschiff. Die Pettenellas sehen noch das Kielwasser vor sich. Nur eines haben sie in der Aufregung vergessen: sich den Schiffsnamen zu merken. Federico und

Fulvia schauen sich verzweifelt um. Immer noch hat Federico das Gewehr in der Hand, dabei entfernt sich das Piratenboot zunehmend. Wütend legt der Skipper sein Gewehr zur Seite und springt zum Navigationstisch. Auf ihrem Radarschirm erkennt Fulvia noch drei weitere Großschiffe. Wie kommt es, dass auf vier Handelsschiffen ihre Notrufe nicht beantwortet werden? Hat denn keiner mehr die Notfrequenz auf Standby geschaltet?

Er schaltet seinen Kurzwellensender ein. Erst gibt er einen Notruf auf der Notfrequenz 2182 KHz ab.

Wieder erhält er keine Antwort.

Dann probiert er es auf anderen ihm bekannten Frequenzen: 4125 KHz, 6215 KHz, 8291 KHz, 12290 KHz und schließlich auf der 16420 KHz. Immer wieder setzt er seine Notrufe ab.

Aber es ist, als ob sein Sender kaputt ist – es kommt keine Antwort.

Nur sehr langsam können sich die Segler auf der DAISY DUCK beruhigen. Aber sie fühlen sich ohnmächtig. Skipper Pettenella: »Natürlich haben die Wachhabenden auf den Handelsschiffen unsere Notrufe gehört. Aber es ergeben sich für sie viele Nachteile, wenn sie in eine Rettungsaktion eingebunden werden. Zeitverlust bedeutet Geldverlust für die Reederei. Kommt ein Schiff zu spät, werden auch Kapitän und Mannschaft bestraft. Unser größter Fehler war es, nicht den Namen des Schiffes gelesen zu haben.« Und der Skipper fährt fort: »Aber diese Daten haben wir Schwarz auf Weiß. 12. April 2001, 04.40 UTC, Position: 12°55′N, 48°20′E. Die Hyundai steuerte einen Kurs von zirka 100°. Es war ein blaues Containerschiff, voller bunter Container; am Bug sahen wir zwei oder drei Tanks mit feuergefährlicher Flüssigkeit. Natürlich kennt die Hyundai-Gesellschaft in Pusan, Korea, den Namen des Schiffes; die werden doch auf allen Weltmeeren über Satellit überwacht.«

In den nächsten Stunden ist die italienische Familie immer noch voller Sorge, denn über UKW haben sie ihre Po-

Familie Pettenella erholt sich von jemenitischen Piraten im schönen Thailand.

sition durchgegeben. Jeder beliebige Pirat weiß jetzt, wo sie sich befinden.

In der Folgezeit ist es dem Skipper möglich, über Amateurradiofrequenzen die italienische Küstenwache zu erreichen. Und per E-Mail korrespondieren sie über die Piratenattacke mit dem italienischen Botschafter im nahen Djibouti. Dieser Kontakt gibt ihnen das Gefühl von Sicherheit, denn bei einem erneuten Überfall wissen sie, dass sie jetzt Hilfe anfordern können. Und genau diese Hilfe haben ihnen die vier Handelsschiffe verweigert. Stattdessen haben sie den verzweifelten Eltern, die um das Leben ihrer Kinder bangten, am Lautsprecher von ihren sicheren Brücken aus zugehört. Sie wurden Zeuge einer Beinahe-Tragödie und haben Hilfeleistung unterlassen. Das ist strafbar.

\- - -

K. HYMPENDAHL: *Hatten Sie Waffen an Bord?*
F. PETTENELLA: Ja, eine Schrotflinte, Kaliber 12.

Was haben Sie rückblickend falsch gemacht?
Wir hätten bei unseren Mayday-Rufen nicht unsere Position durchgeben sollen. Das hat das Überfallrisiko durch andere Piraten erhöht.

Was haben Sie richtig gemacht?
Wir haben sofort geschossen und sie schnell eingeschüchtert.

Was würden Sie in Zukunft anders machen?
In unserem Fall hatten wir es nur

mit einem bewaffneten Mann zu tun, der zuerst schoss. Es war ziemlich einfach, mit nur einem Mann klar zu kommen. Wenn mehrere Männer bewaffnet sind, wird es wesentlich schwieriger zurückzuschießen. Man muss erst in solch einer Situation sein, um die richtige Entscheidung zu treffen.

Was würden Sie anderen Seglern empfehlen?
Unbedingt Waffen an Bord zu haben, wenn möglich Schnellfeuerwaffen.

Wie war die Unterstützung durch die Behörden?
Keine Behörde hat auf unsere Notrufe gehört. Die italienische Küstenwache war dagegen sehr hilfreich. Sie gab uns alle sechs Stunden Funkunterstützung. Als wir in Salallah, Oman, einklariert hatten, ignorierten die Behörden den Überfall. Wir mussten erst einen hohen Polizeibeamten drängen, einen offiziellen Report zu schreiben.

Ausgeraubt, angeschossen und nochmals in Gefahr

Yachtname:	GONE TROPPO
Yachttyp:	*Windspeed 11 m Katamaran, Lock Crowther Design*
Eigner:	*Stephen Phillips und Gail Dawson*
Heimathafen:	*Darwin, Australien*
Überfallgebiet:	*60 sm vor der Küste Jemens*
Koordinaten:	*13°03′ N, 48°41′ E*
Datum des Überfalls:	*27.1.2000*

Australier bezeichnen jemanden als »gone troppo«, der sich längere Zeit in der Hitze und der hohen Luftfeuchtigkeit der Tropen aufgehalten hat. Einer, der dort ein bisschen »eigenwillig« geworden ist, weil er zu viel Sonne abbekommen hat. Freunde von Stephen Phillips und Gail Dawson meinten, die beiden seien »gone troppo«, weil sie sichere Jobs als Techniker und Architektin in Australien aufgegeben hatten und um die Welt segeln wollten. Und ihr Katamaran sei auch »gone troppo« – also wurde er folgerichtig auf diesen Namen getauft.

Von Anfang an verlief einiges auf der Reise ein wenig »gone troppo«. Stephen und Gail waren am 2. Juni 1999 in Darwin gestartet, hatten das unbewohnte Ashmore Reef besucht, waren danach nach Christmas Island gesegelt und erst einen Tag zu den Cocos Keeling Islands unterwegs, als sie in eine Rettungsaktion verwickelt wurden.

Am Spätnachmittag, ganz kurz vor der Dämmerung, beobachteten sie Wale. Dabei entdeckte Gail im letzten Licht einen treibenden, roten Gegenstand, der wie eine Rettungsweste aussah. Sofort drückte Stephen den Mann-über-Bord-Knopf auf seinem GPS-Gerät, startete den Motor, griff nach der Taschenlampe und stellte den Autopiloten ab. Gail übernahm das Ruder und steuerte auf das unbekannte Objekt zu.

Es steckte ein Körper in der Rettungsweste, Kopf nach unten. Gail behielt den Toten im Blickfeld, während Stephen Radio Perth anzurufen versuchte. Aber Gail rief ihn nach oben, sie hatte eine Pfeife gehört. Sie konzentrierten sich trotz der Windgeräusche im Rigg auf eventuelles weiteres Pfeifen. Und endlich hörten sie es, sahen einen Menschen im Wasser, richteten die Taschenlampe auf ihn, Stephen zielte genau mit der Wurfleine, der Mann ließ sich zum Boot ziehen. Mühsam holten sie den total Erschöpften an Bord.

Mit derselben Methode schafften sie es, in den nächsten drei Nachtstunden noch vier Männer lebend an Bord zu bringen. Diese wurden in warme Sachen gepackt. Die beiden Jüngsten waren dem Tod nahe. Sie spuckten Blut, nahmen kein Essen, keine Getränke zu sich. Nur einer sprach Englisch. Radio Perth startete eine große Rettungsaktion. Man bat die Segler, die Männer zurück nach Christmas Island zu bringen. Am nächsten Abend erreichten sie die Insel. Alle Männer kamen durch. Zwei Jahre später hat sich einer von ihnen bei seinen Rettern bedankt. Es hatte sich um Flüchtlinge gehandelt, deren Boot havariert war.

Monate später lag die GONE TROPPO im einsamen Salomon-Atoll, das zu den Chagos-Inseln mitten im Indischen Ozean gehört, als sie ein Hilferuf auf dem UKW-Radio erreichte. Die italienische Yacht MIKADO bat um Schlepphilfe. Sie habe Motorschaden und treibe auf das vorgelagerte Blenheim Riff zu. Sie seien 12 sm vor dem Salomon-Atoll. Am Ankerplatz einigten sich die Skipper verschiedener Yachten, dass GONE TROPPO den Schlepp übernehmen solle, denn die Crew auf der größten Yacht, EL KOUBA aus Neuseeland, hatte Probleme mit der Kühlung des Motors. Mit ihren zwei nur 12 PS starken Motoren und nur einem Ruder – das andere hatte Stephen gerade repariert – gelang es den Australiern, die 25 Tonnen schwere italieni-

Die Australier Gail Dawson und Stephen Phillips wurden beinahe zwei Mal überfallen. (Foto: Lyn Chambers)

sche Yacht sicher in die Lagune zu schleppen. An diesem 24.9.1999 wurden in dem einsam gelegenen Salomon-Atoll einige Gläser zu Ehren von Stephen und Gail geleert.

Auf Booten kennen sich Stephen und Gail aus, denn beide segeln von Jugend auf, hatten auf großen Katamaranen Regatten gefahren. Gail gehört sogar zu den wenigen Frauen, die Yachten als Skipper geführt haben. Von den Chagos-Inseln aus segelten die Australier weiter nach Cochin in Südindien und planten von hier aus einen direkten Kurs nach Aden am Eingang zum Roten Meer. Sie hofften, endlich keinen Menschen mehr auf dieser Reise aus Seenot retten zu müssen. Aber es kam ganz anders.

Ihr Zielhafen liegt am 27.1. 2000 noch 220 sm vor ihnen. Sie wissen von gelegentlichen Piratenüberfällen und führen deshalb in den Nächten keine Positionslichter. Zusätzlich halten sie sich weit vom Land entfernt. Über 60 sm sind es noch bis zur Küste des Jemen und über 100 sm nach Somalia. An diesem Morgen segeln sie gemächlich vor einer leichten Brise von 10 kn mit nur 3,5 bis 4 kn nach Westen. Es ist ein wolkenloser Vormittag und die Hitze kann man nur im Schatten aushalten. Schon seit Tagen ist der Autopilot auf 268° eingestellt. Sie brauchen also kein Ruder zu gehen und bei der Navigation hilft das GPS. So bleibt den beiden nur, den Horizont nach Schiffen abzusuchen.

»Die See war wunderschön«, erzählt Gail Dawson später der australischen Zeitung *The Sunday Age*, »die Winde waren bis auf einen Tag moderat. Der Himmel war wolkenlos. Wir dachten, besser geht es nicht. Nichts von dem ahnten wir, was uns erwartete. Nicht einmal, als einen Tag vor dem Ereignis ein graues Flugzeug über uns wegflog und abdrehte, als es uns ausmachte. Vielleicht hat der Pilot für die Piraten unsere Position und den Kurs ausgespäht. Im Nachhinein gesehen, hätten wir unseren Kurs ändern sollen. Aber wir behielten ihn bei.«

Zuerst sehen sie das Unheil als kleinen schwarzen Punkt am Horizont. Und als sich dieser Punkt nähert, ändern sie sofort den Kurs auf Nord. Um die Fahrt unter Segeln zu erhöhen, wird auf der GONE TROPPO der Motor angestellt. Aber alle Bemühungen sind zwecklos, denn in nur knapp 15 Minuten sind die Piraten da.

Vor der Yacht verringern die Männer die Fahrt. Sie schießen eine Salve über das Rigg des Katamarans. Einige Männer zielen auch ins Wasser. Ohne Vorwarnung schießen dann alle auf den Katamaran. Eine Kugel durchschlägt das Holzschott am Brückendeck. Eine andere dringt durch den vorderen Teil des Schwertkastens an der Backbordseite, durchlöchert eine Schapptür, kommt aus der anderen Seite des Backbordbugs wieder heraus, durchschlägt den Steuerbordrumpf, eine Tür und trifft das Bein von Gail. Sie steht gerade am Kartentisch und funkt »Mayday« auf dem Kurzwellensender.

Später zählen Gail und Stephen neben ihrer Verwundung 16 Einschüsse im Schiff.

»Als sie mit den Schüssen auf das Boot begannen, dachte ich, die schrecken auch vor einem Mord nicht zurück. Ich wusste, wir dürfen ihnen nicht den geringsten Anlass geben, auf Gail oder mich zu schießen«, erzählte Skipper Phillips später dem Reporter von *The Sunday Age*.

Stephen ist bis zum letzten Moment im Backbordrumpf, er versucht, noch einiges Wertvolle zu verstecken. Er kommt aber sofort an Deck, als die Schießerei beginnt,

Die Gone Troppo *wurde von Schüssen durchlöchert.*

und winkt als Zeichen keiner Gegenwehr mit den Händen über dem Kopf. Es wird jetzt nicht mehr geschossen. Die Angreifer erklären den Seglern mit Gesten, dass die Segel einzuholen sind.

Als Gail keine Antwort auf ihre Mayday-Rufe erhält, kommt auch sie an Deck. Obwohl sie verletzt ist, hilft sie, die Segel zu bergen. Als diese unten sind, kommen vier Männer an Bord. Einer wedelt mit seinem Gewehr und beordert die beiden aufs Vorschiff, auf das Netz, das zwischen beiden Rümpfen gespannt ist. Der fünfte Pirat bleibt im Boot, das die Piraten am Heck der Gone Troppo befestigt haben. Während der ganzen Zeit hält er sein AK-47 im Anschlag.

Die Zeit auf dem Vorschiff wird für die beiden Australier zur größten Tortur ihres Lebens. Sie blicken dem Tod ins Gesicht. Der junge Mann hält die Gewehrmündung direkt in Augenhöhe. Seine aufgestaute Aggression steht ihm ins Gesicht geschrieben, sie überträgt sich auf seine Körperhaltung. Er wird abdrücken. Der ältere Pirat erkennt diese kalte Wut, die bei seinem Kumpan aufsteigt; er nähert sich ihm und schlägt im letzten Moment dessen Schnellfeuergewehr zur Seite.

Das ist Lebensrettung in letzter Minute.

Skipper Phillips fühlt sich noch lange Zeit danach ohnmächtig, wenn er an diesen Moment denkt, als er in die Augen eines zum Töten bereiten Mannes geschaut hat. Hat er sich doch immer gegen Waffen an Bord ausgesprochen! Beinahe wäre er wegen seiner eigenen Theorie gestorben.

Jetzt machen sich die Männer daran, den Kurzwellensender zu demontieren. Danach plündern sie das Boot.

Dann kommt die unmissverständliche Forderung nach Geld. Stephen geht unter Deck und bringt die Geldbörse. Er muss sogar helfen, sein eigenes Kurzwellengerät unbeschadet abzubauen. Selbst beim Abbau der beiden Solarmodule und des Antennenverstärkers hilft er. Auch Gail fragen sie jetzt nach Geld. Ihr Portmonee hatten sie nicht gefunden. Auch sie muss ihr Geld hergeben.

Im Interview berichtete der Skipper dem Zeitungsreporter aus seiner Heimat: »Falls sie uns töten würden, hoffte ich auf einen sauberen und schnellen Tod. Wir waren denen total ausgeliefert.«

Die Eindringlinge machen inzwischen einen sehr nervösen, unberechenbaren Eindruck. Man merkt, dass sie schnell weg wollen. Ihr Boot ist ein einfaches offenes Holzboot von zirka sieben Meter Länge. Es ist blau gestrichen, an den Seiten stecken Holzzweige, vermutlich um einen Sonnenschutz darüber zu spannen. Es hat einen Innenbordmotor. Nachdem die Räuber alles eingeladen haben, machen sie sich schnell auf den Weg. Sie nehmen eine südöstliche Richtung und halten bereits nach zwei Seemeilen an – vermutlich um die Beute zu teilen.

Den Verlust bezeichnen Stephen und Gail mit zirka 10000 US-$. Der Überfall dauerte etwa 40 Minuten. Die Piraten waren dunkelhäutig, trugen westliche Kleidung, T-Shirts, lange Hosen. Einer war an die 50 Jahre alt, einer um die 30 Jahre und die anderen drei um die 20. Alle waren glatt rasiert, hatten Kraushaar.

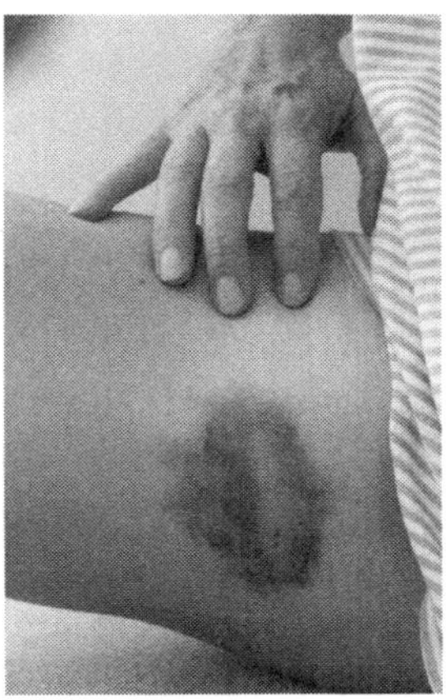

Streifschuss an Gails Bein.

Die Überfallenen bemerken bald eine große Menge Wasser im Backbordrumpf. Zuerst denken sie an ein Einschussloch unterhalb der Wasserlinie, dann aber stellen sie fest, dass eine der Kugeln die Leitung des Frischwassertanks zerstört hat. Als sie das Piratenboot nicht mehr sehen können, setzen sie Segel und nehmen ihren alten Kurs von 268° auf, es ist fast ein direkter Westkurs. Für ihre Mayday-Rufe verwenden sie das UKW-Radio, das die Eindringlinge übersehen haben. Über eine Stunde setzen sie diesen Funkspruch ab. Danach alle halbe Stunde. Niemand meldet sich, bis sie am Nachmittag eine andere Yacht sichten. Es ist die FOURTH TIME, die auf ihre UKW-Rufe antwortet. Sie hat ein Satcom-C-Gerät an Bord und übermittelt die Mayday-Meldung an die Behörden in Djibouti und an einen Schiffsagenten in Aden. Unterdessen nähert sie sich der GONE TROPPO. Erst als sich die Crew vergewissert hat, dass keine weitere Hilfe notwendig ist, segelt die FOURTH TIME ihren eigenen Kurs weiter.

Am Spätnachmittag kommt endlich ein Funkkontakt mit einem Großschiff zu Stande. Da man an Bord der GONE TROPPO noch kein Okay von der FOURTH TIME erhalten hat, dass ihre Faxe, die über Satcom C ausgesendet wurden, auch angekommen sind, fragt Stephen den Funker, ob er die Behörden über den Angriff unterrichten könne. Man würde alles durchgeben, sie sollen auf Standby bleiben, denn man wolle ihnen die Bestätigung nachreichen, es sei denn, sie gerieten außerhalb des Funkkontaktes, sagt der Kapitän. Niemals aber erreichte eine Bestätigung die GONE TROPPO.

Stephen und Gail segeln weiter nach Westen, in Richtung Aden. Der Wind hat zugenommen und am Abend des 28.1.2000 stehen sie keine 80 sm vor Aden. Ihre Position ist 12°50'N, 45°14'E, als Stephen auf dem Radar ein kleines Fahrzeug zirka 1,5 sm vor ihnen ausmacht. Die GONE TROPPO fährt keine Positionslampen, der andere auch nicht. Stephen ändert den Kurs um 70° nach Nord und steigert mit Motorhilfe die Fahrt auf 7,5 kn. Die Distanz erhöht sich auf 2 sm. Aber das fremde Fahrzeug ändert auch den Kurs und behält die Distanz zu ihnen. Nach 30 Minuten gehen die Australier wieder auf ihren ursprünglichen Kurs zurück. Stephen setzt zwei Anrufe auf Kanal 16 auf das unbeleuchtete Fahrzeug ab. Es kommt keine Antwort. Inzwischen ist eine Stunde seit der ersten Kursänderung vergangen. Kein Zweifel, man verfolgt sie. Das Katz-und-Maus-Spiel geht weiter.

Zu dieser Zeit sehen sie die Lichter eines großen Schiffes, das sie auch klar im Radar ausmachen können. Jetzt setzt Stephen einen Ruf an alle Schiffe ab. Er nennt seine Position und den Grund seines Problems. Nach nur zwei Anrufen meldet sich ein Containerschiff. Man peilt ihre Position und bleibt im engen Radiokontakt auf UKW. Stephen meldet dem Funker, dass sie bereits am Vortag überfallen wurden, seine Frau verletzt ist und sie wieder von einem unbeleuchteten Schiff verfolgt werden. Sollte das unbeleuchtete Schiff sich nähern, würde er rote Notsignale feuern. Der Offizier verspricht eine zusätzliche Wache zur Beobachtung in ihre Richtung.

Unmittelbar nach dieser Unterhaltung sieht Stephen auf dem Radar, dass sich das fremde Fahrzeug von der GONE TROPPO entfernt, einen entgegengesetzten Kurs einnimmt. Als es 3 sm entfernt ist, verliert man den Radarkontakt. Nur 15 Minuten später erkundigt sich der Offizier, ob alles auf der GONE TROPPO okay sei. Er berichtet, dass er andere Großschiffe über die Sachlage informiert hat. Weiterhin in großer Anspannung segelt die Besatzung ihrem Zwischenziel Aden durch die Nacht entgegen.

Hier kommen sie am Morgen des 29.1.2000 an. Sofort berichten sie den Behörden von den Ereignissen. Man wisse von keinen Piraten und hätte von keinen Zwischenfällen gehört, ist die einzige Reaktion. Man sei sicher, die Männer seien von Somalia gekommen. Will nichts davon wissen, dass die Piraten wie Jemeniten, nicht wie Somalis ausgesehen hätten.

Gail erhält in der Christ Church Clinic eine erste Hilfe. Man überweist sie in eine Spezialklinik, wo sie geröntgt wird. Ergebnis: Das Geschoss hat ihr Bein gebrochen.

K. HYMPENDAHL: *Hatten Sie Waffen an Bord?*
S. PHILLIPS: Nein, keine.

Was haben Sie rückblickend falsch gemacht?
Uns war nicht klar, wie häufig in dieser Gegend Überfälle stattfinden. Wir dachten, es gäbe nur ganz vereinzelt Piraten.

Was haben Sie richtig gemacht?
Wir befolgten genau die Anweisungen der Piraten.

Was würden Sie in Zukunft anders machen?
Hoffentlich habe ich nie wieder Ärger, denn ich meide in Zukunft bekannte Piratengebiete. Wenn das nicht vermeidbar ist, würde ich Waffen an Bord haben. Schließlich wurde ich mit Waffen auf unserer Farm in Australien groß. Zudem habe ich während meiner Militärzeit Wettbewerbe im Gewehrschießen für die Armee durchgeführt. Außerdem habe ich an IPSC-Wettbewerben mit Pistolen teilgenommen.
Ich habe vor meiner Reise auf so genannte Experten gehört. Es klingt ja alles überzeugend, wenn man sicher an Land berichtet, dass man keine Waffen an Bord haben und auch keinen Widerstand leisten soll. Eine völlig andere Sache ist es aber, wenn zu allem entschlossene Fremde darüber entscheiden, ob man am Leben bleibt oder nicht.

Was würden Sie anderen Seglern empfehlen?
Piratenüberfälle passieren höchst selten. Sie sind auf wenige Gebiete dieser Erde beschränkt, die die meisten Yachten ohne Schwierigkeiten durchfahren. Wenn man sich mit Waffen nicht wohl fühlt, dann sollte man auf sie verzichten. Die Chancen, sie jemals zu gebrauchen, sind sehr gering. Man soll sich nicht durch die mögliche Bedrohung von Piraten sein Seglerleben vermiesen lassen. Ich selber hasse den Gedanken, Waffen an Bord zu führen, aber nach unserem Überfall bleibt mir keine andere Wahl. Jeder Skipper muss selbst die Gefahren einschätzen und seine Gegenmaßnahmen entsprechend festlegen.

- Wenn man durch gefährdete Gebiete reist, sollte man ausreichend bewaffnet sein, gut mit Waffen umgehen können und auch bereit sein zu kämpfen.
- Reise in gefährlichen Gebieten nur im Konvoi mit anderen Yachten, die die obigen Kriterien erfüllen.
- Radio-Kontakte machen diesen Konvoi noch sicherer, aber sie helfen nicht, Piraten abzuschrecken.
- Vergiss nicht, dass es einen Unterschied gibt zwischen armen Fischern, die Essen oder Wasser erbitten, und bewaffneten Piraten, die erst schießen und dann befehlen, zu stoppen.
- *Merke*: Meide gefährliche Piratengebiete.

Wie war die Unterstützung durch die Behörden?
Der Gouverneur und die Polizei in Aden waren sehr besorgt und

sympathisch, allerdings von geringer Hilfe. Dafür waren sie bemüht, dass unser Überfall nicht der Presse mitgeteilt wurde. Der australische Konsul in Riyadh, Saudi-Arabien, konnte uns kaum unterstützen, dafür aber der britische Konsul in Riyadh. Er war besorgt und fragte, wie er uns helfen könne. Auch der Hafenmeister in Aden war sehr besorgt und unterstützte uns. Besondere Hilfe erhielten wir von Einheimischen, z.B. von unserem Taxifahrer Omar, der Klinik oder dem Pastor der Seemannsmission in Aden.

Segeln im Konvoi

Am 23. Februar 2001 wurden die englischen Yachten OCEAN SWAN und SHADY LADY im Golf von Aden (13°48′N, 48°13′E) von drei jemenitischen Booten überfallen. Die Yachten motorten im Konvoi mit der ebenfalls britischen Yacht MI MARRA. Der Katamaran OCEAN SWAN schleppte die 51 Fuß kleine SHADY LADY ab, als der Überfall geschah, wobei diese Yachten Ziel der Räuber waren und ausgeraubt wurden. Die vorab fahrende MI MARRA konnte den Piraten entkommen.

Über Funk verbreitet sich die Nachricht über den Indischen Ozean vom dreisten Überfall auf den Konvoi der drei britischen Yachten. In Salalah, im Oman, warten zu dieser Zeit noch elf Yachten, die über Aden ins Rote Meer segeln wollen. Im *The Oasis Club*, auf dem Hügel oberhalb des Hafens von Salalah, treffen sich die Skipper und Crews. Sie löschen ihren Durst bei kaltem Tiger Beer oder warmem Guiness. Die Toiletten sind sauber, man kann CNN schauen und Pool Billard spielen. Aber die elf Crews haben heute nur eines im Kopf: Wie kommen wir unbehelligt durch den Golf von Aden?

Sie beschließen in einem gemeinsamen Konvoi zu motoren. Die Distanz zum Land soll 30 sm betragen. Alle zehn folgenden Boote sollen sich nicht weiter von der führenden Yacht als ¼ sm entfernt halten. Man beschließt, nur im Notfall auf einem der UKW-Kanäle zu sprechen, keine Lichter einzuschalten und keine Segel zu setzen. Alle geben in ihrem GPS den gleichen Wegpunkt ein.

Die Reise des Konvois beginnt. Am Tag vor der geplanten Ankunft in Aden tauchen plötzlich drei Boote achtern am Horizont auf. Eines kommt längsseits des letzten Bootes des Konvois und fragt nach Essen und Getränken. Der Skipper ruft sofort die anderen Yachten an; die kehren um und umzingeln die drei jemenitischen Boote. Als die dann von allen Yachten aus die Kameras auf sich gerichtet sehen und fotografiert werden, werden sie offensichtlich nervös. Schließlich steht auf Piraterie im Jemen die Todesstrafe. Das jemenitische Boot, das die Yacht nach Getränken gefragt hat, bekommt Wasser angeboten, lehnt aber ab und besteht auf Coca-Cola. Die Männer bekommen gar nichts!

Zum sicheren Überqueren des Golfs von Aden:

1. Konvoi
Diese beiden Geschichten sind insofern sehr aufschlussreich, als sie zeigen, dass sich Piraten trotz der Bildung von Konvois nur bedingt von ihren Plänen abhalten lassen. In dem Fall der drei englischen Yachten sind die drei Piratenboote direkt auf sie zugefahren und haben durch ihre gezielten Gewehrsalven auf Rigg und Segel der mittleren Yacht eine Menge Angst erzeugt.

Auch wenn der Konvoi aus einer größeren Gruppe besteht, lassen sich Piraten erst einmal nicht abschrecken, sich dem Konvoi zu nähern – sie gingen sogar bei der letzten Yacht längsseits. Wenn die Gruppe von Yachties sich nicht so gut vorbereitet und den Plan der Verteidigung nicht ebenso gut durchgeführt hätte, dann wäre das letzte Schiff dieses Konvois wahrscheinlich überfallen worden.

2. Notfrequenzen
Es hat sich wieder einmal gezeigt, dass die internationale Notfrequenz 2182 KHz nicht abgehört wird beziehungsweise dass Notrufe nicht beantwortet werden. Wenn man davon ausgeht, dass im Empfangsbereich dieser Frequenz viele Großschiffe, die durch das Rote Meer fahren, das Funkgerät angestellt haben, dann ist es sehr bedenklich, dass Reaktionen ausbleiben.

3. Behörden
Die Erfahrungen haben ganz klar bestätigt, dass Behörden an den Beschwerden von Yachteignern kaum interes-

siert sind. Segler bilden keine starke Gruppe, im Gegenteil – sie werden als Individuen behandelt, an denen man kein Interesse hat. Sie bringen wenig Geld ins Land; es ist ein verwaltungstechnisch aufwändiger Akt, sie ein- und auszuklarieren, und sie stellen Forderungen nach Sicherheit wie keine andere Gruppe von Fremden.

4. Piraten-Schaltstelle

Und noch etwas zeigt der Bericht: Die Bosse der Piraten sitzen an Land. Sie ziehen die Fäden, stellen Erkundigungen an, suchen mögliche Opfer aus. Auch im Fall der drei englischen Yachten hatte der Agent (sehr treffend!) an Land, der den Seglern den Diesel besorgt hat, die vier englischen Segler vor dem Auslaufen detailliert ausgefragt. Das heißt, die Piraten auf See waren in diesem Fall nur untergeordnete Ausführende. Der Clanführer hat die Opfer ausgesucht, sie ausspionieren und überfallen lassen. So ist es nicht verwunderlich, dass er nicht ein Boot, sondern gleich drei Boote zum Überfall geschickt hat, damit die Piraten in keinem Fall in der Unterzahl waren.

Eritrea

Dieses junge Land, das sich seine Selbstständigkeit erkämpft hat, ist kein Piratengebiet mehr – war es aber. Eritrea hat Grenzschwierigkeiten mit Äthiopien und – was Segler besonders interessiert – mit dem Jemen. Hier geht es um verschiedene Inseln im Roten Meer. Deshalb sei auch darauf hingewiesen, dass man sich vor dem Einlaufen in die Gewässer Eritreas über die aktuelle politische Situation informieren sollte.

Das folgende Beispiel zeigt, dass man unbedingt vor Besuch des Landes in den jeweiligen Einklarierungshäfen einchecken muss. Man darf hier keinesfalls der Versuchung erliegen, eine der Inseln zum Übernachten anzulaufen. Alle vorgelagerten Inseln werden vom Militär patrouilliert. Was Peter und Shirley Billing erlebten, ist zwar kein ausgesprochener Piratenfall, aber hier schienen sich Beamtenwillkür, Piraterie und Spionage auf verhängnisvolle Weise zu vermischen.

Entführt, verhört, gefangen und nie angeklagt

Yachtname:	CLYPEUS
Yachttyp:	*Endurance 35, Peter Ibold Design*
Eigner:	*Peter und Shirley Billing*
Heimathafen:	*Wokingham, England*
Überfallgebiet:	*Baraisole Bay, Eritrea*
Koordinaten:	*13°39′N, 42°10′E*
Datum des Überfalls:	*19.3.1996*

Die Details zu diesem Bericht habe ich dem Buch von Shirley Billing ›Red Sea Peril‹[1] [Gefahren im Roten Meer, der Autor] entnommen. Shirley Billing ist Journalistin, die für diverse internationale Yachtzeitschriften schreibt.

Diese ungewöhnliche Geschichte hat im klassischen Sinn nichts mit Piraten zu tun, obwohl sie in einem der traditionellen Piratengebiete, im südlichen Roten Meer, stattgefunden hat. Dennoch passt das Abenteuer, das Peter und Shirley Billing erlebt haben, in den Rahmen des Piratenthemas. Denn sowohl bei einer Festnahme durch Piraten als auch durch das Militär gibt es keine Anklage und somit auch keine Möglichkeit der Verteidigung. In beiden Fällen haben die Opfer keine Chance der Gegenwehr. Sie sind der Willkür ihrer Peiniger hilflos ausgesetzt.

Auf den Tag genau war es 13 Jahre her, dass Peter und Shirley Billing Katherine's Dock in London verlassen hatten, um die Welt zu umkreuzen. Die Kinder waren aus dem Haus, im Beruf die Möglichkeit der Frühpensionierung gegeben. Auf dem langen Weg rund um die Welt

1 Billing, Shirley: Red Sea Peril, a. a. O.

war ein Besuch bei Shirleys Familie in Australien eingeplant, und ein Job, der sich über ein paar Jahre hinzog, erwartete Peter in Asien. In Singapur hatten sie Segelfreunde gefunden, mit denen sie sich langsam vom Passat nach Westen treiben ließen. Man traf sich in Aden, verproviantierte sich für die schwierige Fahrt durch das Rote Meer.

An der engsten Stelle des Roten Meeres und gleichzeitig seinem südlichen Ausgang, dem Bab-el-Mandeb, wird der Südost-Passat durch die gewaltigen Bergmassive auf asiatischer und afrikanischer Seite gepresst. Der Wind nahm zu. Auch wenn er von achtern kam, mussten die Segler höllisch aufpassen, denn hinzu kam starker Schiffsverkehr. Die Billings beschlossen, nicht mehr bis zum vereinbarten Ankerplatz von Marsa Dudo in Eritrea zu segeln, wo sie mit ihren Freunden von der MARA verabredet waren, sondern sofort den nächsten Ankerplatz anzulaufen – Hauptsache, das Schiff lag sicher und das Pfeifen des Windes im Rigg würde aufhören. Sie navigierten nach englischen Seekarten, fanden einen geschützten Ankerplatz am Ostufer Eritreas, in der Baraisole Bay. Um 15.00 Uhr fällt ihr Anker und bereits um 17.00 Uhr nähert sich ein graues, offenes Boot mit zwei starken Außenbordmotoren. Männer mit automatischen Waffen starren sie an. Ein Übersetzer verlangt höflich nach ihren Pässen. Sie werden überprüft und die Männer verschwinden wieder.

Um 22.00 Uhr werden die beiden Segler aus dem Schlaf geweckt. Stimmen verlangen nach ihnen. Billings huschen in ihre Kleider und begeben sich an Deck. Es sind dieselben Männer wie vorher.

»Wir brauchen Ihre Pässe!«

»Wer sind Sie? Können Sie sich ausweisen?« Peter ist aufgebracht, so spät gestört zu werden.

Man kann sich nicht einigen. Die einen bestehen auf den Pässen, die die Segler aber nicht herausgeben wollen.

Man befiehlt den Engländern, das Schiff jetzt ganz in die Nähe der Hütten, die sie am Tag gesehen hatten, zu verlegen. Nachts! Außerdem müssen sie ihre Pässe aushändigen.

Sie gehen ankerauf, folgen einem schwachen Licht, wissen, dass sie vor sich kaum Tiefgang haben und mit knapp zwei Meter Tiefgang jederzeit auf Felsen laufen können. Sie erkennen eine ankernde Yacht und man befiehlt ihnen, nicht weit davon ihren Anker zu werfen.

In dieser Nacht kann keiner der beiden Segler schlafen. Um 08.00 Uhr berichten sie über die Funkrunde ihren Segelfreunden von den Begebenheiten; schon kurz danach sind die bewaffneten Männer wieder bei ihnen. Sie sollen an Land kommen. Aber der starke Seegang, selbst hier am Ankerplatz, lässt ein sicheres Festmachen des grauen Bootes und ein Übersteigen nicht zu.

Die Segler schützen sich tagsüber vor der Hitze, bleiben unter Deck, sind höchstens im Schatten des Sonnensegels im Cockpit. Um 18.00 Uhr berichten sie ihren Freunden über Funk, dass die andere Yacht eine französische Flagge führt, PEEWIT heißt und wohl keiner an Bord sei, denn mehrfach hätten sie über UKW jemanden zu erreichen versucht.

Um Mitternacht, der Starkwind hatte sich gelegt, hören sie das Geräusch sich nähernder Motoren. Wieder kommen die bewaffneten Männer.

»Sie müssen jetzt an Land kommen!«

Alle Diskussionen nützen nichts. Da sie bedroht werden, verlassen Peter und Shirley zum erstenmal unfreiwillig nach 13 Jahren ihre schwimmende Eigentumswohnung. 54000 sm liegen hinter ihnen. 49 Länder haben sie besucht. Und nun dies! Nur mit dem Allernötigsten in der Hand begeben sie sich mitten in der Nacht an Land – nicht wissend, was sie erwartet.

Man bringt sie zu einer der Hütten am Strand. Vier Wände aus Lehm. Palmwedelbedecktes Dach. Sandboden. Zwei dreckige Liegen.

Wer sind die Männer? Was wollen sie? Sind wir Geiseln? Wenn ja, wofür?, fragen sich die Engländer. Und wieso hat man sie angelogen? Weshalb gibt man ihnen nicht, wie versprochen, ihre Pässe zurück? Wo ist der Offizier, der angeblich mit ihnen sprechen will? Auch am nächsten Tag taucht er nicht auf. Die Hütte befindet sich neben einem Militärcamp. Junge Soldaten lungern am Strand.

Peter und Shirley werden dann mit Hilfe eines Dolmetschers von dem Führer des Camps verhört. Immer dieselben Fragen. Wo kommen sie her? Wo wollen sie hin? Weshalb haben sie hier geankert? Es gibt nur eine Frau in diesem Camp, sie ist die Köchin. Esel schauen ihr beim Kochen zu. Alles ist sehr primitiv. Die Toilette wird im Meer verrichtet. Peter muss die Kameras von Bord holen. Auch die Seekarten wollen die Männer des Camps haben.

»Das sind hunderte von Seekarten. Das geht nicht!«

»Sie müssen sie bringen.«

Peter ist der Verzweiflung nahe. »Nein«, sagt er zu dem Anführer. »Sie haben uns mit den Pässen getäuscht, dann mit dem Vorgesetzten.«

Wütend stapft der Leiter des Militärcamps fort.

Drei Tage hält man die Segler hier fest. Immer ihr geliebtes Schiff vor Augen. Der angekündigte Offizier erscheint nicht. Dann kommt ein LKW über den Schotterweg und man befiehlt ihnen, nach Assab zu fahren. Da sei der Offizier, der sie verhören will. Sie dürfen ein paar Sachen vom Schiff holen, nehmen auch ihre Seekarten vom Roten Meer mit.

Assab liegt 120 km südlich am Roten Meer. Es wird eine lange, heiße, staubige Fahrt. Sie kommen an faszinierenden Landschaften vorbei. Kamele stehen am Wegrand. In einer wüstenähnlichen Gegend steht ein Anhalter. Niemand weiß, woher er kommt. Niemand nimmt ihn mit.

In Assab werden die Billings in ein vom Krieg mit Äthiopien zerstörtes Haus geführt. Der Kommandant stellt ihnen wieder die gleichen Fragen, die man ihnen in der Hütte gestellt hat. Er sagt, dass das Ankern verboten sei, sie hätten vorher in Assab einklarieren müssen.

Jeder in Assab ist höflich zu ihnen. Peter und Shirley Billing fangen am vierten Tag der Gefangenschaft langsam an, sich zu entspannen. Sie erhalten ein sauberes, dürftig möbliertes Zimmer, können duschen, bekommen einfaches, aber schmackhaftes Essen und gehen früh schlafen, denn am nächsten Tag hoffen sie wieder beim Schiff zu sein.

Doch dann erklärt ihnen der zuvorkommende Kommandant Ahmet: »Ich möchte, dass Sie nach Asmara fliegen.«

»Wann?«

»Jetzt. Hier sind Ihre Tickets. Unser Sicherheitsdienst und der britische Konsul möchten mit Ihnen sprechen.« Er grinst.

Nach Asmara wollten wir sowieso, jetzt werden wir sogar kostenlos hingeflogen, denkt Shirley. Die sind so freundlich zu uns, ich fühle mich gar nicht mehr bedroht.

»Die Kameras müssen Sie mitnehmen. Die Seekarten bleiben hier«, ordnet der Kommandant an.

Mit richtigen Tickets der Eritrean Airlines, aber unter falschen Namen fliegen die unter Spionageverdacht stehenden Segler in die 2000 Meter hoch gelegene Hauptstadt dieses vom Krieg gebeutelten Landes. Alte MIGs stehen auf dem Flugplatz von Assab, Zeugen dieses Krieges. Sie starten in einer der heißesten Gegenden der Welt und landen in frischer Kühle auf dem Hochplateau Eritreas. Am Flughafen der Hauptstadt erwartet man die beiden Segler und bringt sie am sechsten Tag nach ihrer Freiheitsberaubung ins Khartoum Hotel. In diesem kleinen, aber sauberen Hotel werden sie noch weitere 12 Tage verbringen müssen, als unfreiwillige Staatsgäste. Nicht wissend, weshalb man sie ständig verhört und wie die Anklage lautet. Dennoch werden sie gut behandelt. Aber man untersagt ihnen, das Hotel zu verlassen, oft müssen sie tagelang in ihrem Zimmer bleiben.

Tag für Tag kommt mehr Licht in das Dunkel ihres vermeintlichen Vergehens. Billings treffen im selben Hotel die französischen Segler Etienne und Monique Forget von der PEEWIT, die verlassen neben ihrer eigenen Yacht ankert. Auch ihnen wirft man Spionage vor, obwohl diese Anklage nicht offiziell erhoben wurde. Heimlich treffen sich die beiden Paare in den Hotelzimmern. Heimlich treffen sie sich auch mit einem Iren, der zufällig in diesem Hotel auftaucht. Und heimlich schmuggelt der Ire eine Botschaft zum englischen Honorarkonsul.

Dann gibt es zur Freude der Verzweifelten eine Überraschung, die die Kreativität und tiefe Freundschaft unter Blauwasserseglern demonstriert. Brian und Lorraine von der MARA tauchen im Hotel auf. Sie haben nach den Freunden gesucht, nachdem der Funkkontakt abgebrochen war und sie von den Engländern nur wussten, dass man ihnen die Pässe abgenommen hat. Zufällig haben sie beim Durchstreifen der kleinen Hauptstadt die farbigen Kopftücher von Shirley erkannt, die diese zum Trocknen aus dem Hotelfenster gehängt hatte, als gezieltes Erkennungszeichen für ihre Freunde. Gemeinsam haben die Frauen diese Tücher im Oman und in Aden gekauft, um ihr Haar in der muslimischen Welt zu bedecken. Und tatsächlich funktioniert die List. Die Australier nehmen sich ein Zimmer im Hotel. Nachts treffen sie sich, erzählen

Shirley und Peter Billing auf ihrer Yacht CLYPEUS *vor Anker in Aden. (Foto: Liz Scott)*

und machen Pläne, um aus dieser Situation wieder heraus zu kommen.

Peter und Shirley erfahren, dass Linda von der Yacht GREEN DOLPHIN inzwischen über Funk einen CLYPEUS-Fonds gegründet hat, in den bereits viele Segler eingezahlt hätten. Das gibt Mut. Dennoch werden sie immer noch verdächtigt, verhört, hingehalten, aber niemals eines Vergehens bezichtigt oder gar angeklagt. Das Warten, die Gefangennahme, das Wissen, heimlich beobachtet zu werden, zerrt an ihren Nerven. Und dann die Sorge um ihr Boot: Hält der Anker? Ist eingebrochen worden? Wird man sie des Landes verweisen – eventuell nach London ausfliegen? Was wird mit ihrer geliebten Yacht? Und was ist mit den Seekarten, die irgendwo in Assab liegen? Ohne sie können sie nicht durch das Rote Meer in Richtung Mittelmeer segeln. Zu all dem kommt, dass Shirley dringend Medikamente benötigt.

Alles wird in dieser Nacht flüsternd mit den Freunden aus Australien besprochen. Billings schreiben ihnen die Passnummern und die Telefonnummern ihres Sohnes und eines Freundes mit viel Einfluss im fernen England auf. Auch Telefonnummern von Shirleys Schwestern in Australien werden weitergegeben. Die Freunde versprechen auch, den britischen Konsul in Asmara zu informieren.

Dies wird der Durchbruch. Die Australier benachrichtigen am nächsten Tag das Foreign Office in London, das Auswärtige Amt. Am 13. Tag erscheint der britische Honorarkonsul im Khartoum Hotel. Er erkundigt sich bei den Festgehaltenen, was gegen sie vorläge.

»Natürlich denken sie, dass ihr Spionage betrieben hättet«, informiert er die unfreiwilligen Hotelgäste.

Immer noch werden sie vom Hotelpersonal gut behandelt. Shirley darf zum Friseur in der Nachbarschaft. Sie erhält Wäsche geschenkt. Man bringt ihr warmes Wasser. Und sie schließt mit der Managerin Freundschaft. Gleichzeitig versuchen sie und ihr Mann, Kontakt mit Etienne und Monique Forget aufzunehmen, die auch immer noch im selben Hotel unter demselben Verdacht festgehalten werden. Mal verbietet man ihnen den Kontakt, mal ist er möglich – ganz wie die Laune von Mr. Immanuel, dem leitenden Beamten, schwankt. Auch die Franzosen sind sich keiner Schuld bewusst. In den Seekarten ist nicht ausgewiesen, dass der Ankerplatz, an dem sie sich trafen, Militärgebiet ist. Es gibt auch keine Warnungen in den *Internationalen Nautischen Nachrichten für Seefahrer.*

Am 16. Tag ihrer Festnahme erhalten die Billings von ihrer Familie aus England die Nachricht, dass sie sich entschlossen habe, die Presse zu benachrichtigen. Die *Daily Mail* will 5000 Pfund für ein Exklusivinterview zahlen. Endlich, am 18. Tag, erhalten sie im Hotel ein Fax mit dem Artikel der *London Times* über ihre Festnahme und die näheren Umstände.

Noch am selben Tag ruft Mr. Immanuel an und sagt, dass der Außenminister sie um 15.00 Uhr sehen möchte. Sie ziehen ihre besten Sachen an, Peter Billing bindet sich sogar eine Krawatte um und pünktlich werden sie vom Außenminister empfangen. Begleitet werden sie vom britischen Honorarkonsul Rod Hicks, der in der Hauptstadt Lehrer ist.

Der Minister entschuldigt sich, dass man sie so lange im Hotel festgehalten habe. Er gibt ihnen ihre Pässe zurück, erklärt ihnen feierlich, dass sie jetzt frei seien, und wünscht ihnen noch einen schönen Aufenthalt in Eritrea.

Zum erstenmal nach 17 Tagen machen sie einen Spaziergang, genießen die neue Freiheit. Zurück im Hotel stoßen sie auf zwei sehr deprimierte Franzosen. Deren Schicksal hängt immer noch ab von der Willkür der Geheimdienste.

Peter Billings Kommentar zur eigenen Freilassung: »Mit Sicherheit ist der *Times*-Artikel der Grund für unsere Freiheit.«

Ende gut, alles gut. Peter und Shirley fliegen auf Staatskosten, dieses Mal unter richtigem Namen, zurück nach Assab. Sie kaufen auf dem spärlich sortierten Markt das

Wichtigste an Proviant ein und fahren wieder den langen, staubigen Weg zurück zu den Hütten und den davor ankernden Yachten. Beide Boote schwimmen noch, auf der CLYPEUS wurde nichts angerührt. Nur Wüstensand bis in die hintersten Ritzen. Sie beschenken die in der Gefangenschaft lieb gewonnene Köchin, die im Soldatencamp verpflichtet ist, ruhen sich zwei Tage aus und ziehen dann die beiden Anker hoch, um Richtung Norden zu segeln, wo ihre treuen Segelfreunde bereits seit langen Wochen warten.

Erst später erfahren sie mehr über die politischen Hintergründe ihrer Gefangennahme. Zu dieser Zeit lag Eritrea mit dem Jemen im Streit. Es ging um die Hoheitsrechte der Hanish-Inseln, die zwischen beiden Ländern mitten im Roten Meer liegen. Es ist anzunehmen, dass durch den international publizierten Fall der Billings die Aufmerksamkeit der Weltöffentlichkeit auf diesen Grenzstreit gerichtet werden sollte.

- - -

K. HYMPENDAHL: *Hatten Sie Waffen an Bord?*
P. BILLING: Nein.

Was haben Sie rückblickend falsch gemacht?
Wer im Roten Meer nach Norden segelt und Eritrea anlaufen möchte, sollte erst in Assab einklarieren. Man sollte nirgends vorher ankern. Erst wieder in Massawa ausklarieren.

Was würden Sie anderen Seglern empfehlen?
Sie sollten einen Kurzwellensender besitzen. Machen Sie mit anderen Seglern eine feste Sendezeit aus. Sollte einer nicht antworten, dann ist anzunehmen, dass etwas passiert sein könnte. Segeln Sie in einer Gruppe oder wenigstens in Begleitung einer anderen Yacht. Sie sollten Kopien von Ihren Pässen und Ihren Schiffspapieren besitzen. Prüfen Sie die Eintragungen in Ihren Pässen, wenn Sie vom Immigration Office kommen. Seien Sie geduldig, lächeln Sie; immer höflich sein – auch wenn es weh tut.

Was würden Sie in Zukunft anders machen?
Ich würde ein Satellitentelefon versteckt in der Tasche bei mir führen. Es könnte zum wichtigsten Hilfsinstrument werden.

Suezkanal

Die Geschichte der Passagen von Yachten durch den Suezkanal ist die Geschichte von hunderten von Berichten geschockter, genervter, enttäuschter und wütender Segler.

Hier geht es um die Willkür der Kanalbeamten. Das fängt mit der Forderung an, einen Agenten für das Erstellen der ordnungsgemäßen Papiere für den Transfer des Kanals zu nehmen. Geht weiter über eine allgemeine Willkür der Beamten, die freiheitsliebenden Seglern zuwider ist. Und gipfelt in einer Dreistigkeit vieler ägyptischer Beamter, nach Bakschisch zu fragen, die den Grad der Unverschämtheit weit übersteigt. Die Liste der Beschwerden ist endlos und in den Heften aller Cruising Clubs dieser Welt nachzulesen. Und auch ich habe mir bei der Passage vor zehn Jahren gesagt: Weshalb bin ich nicht über Südafrika zurück gesegelt? So schnell bringt mich keiner mehr durch den Suezkanal.

Was hat das mit einem Buch über Piraterie zu tun? Wenig und doch viel. Denn wenn eine Yacht auf dem Wasser von einem Behördenboot mutwillig gerammt wird, nur aus Enttäuschung, weil die Segler keine Geschenke geben konnten – sie hatten diese bereits dem Lotsen gegeben –, dann fällt mir außer dem Wort Piraterie nichts anderes zu diesem Akt ein.

Sicherlich gibt es viele Segler, die von solchen Belästigungen und Attacken nicht betroffen wurden. Ich hoffe, dass es sich hierbei um die Mehrzahl handelt.

Unser Fehler: Wir wählten den Suezkanal, segelten nicht um Südafrika

Yachtname:	Serenity
Yachttyp:	*Norseman 447, designed von Robert Perry*
Eigner:	*Michael und Nancy Morrell*
Heimathafen:	*Gig Harbor, Washington, USA*
Überfallgebiet:	*Port Suez*
Datum des Überfalls:	*28.4.2001*

Welcher Mann behauptet schon von seiner Frau, dass sie der bessere Segler sei? Nun, Michael Morrell sagt das jedenfalls von seiner Frau Nancy. Immerhin segelt Nancy seit ihrer Jugend. Ein unvergleichlich schönes Segelrevier liegt direkt vor ihrer Tür: der Puget Sound vor der Küste von Washington State. Sie segelte Regatten, war Miteignerin einiger Segelboote und kannte das Heimatrevier wie ihre Hosentaschen. Erst durch Nancy kam Michael Morrell zum Segeln; seit 1979 sitzen sie im selben Boot. Zuerst ist es ein sportlicher Hobie Cat, dann segeln sie mit Freunden auf einer Valiant 40 und Ende der Achtziger kaufen sie sich eine komfortable Norseman 447 mit Mittelcockpit. Damit geht es auf die ganz große Reise. Vielleicht kann man es auf diese Formel bringen: Sie ist der Chef an Bord und er der Chef(koch).

Nancy Morrell verkauft ihre Druckerei und Michael, orthopädischer Chirurg, löst sich aus seinem Berufsleben, will seine Fähigkeiten weltweit auf andere, freie Art und Weise einsetzen. Später findet der 57-jährige Arzt auf den entlegensten Inseln Gelegenheit, mit chirurgischen Einsätzen zu helfen. Darüber hinaus leistet er über Funk medizinische Hilfe unter der Amateurfunklizenz ZS5S. Auf der Reise hat Michael Morrell vielen Seglern praktisch mit Rat und Tat geholfen. Rückblickend sagen die beiden, dass die medizinische Hilfe, die sie leisten konnten, eine der befriedigendsten und beglückendsten Erfahrungen der Reise gewesen ist.

An Bord der SERENITY (Heiterkeit) fehlt nichts: Loran, mehrfach GPS, Radar, Kurzwellensender, UKW-Sender, Autopilot, Monitor-Windfahnensteuerung, Kühlschrank, 110-V-Generator, Inverter, Wind- und Schleppgenerator, Solarmodule, Wassermacher etc.

Im Mai 1990 geht ihre Reise los. Sie segeln erst einmal zwei lange Sommer nach Alaska, bevor es endgültig in wärmere Regionen des Pazifiks geht. Als die Morrells mir ihre Geschichte schreiben, liegt die SERENITY im Herbst 2001 in der Ashkelon Marina in Israel. Das heißt, die Morrells haben in zehn Jahren erst die Hälfte der Welt gesehen; sie haben sich viel Zeit gelassen und sie haben besonders viel erlebt. Sie besuchten abseits gelegene Inseln im Pazifik wie Canton Island in Kiribati oder das unbewohnte Minerva Riff und später das einsame Ashmore Riff, westlich von Australien, wo sie jeweils wochenlang allein ankerten.

Lieber Klaus,

wir können Dir drei Piratengeschichten mitteilen. Zwei sind uns selbst passiert. Piraterie wird definiert als ein Akt von Raubüberfall auf dem Meer und alle drei Geschichten stimmen mit dieser Definition überein.

Ende September 1998 haben wir Darwin im Norden Australiens verlassen. Das war ziemlich spät im Jahr und wir hatten bereits zwei Hurrikansaisons in Australien abgewartet. Zuerst segelten wir zum Ashmore Riff und ankerten dort einsam zwischen den unbewohnten Riffinseln. Danach wollten wir direkt nach Singapur und Malaysia und wählten die Lombok Straße. Bis dahin hatten wir gute Winde, aber als wir hier ankamen, schlief der Wind ein und wir mussten durch die Meerenge zwischen Lombok und Bali gegen den Strom motoren.

Am 4. November waren wir in der Karimata Straße. Soweit uns bekannt, waren wir zu dieser Jahreszeit das einzige Fahrtenschiff in der Gegend. Es war spät in der Saison und die meisten Segler waren uns bereits voraus. Für Indonesien war es ein Jahr politischer Turbulenzen. Es gab Unruhen, unschuldige Chinesen wurden ermordet, und so entschlossen wir uns, nicht in diesem Land anzuhalten.

Wir segelten bei schwachem Wind und sparten unseren Diesel, als wir an diesem Tag bemerkten, dass uns ein Fischerboot seit geraumer Zeit folgte. Wir konnten am Horizont keine weiteren Boote ausmachen. In dem Fischerboot hinter uns saß nur ein Mann. Er kam etwas von achtern auf und begab sich zum Bug des Bootes, um uns noch näher zu sein. Er griff nach einem Fisch und zeigte ihn uns. Dabei machte er die internationalen Handbewegungen, die uns sagen sollten, wir möchten anhalten und den Fisch kaufen. Wir winkten dankend ab.

Das Spiel wiederholte sich mehrfach. Immer wieder kam er zum Bug, zeigte den Fisch und machte seine Kaufaufforderung. Sein Schiff kam jedes Mal etwas näher und wir forderten ihn mit Handbewegungen auf, sich zu entfernen.

Wir hatten wenig Wind und segelten sehr langsam. Irgendwann wollten wir dieser Aufdringlichkeit entgehen und starteten unsere Maschine, begannen zu motorsegeln. Unter Segeln und Motor waren wir gerade nur so schnell, dass wir verhindern konnten, nicht vom Fischerboot eingeholt zu werden.

Zwei Stunden lang versuchte der Mann, uns seinen Fisch zu verkaufen. Zuerst fanden wir es aufdringlich, dann waren wir erzürnt und schließlich besorgt. In der Zwischenzeit hätte er doch reichlich Fische fangen können. Weshalb tat er das nicht? Wir waren nun schon zwölf Jahre auf Fahrtenyachten unterwegs und haben viele Fischerboote getroffen, aber das Verhalten dieses Fischers war völlig anders, als wir es gewohnt waren. Und zum ersten Mal in diesen Dutzend Jahren haben wir nach unserer Harpune, unserer Signalpistole und der Pfefferspraydose gegriffen.

Es war gegen Mittag an diesem klaren, wolkenlosen Tag. Inzwischen waren wir mehr als besorgt. Wir konnten hier niemanden zu Hilfe rufen. Weit und breit war kein Schiff zu sehen. Wir wussten, dass die indonesischen Behörden angeblich mit Piratenüberfällen beschäftigt waren. Endlich, nach über zwei Stunden, gab unser Verfolger in der größten Hitze des Tages auf. Er drehte ab und in diesem Moment enthüllte sich das Geheimnis unserer Verfolgung. Plötzlich sahen wir acht bis zehn Menschen in dem Schiff, das uns stundenlang mit nur einem sichtbaren Fischer verfolgt hatte. Sie hatten sich alle im achterlichen Teil des Schiffes versteckt gehalten.

Hätten wir das geahnt, dann hätten wir sofort einen Notruf abgesetzt: »Mayday, wir werden von einem Fischerboot verfolgt!«

Der Fischer und all diese Männer haben niemals eine Drohgebärde eingenommen. Dennoch waren wir während dieser mehr als zwei Stunden verängstigt. Ganz besonders, als sich herausstellte, dass das Fischerboot quasi voller Männer war, die sich stundenlang vor uns versteckt hatten.

Bis zum heutigen Tag können wir nicht sicher sagen, ob das eine Piratenattacke werden sollte. Schließlich kam ja keiner zu uns an Bord. Aber eines ist sicher: Fisch wollten die uns nicht verkaufen.

Unsere zweite Begegnung mit Piraterie ereignete sich im Suezkanal. Und wenn Du mit meiner Definition übereinstimmst, dass Piraterie ein Überfall auf See ist, dann ist das, was uns widerfahren ist, in der Tat ein Akt von Piraterie.

Ich schicke Dir nachstehend einen Brief über den Vorfall, den ich an die Suezkanal-Behörden und an Präsident Hosni Mubarak geschrieben habe. Dabei überrascht es nicht, dass wir keine Antwort erhalten haben (schließlich richteten wir uns an ägyptische Behörden). Auch ein Brief an die ägyptische Botschaft blieb ohne Antwort. Ich kann nicht beurteilen, ob dieser Fall in Dein Buch passt, aber er ist mit Sicherheit kein Einzelfall, wie ich von anderen Seglern ge-

hört habe. Es scheint ein sich wiederholendes Problem zu sein, das die ägyptischen Behörden dulden.

Hier das Schreiben:

»Sehr geehrte Herren,
am 27. und 28. April durchfuhren wir mit unserer Yacht SERENITY den Suezkanal. Am ersten Abend verließ uns unser Lotse am Kai von Ismailia. Am zweiten Tag sagte uns der neue Lotse, dass er am Kai von Port Said aussteigen würde. Er verschwieg uns, dass ein Lotsenboot ihn abholen würde. Das Boot kam und legte sich querab zu unserem. Unser Lotse stieg hinüber. Dann schrie der Schiffsführer uns an und verlangte nach Zigaretten. Er fragte nicht, er verlangte sie, er befahl.

Da wir dachten, dass unser Lotse gleich an Land übersteigen würde, hatten wir ihm alle unsere restlichen Zigaretten, einen Kugelschreiber und ein kleines Geldgeschenk gegeben. Wir hatten keine Zigaretten mehr. Hätten wir gewusst, dass wir noch dieses Lotsenboot treffen würden, dann hätten wir niemals unsere letzten Zigaretten weggegeben.

Ich hatte den Gang herausgenommen, wir trieben. Das Lotsenboot war längsseits. Wir erklärten dem Schiffsführer auf dem Lotsenboot, dass wir keine Zigaretten mehr hätten. In dem Moment drehte der Mann an seinem Ruderrad den Bug in Richtung unseres Schiffes, gab einen starken Schub Vollgas und rammte unsere Yacht. Das war pure Absicht.

Keine Absicht war es hingegen in Port Suez, als das Boot des Vermessungsbeamten beim Manövrieren gegen unseren an der Reling befestigten Außenbordmotor kam. Das war ein Unfall und Unfälle kommen vor. Das Lotsenboot in Port Said jedoch rammte uns mit voller Absicht und beschädigte unseren GFK-Rumpf. Nur aus dem einzigen Grund, weil wir ihnen keine Zigaretten schenken konnten. Wir hätten cleverer sein sollen. Unser Lotse, dem wir alle unsere Zigaretten gegeben hatten, steckte die Schachteln in seine Socken, damit er sie nicht mit seinen Kollegen teilen musste.

Wir telefonierten jetzt auf Kanal 16 und 13 mit den Suezkanal-Behörden. Immer wieder probierten wir es, aber es meldete sich kein Mensch. Man fragt sich, weshalb sich in diesem befahrenen Kanal keine Behörde auf den Anrufkanälen meldet. Schließlich riefen wir bei der Port Control an, aber die interessierte unser Unfall nicht.

Sie sagten uns nur, dass es gegen die Regeln der Suezkanal-Behörden sei, Bakschisch zu verlangen. Deshalb würden wir offensichtlich nicht die Wahrheit sagen. Irgendwann akzeptierten sie halbwegs, dass wir doch die Wahrheit sagten.

Wir fragten nach den Namen der Personen, mit denen wir uns unterhalten hatten und denen auf dem Lotsenschiff, das uns gerammt hatte. Namen erhielten wir nicht, aber irgendwann die Nummer des Lotsenbootes 41365. Genau diese Nummer brauchten wir.

Immer noch hatte es keinen in diesem Welthafen interessiert, dass man uns absichtlich gerammt hatte und Schaden entstanden war. Ein Mann vom Suezkanal Yacht Club rief uns an und versprach, sich um die Sache zu kümmern. Er wollte uns ein Fax zur Ashkelon Marina schicken. Niemals kam dieses Fax an, was typisch für die Behandlung ist, die uns widerfuhr.

Als wir ausgecheckt hatten, sagte man uns, dass der Stellvertreter des Hafenmeisters zu unserem Schiff kommen würde, um sich den Schaden anzuschauen. Aber keiner kam. Wir waren gerammt worden, ein Schaden war entstanden und keinen Menschen interessierte es. Wem sollten wir die Rechnung schicken?

Inzwischen haben wir unsere Geschichte allen Seglern, die wir getroffen haben, erzählt. Segler erzählen ihre Erlebnisse weiter, die guten wie die schlechten. Aber keinen Menschen der Suezkanal-Behörden interessiert das. Die meisten Segler, die den Suezkanal durchfahren, haben ähnliche Erfahrungen gemacht. Sicherlich wurden nicht alle gerammt, das ist wahr. Aber auch bei der Segelyacht GABBER wurde der Versuch gemacht, sie zu rammen.

Anstatt den Suezkanal zu nutzen, Werbung für das Land zu machen, die vielen Segler mit der schönen Seite Ägyptens vertraut zu machen, verärgern die Lotsen und die Behörden die Menschen, die froh sind, Ägypten verlassen zu können.

In Erwartung Ihrer Antwort.

Michael H. Morrell. M.D.«

- - -

K. HYMPENDAHL: *Hatten Sie Waffen an Bord?*

M. H. MORRELL: Wir hatten Pfefferspray und eine Harpune an Bord sowie eine Signalpistole, aber wir haben nie daran gedacht, sie zu benutzen.

Was haben Sie rückblickend falsch gemacht?

Wir sind durch den Suezkanal gegangen; wir hätten besser um Südafrika segeln sollen. Wir glaubten unserem Lotsen, nachdem er alle unsere Zigaretten hatte und uns sagte, wir sollten ihn am Kai absetzen. Wir versäumten es, dem Schiffsführer zu sagen, dass wir bereits alle unsere Zigaretten unserem Lotsen gegeben hatten und dass dieser die Schachteln in seinen Strümpfen versteckt hatte.

Was haben Sie richtig gemacht?

Wir haben sofort die Behörden benachrichtigt. Obwohl von denen nichts unternommen wurde, erhielten wir doch eine Schiffsnummer und konnten das Boot in unseren Briefen identifizieren. Wir erzählten allen unseren Segelfreunden von dem Erlebnis.

Was würden Sie in Zukunft anders machen?

Niemals alle unsere Zigaretten weggeben, bevor wir nicht Ägypten verlassen haben. Danach würde ich die Glimmstengel alle ins Meer schmeißen, statt nett zu einem Lotsen zu sein.

Von meiner komfortablen Situation in den USA aus betrachtet, glaube ich nicht, dass ich nochmals durch den Suezkanal fahren oder gar Ägypten besuchen werde.

Was würden Sie anderen Seglern empfehlen?

Segeln Sie um Südafrika herum und genießen Sie die Reise!

Wie war die Unterstützung durch die Behörden?

Es gab keine Unterstützung. Keine!

Anhang

Die aktuelle Routenplanung

Fangen wir mit der guten Nachricht an: Der Großteil unserer weltweiten Gewässer ist piratenfrei. Und gleich noch eine gute Nachricht: Mir ist kein einziger Fall von Piraterie auf hoher See zu Ohren gekommen. Über 95 Prozent aller Piratenüberfälle erfolgten, wenn die Yachten vor Anker lagen. Fast ausschließlich in indonesischen und philippinischen Gewässern, vor dem Jemen und Somalia sowie vor Venezuela wurden segelnde Yachten in Küstengewässern überfallen. Aus den Berichten kann man schließen, dass nur zirka 5 Prozent der Überfälle auf Yachten vor der Küste (die meisten innerhalb ein paar Seemeilen) erfolgt sind.

Was sind das für Länder, in denen Piraten aktiv sind? Welche Merkmale haben sie? Wie erkennt man sie im Voraus? Für den Segler, der seine Reisen plant, ist es von Bedeutung, die gefährdeten Gebiete zu kennen.

Ein wichtiges Indiz für erhöhte Piratentätigkeit sind soziale und politische Unruhen in einem Land und die wirtschaftliche Not. Von ähnlicher Bedeutung sind große Naturkatastrophen. Zusätzlich gibt es Länder mit einer so genannten Piratentradition wie die Philippinen, Indonesien, Jemen und Somalia. Als Faustregel gilt heute: Wer in ein Dritte-Welt-Land segelt, informiere sich vorher, wie es um die allgemeine Sicherheit steht. Wie ist die politische und soziale Lage? Gab es gerade eine Revolution? Ist das Land von einer großen Naturkatastrophe heimgesucht worden – wie Nicaragua von einem Erdbeben oder Honduras durch den Jahrhundert-Hurrikan Mitch? Der Skipper sollte sich genau erkundigen, z.B. über sein Auswärtiges Amt, seinen Cruising Club, aktuelle Handbücher oder im Internet – am besten aber über Funk bei anderen Seglern.

Übrigens, Regionen und Länder, die nicht in diesem Buch aufgeführt sind, können als piratenfrei angesehen werden – müssen aber nicht per se ungefährlich sein.

Manche Piraten überfallen die Segler an Land

Der gesunde Menschenverstand sagt jedem von uns »Achtung!«, wenn man an einen Ort kommt, wo schwer bewaffnete Männer sogar die Türen der Supermärkte schützen. Oder wenn die Gitter vor den Fenstern nicht auf das Parterre beschränkt sind, sondern selbst im vierten Stockwerk noch Eindringlinge abhalten sollen. Solche Plätze meidet man besser oder man sieht zu, dass man sich wenigstens nachts hier nicht aufhält. Zur Vorsicht ist auch in Ländern zu raten, wo die Kassen der Wechselstuben vergittert sind, bewaffnete Türsteher vor den Restaurants stehen, wo Wohnanlagen umzäunt sind.

Ein solcher Ort ist Colón, die karibische Hafenstadt am Panama-Kanal. Jeder Segler, der von Ost nach West segelt, muss hier durch, wenn er in den Pazifik will – es sein denn, er segelt durch die Magellan Straße oder ums Kap Hoorn. In Colón geht kein vernünftiger Segler nachts in die Stadt. Und wenn doch, dann nur mitten auf der Straße. Aber auch das ist kein ausreichender Schutz. An manchen Tagen wurden bis zu vier Segler überfallen und ausgeraubt. Als Abwehrwaffe in Colón gilt »des Seglers Totschläger« – ein zirka 50 cm langes Teil von einer Want mit Papier zur Tarnung umwickelt. Ein Skipper hatte stets in seinem Rucksack eine Machete (völlig legal, weil keine Waffe, sondern ein Werkzeug) dabei, bei der nur der Griff herausschaute, weit genug, um sie jederzeit ergreifen zu können. So wie man auf See in gefährlichen Gebieten in Konvois segelt, so bildet man hier auf dem Weg vom

Yachtclub zur Stadt ebenfalls Gruppen. Interessanterweise gibt es kaum Übergriffe auf die vor Anker auf die Kanalpassage wartenden Schiffe. Man kann sagen, dass in Colón die Piraten an Land operieren.

Piratenüberfälle sind wie Epidemien

Als ich im Frühjahr des Jahres 2001 anfing, das Buch zu schreiben, behauptete ich über den Pazifik, dass er auch der »friedliche Ozean« genannt werden könnte. Ich selbst hatte mich drei Jahre auf meiner Yacht AFRICAN QUEEN über den Pazifik treiben lassen, habe seine Menschen, ihre Liebenswürdigkeit und ihre in sich ruhende Stärke bewundert. In dieser Zeit habe ich von keinem Piratenfall gehört. Auch bei meinen anfänglichen Recherchen kam mir nicht zu Ohren, dass Segler aus diesem Gebiet von Überfällen berichtet hätten. So konnte ich mit voller Überzeugung schreiben: Im gesamten Pazifik gibt es keine Piraterie.

Diesen Satz habe ich streichen müssen. Über die SSCA (Seven Seas Cruising Association) hörte ich später von verschiedenen Überfällen in Honiara, Salomon-Inseln. Andere berichteten von Diebstählen in dem zweitgrößten Ort Gizo oder in Suva, Fidschi, und Port Moresby, Papua-Neuguinea.

Nun kann es aber auch durchaus umgekehrt sein, dass aus einem gefährlichen Gebiet die Kriminalität verschwindet. Das Durchgreifen der Behörden, eine Verbesserung der sozialen Strukturen oder erfolgreiche Proteste der Segler können zu einer völlig neuen Situation führen.

Und noch etwas ist zu berücksichtigen: Wenn es zum Beispiel heißt, in Guatemala gäbe es Piraten, dann muss man genau differenzieren. In diesem Fall handelt es sich um das Gebiet des Rio Dulce.

Auch segeln hunderte von Yachten unbehelligt durch venezolanische Gewässer. Dennoch zählt Venezuela zu den Regionen mit steigender Piratentätigkeit in den letzten Jahren. Zur Zeit sind es die östlichen Gebiete. Oder anders ausgedrückt: Vor 15 Jahren waren in Venezuela Piratenüberfälle unbekannt und vielleicht gibt es bald im ganzen Land wieder keine Piraten mehr?

Bei meinen Recherchen hat sich gezeigt, dass von Überfällen auf Yachten eine Art Bazillus ausgeht. Kaum wird vom Überfall auf eine Yacht in einem bestimmten Gebiet berichtet, folgen gleich mehrere Piratenberichte. Als ob die Piraten, von einem »erfolgreichen Überfall« angestachelt, sich gleich weitere Opfer aussuchen. Oder ist es die Sogwirkung, dass betroffene Segler, die zuvor geschwiegen haben, ihr Einzelschicksal veröffentlichen, nachdem es auch andere gemacht haben?

Ein Blick zu den Berufsschiffen

Überfälle auf Berufsschiffe werden sehr detailliert erfasst. Aus dem Jahresbericht des ICC International Maritime Bureau für das Jahr 2001 geht hervor, dass insgesamt 335 Schiffe überfallen wurden. Unter den 335 Schiffen sind 10 Yachten.

Zur Erinnerung hier die Definition des Begriffs Piraterie, die diesen Zahlen zu Grunde liegt: »Ein Akt, an Bord eines Schiffes zu kommen oder der Versuch dazu, um einen Diebstahl oder ein anderes kriminelles Delikt zu begehen, mit der Absicht oder der Möglichkeit, dabei Gewalt anzuwenden.«

Es kann davon ausgegangen werden, dass die Zahl der registrierten Piratenüberfälle auf die Berufsschiffe weitest gehend realistisch ist. Hingegen ist die Angabe über »nur« 10 überfallene Yachten falsch. Ich habe für den Zeitraum vom 1. Januar bis zum 31. Dezember 2001 allein 28 Yachtüberfälle feststellen müssen. Nimmt man die in der Einleitung angenommene Dunkelziffer von hundert Prozent hinzu, dann dürften zirka 56 Yachten im Jahr 2001 von Piraten überfallen worden sein. Die Diskrepanz liegt darin, dass längst nicht jeder Skipper von der Meldung beim ICC International Maritime Bureau Gebrauch macht. Die Konsequenz für uns Segler heißt, es muss eine eigene Organisation Piratenüberfälle auf Yachten erfassen.

Für den Fahrtensegler und seine Planung ist mit Sicherheit interessant, wo diese vielen Überfälle auf Berufsschiffe stattgefunden haben, denn auch das sollte seine Routenplanung beeinflussen. Die Statistik des ICC International Maritime Bureau unterscheidet für das Jahr 2001 folgende Fälle:

219 × an Bord gekommen
1 × Schiff behindert
16 × Schiff entführt
2 × Schiff vermisst
14 × Schiff unter Feuerbeschuss
83 × Versuch, an Bord zu kommen
= **335 Zwischenfälle**

Diese 335 Fälle teilt die Statistik des ICC International Maritime Bureau auf folgende Länder auf:

Indonesien	91
Malaysia	19
Malakka Straße	17
Bangladesh	25
Indien	27
Golf von Aden, Rotes Meer	11
Nigeria	19
Elfenbeinküste	9
Somalia	8
Philippinen	8
Vietnam	8
Kamerun	7
Tansania	7
Thailand	6

Ecuador	6
Ghana	5
Dominikanische Republik	5
andere Gebiete	57
Gesamt	**335**

Von Interesse für Fahrtensegler ist ebenfalls die Entwicklung der Piraterie auf die in der Tabelle erfasste Berufsschifffahrt. Hieraus lässt sich eindeutig ein starkes Anwachsen von Piraterie erkennen, die erstmalig im letzten Jahr auf hohem Niveau rückläufig ist:

1991	1992	1993	1994	1995	1996	1997
107	106	103	90	188	228	247

1998	1999	2000	2001
202	300	469	335

Waffen an Bord – eine gute und eine schlechte Idee

Die Frage »Waffen an Bord« ist sehr wahrscheinlich so alt wie die Fahrtensegelei selbst. Hunderte Male ist sie in Fachgremien, Segelzeitschriften und an den Ankerplätzen dieser Welt gestellt worden. Für jeden Standpunkt finden sich gute und triftige Gründe. 30 Yachtüberfälle wurden hier ausführlich beschrieben; davon hatten 8 Skipper Waffen an Bord und 21 Skipper nicht. Von den Yachten ohne Waffen an Bord hätte nur eine Crew, so ihre eigene Einschätzung, den Überfall mit Hilfe von Waffen verhindern können.

In der westlichen Welt scheint ein sehr ausgeprägtes Unbehagen für den Umgang mit Waffen vorzuherrschen. Die weitaus größte Gruppe der überfallenen Segler lehnt Waffen grundsätzlich ab und geht sogar so weit, dass sie sich trotz eines erlebten Überfalls nicht bewaffnen möchte. Viele schlagen andere Präventivmaßnahmen vor, um

Überfällen auszuweichen, das heißt, gefährliche Gebiete grundsätzlich zu meiden.

Dies lässt den Schluss zu, dass man einen Menschen, der in seinem Innersten kategorisch gegen Bewaffnung ist, nicht zu einem Waffenträger machen kann. Hier scheinen Weltanschauung und zutiefst verankerte Werte eine große Rolle zu spielen.

Nur auf ungefähr jeder vierten überfallenen Yacht waren eine oder mehrere Waffen an Bord. Nur zwei Skipper konnten mit ihren Waffen einen Überfall verhindern. Drei haben ihre Waffen den Piraten demonstrativ gezeigt; der Überfall fand dadurch nicht statt. Einer kam trotz Gegenwehr mit seiner Waffe ums Leben (Sir Peter Blake). Zwei hatten Waffen an Bord; sie kamen aber nicht rechtzeitig an sie heran. Diese Zahlen lassen folgende Schlüsse zu: Ein leicht höherer Prozentsatz an Waffenträgern konnte im Vergleich zu den Unbewaffneten mit den Waffen beziehungsweise durch den Einsatz von Warnschüssen einen Überfall verhindern, ein fast gleich hoher Prozentsatz von Überfällen auf bewaffnete Boote kam so plötzlich, dass die Crew nicht an die Verstecke ihrer Waffen herankam, keine Zeit zur Gegenwehr hatte.

Das heißt, wer in gefährliche Gebiete segelt, muss stets auf das Schlimmste gefasst sein. Und wer eine Waffe an Bord hat, sollte diese griffbereit zur Hand haben. Was nützen Verstecke von Waffen an Bord, wenn sie so abseits liegen, dass man bei einem schnellen Überfall keine Chance hat, an sie heranzukommen?

Und noch ein wichtiger Aspekt: Nehmen wir an, Segler A hat eine Waffe an Bord. Beim Einklarieren hat er sie beim Zoll abgegeben. Er segelt ohne Waffe weiter in eine Ankerbucht und wird überfallen. Hätte er seine Waffe nicht einklariert, sie im Versteck belassen und dann bei dem Überfall benutzt, hätte man ihn, falls er überlebt, wegen Waffenschmuggel sehr hart bestraft. Er wäre ins Gefängnis gekommen, das Schiff wäre beschlagnahmt worden und seine Reise wäre endgültig vorbei.

Der beste Kommentar zu diesem komplexen Thema scheint mir von dem amerikanischen Profi Dave Kellerman zu kommen. Er ist Eigner der Firma Special Ops Associates, Internetadressen: www.maritimesecurity.com + www.specialopsassociates.com, Deerfield Beach, Fl., USA:

»Dieser Artikel behandelt die ›Praktikabilität‹, Waffen an Bord zu haben. Ich respektiere andere Meinungen und mir ist klar, dass nicht alle Skipper den Wunsch haben, eine Waffe zu besitzen. Wenn Sie sich dafür entscheiden, um sich und Ihr Schiff zu verteidigen, und das Gesetz erlaubt es Ihnen, dann werden Sie diese Seiten mit nützlicher Information versorgen.

Der Artikel beschäftigt sich nicht mit den unterschiedlichen Waffenmodellen und Techniken der Selbstverteidigung. Er soll auch auf keinen Fall als ein allumfassender Beitrag gesehen werden.

Es stellt sich immer wieder die Frage: ›Soll ich eine Waffe zu meiner persönlichen Verteidigung an Bord tragen?‹ Es gibt, glaube ich, keine so heiße Debatte unter Yachties wie diese.

Die Streitfrage kann ganz einfach behandelt werden, wenn man sich mit seinem Boot ausschließlich in einem Land aufhält.

Schritt 1: Prüfen Sie in Ihrer Heimat die gesetzlichen Voraussetzungen zu dem Besitz von Waffen.

Schritt 2: Verschaffen Sie sich eine gute, legale Ausbildung im Umgang mit Waffen, sodass sie ein fundiertes Verständnis für ihre ›tödliche Kraft‹ haben. Diejenigen, die glauben, allein der Besitz von Waffen bringe größere Sicherheit, sind ignorant. Ohne ausreichende Ausbildung und Training wird die Waffe zur Belastung und nicht zu einer Verbesserung der Sicherheit.

Schritt 3: Wählen Sie eine passende Waffe aus, die für Sie bequem zu handhaben ist und die Sie bedienen können, ohne vorher in die Bedienungsanleitung schauen zu müssen.

Das mag einfach klingen, aber wenn Sie ein Segler sind, der sich in mehreren Zielländern mit unterschiedlicher Gesetzgebung aufhalten will, gibt es ein größeres Problem.«

Grenzüberschreitungen

Jeder Staat, jede Nation hat unterschiedliche Gesetze bezüglich des Waffenbesitzes. Viele dieser Gesetze sind äußerst streng, verbunden mit hohen Strafen bei Zuwiderhandlung. Wenn Sie z.B. in der Karibik segeln wollen, besuchen Sie sehr wahrscheinlich fünf, sechs oder mehr unabhängige Länder in nur wenigen Wochen. So dürfte eine genaue Information über die jeweiligen Gesetze eine der Voraussetzungen für Ihre Törnplanung sein.

Es würde hier zu weit gehen, alle diese Gesetze der verschiedenen Nationen zu zitieren. Wenden Sie sich an die Konsulate und Vertretungen derjenigen Staaten, die Sie besuchen wollen. Informieren Sie sich über die geltenden Gesetze zum Besitz von Feuerwaffen auf Booten und lassen Sie sich die Gesetze schriftlich geben. Verlassen Sie sich nicht auf Angaben in so genannten Revierhandbüchern, deren Informationen überholt sein könnten.

Gesteigertes Risiko?

Wir wissen alle, dass jemand, der unbedingt eine Waffe haben will, das auch am Gesetz vorbei machen wird. Das bleibt seine Wahl und er muss das Risiko selbst abwägen.

Bedenken Sie: Eine Yacht ohne Waffen an Bord, die in einem Land segelt, das Waffen verbietet, hat nur die naturgegebenen und kriminellen – wenn überhaupt – Elemente zu befürchten. Eine Yacht jedoch, die Waffen an Bord hat und in einem Land segelt, das Waffen verbietet, hat sich vor Kriminellen – wenn es welche gibt – und vor den Gesetzeshütern zu fürchten. Wenn Sie Ihre Yacht durch Waffen schützen wollen, hat sich Ihr Risiko erheblich gesteigert. Gefängnis, Beschlagnahmung der Yacht und hohe Geldstrafen addieren sich zu der Liste möglicher Gefahren.

Jeder wird für sich entscheiden müssen, welchen Weg er einschlagen will, welches Risiko er bereit ist einzugehen.

Die richtige Waffe wählen

Schrotflinte: Eine Schrotflinte im Kaliber .12 mit einer Lauflänge von zirka 56 cm, aus Edelstahl oder mit einer Antirostbeschichtung, ist die perfekte Waffe zur Verteidigung auf Yachten. Diese Waffe ist leicht zu warten, hat kaum Ladehemmungen und kann Ziele mit kompakten Geschossen in einer Distanz von zirka 100 Metern treffen. Mit Hilfe dieser Schrotflinte kann man Eindringlinge auch in engen Räumen einer Yacht angreifen, ohne Gefahr zu laufen, ein Desaster anzurichten. Sie können auch Schrotmunition in verschiedenen Größen verwenden, die verschieden breit streut.

Der optische und psychologische Faktor einer richtig dimensionierten Schrotflinte und das hörbare Einrasten der Patrone vermitteln ein starkes Moment der Abschreckung. Es gibt zahlreiche Beispiele von Skippern, die bereit waren, Eindringlinge anzugreifen; als die Piraten die Waffe gesehen und ›gehört‹ hatten, flehten sie um Einhalt. Abschreckung ist ein besseres Resultat, als sich einer Schießerei auszusetzen.

Der Nachteil einer Schrotflinte ist ihre Länge. Die engen Räumlichkeiten an Bord schränken den Einsatz stark ein. Dies kann man mit einem klappbaren Lauf beheben. Lassen Sie sich nicht durch einen Pistolengriff anstelle eines klappbaren oder festen Laufs verführen. Mit ihm können Sie weder sicher zielen noch das Gewehr gut kontrollieren. Im Übrigen werden Schrotflinten viel häufiger durch die verschiedenen Gesetzgeber geduldet als Pistolen und Gewehre. Normalerweise werden Sie bei prüfenden Beamten als ›nicht sehr gefährlich‹ eingestuft.

Schnellfeuergewehre: Die beeindruckenden Schnellfeuerwaffen (manchmal werden sie auch Sturmgewehre genannt – viele sind schwarz) mit großen Magazinen sind sicherlich sehr geeignet, Sie und Ihre Yacht zu verteidigen. Das Problem ist, dass sie von den Gesetzhütern genauestens geprüft werden – allein schon wegen ihres Aussehens und ihres Rufs.

Ein anderes Problem ist die Verwüstung durch Durchlöcherung auf Grund des enormen Munitionsausstoßes: Fehlschüsse können in der Enge einer Yacht viele Schichten GFK, Holz und auch Aluminium an Schottwänden und an Deck durchlöchern. Sie können den Motor zerstören und im schlimmsten Fall Verletzungen bei der eigenen Crew verursachen.

Natürlich können diese Gewehre jemanden in 200, 300 oder 400 Metern treffen, aber kann man jemals wirklich rechtfertigen, auf kurze Distanz auf jemanden zu schießen? Im Zweifel: Nein! Hier geht es doch um die Verteidigung von Menschen und des Bootes, nicht um einen Schiff-zu-Schiff-Kampf.

Wenn Sie ein Schnellfeuergewehr haben und darin meisterlich geübt sind, gut. Aber denken Sie aus den genannten Gründen über eine Schrotflinte nach. Mit einer Schrotflinte können Sie viel leichter üben und trainieren, weil Sie nur ein paar hundert Meter offenes Wasser benötigen. Anders verhält es sich bei einem Schnellfeuergewehr: Hier benötigen Sie mehrere Kilometer freien Raum oder einen Schießstand. Und Sie wollten doch stets üben, oder?

Faustfeuerwaffen: Es ist einfach, sie im engen Boot zu verstecken und sie zu handhaben. Die Nachteile sind ihre geringe Wirkung (stopping power). In fast allen Ländern unterliegen Handwaffen strengeren Einschränkungen und Kontrollen. Halbautomatische Handfeuerwaffen (Pistolen und Revolver) sind brauchbare Werkzeuge in den Händen geübter Schützen. Wählen Sie selbst. Das Minimalkaliber ist .38 oder 9 mm. Besser ist .357 Magnum oder .44 Magnum für Revolver und .40 S&W für Pistolen.

Oft üben! Vergessen Sie niemals: Oft üben! Benutzen Sie nach Möglichkeit Materialien aus Edelstahl, Polymer-

Konstruktionen oder vernickelte Waffen. Oft säubern und ölen. Vergessen Sie niemals: Oft säubern und ölen.

Überlebenskonzept

Sie haben sich bewaffnet, mit Waffen und dem Wissen um eine erhöhte Sicherheit Ihrer Person und Ihrer Mitsegler. Die letzte Frage lautet: Sind Sie wirklich dazu in der Lage, den Abzug zu ziehen, wenn der Zeitpunkt kommen sollte?

Ich kann nur ernsthaft hoffen, dass Sie niemals dieses Szenario erleben müssen. Aber wenn es so weit kommt, wird der entscheidende Faktor des Überlebens sein, ob Sie fähig sind, ohne Verzögerung zu agieren oder zu reagieren. Wer eine Waffe zieht, sie aber nicht beherrscht, hätte niemals eine Waffe besitzen dürfen. Denn in dem Moment, wo Sie eine Waffe ziehen oder eine zeigen, sind Sie als Kämpfer in die Arena gestiegen und da gibt es normalerweise kein Zurück.

Im günstigsten Fall wird der Angreifer sofort Reißaus nehmen, aber deshalb haben Sie nicht die Waffe gezogen. Eine Feuerwaffe wird nur dann gezogen, wenn man damit einen tödlichen Einsatz verüben will. Vergessen Sie nie, dass Sie ein Geschoss nicht mehr stoppen können, sobald Sie den Abzug betätigt haben. Fällt der Bolzen, gibt es kein Zurück mehr. Der Einschlag der Kugel in seinem Ziel ist die Beendigung des Fluges. Seien Sie ganz sicher, warum Sie schießen! Und kennen Sie Ihr Ziel! Eine gute Faustregel besagt: Wenn Sie erst darüber nachdenken, ob Sie den Abzug ziehen, sollten Sie lieber den Abzug nicht ziehen. Ein mentales Training kann helfen, eine Schießerei zu gewinnen; es kann der entscheidende Faktor des Überlebens sein. Denken Sie darüber nach!

Sicherheit

Als Erstes spreche ich immer über Sicherheit, wenn ich mit meinen auszubildenden Schützen trainiere. In diesem Kapitel wende ich mich dem Thema Sicherheit am Schluss zu, so wird es länger in Erinnerung bleiben.

Jede Feuerwaffe, die Sie an Bord haben, muss vor nichtautorisierten Personen verschlossen gelagert werden, besonders, wenn Sie Kinder an Bord haben. Keine Person sollte jemals eine Feuerwaffe zur Hand nehmen oder damit schießen, ohne vorher fachmännisch eingewiesen worden zu sein. Fachmännische Einweisung kann nicht bedeuten, ein paar Stunden mit Freunden oder Freizeitkriegern zu schießen. Dazu brauchen Sie einen lizenzierten, professionellen Schießausbilder. Ihr Kumpel, der zehn Jahre beim Militär war, mag ein vorzüglicher Schütze sein, aber er hat wahrscheinlich keine Ahnung vom Thema ›tödliche Gewalt‹. Ersparen Sie sich eine Fehlentscheidung und begeben Sie sich gleich auf die Suche nach einem professionellen Ausbilder.

Die drei fundamentalen Regeln zur Waffensicherheit müssen stets gleichzeitig befolgt werden, wenn Sie eine Waffe benutzen:

1. Halten Sie die Waffe immer in eine sichere Richtung – weg von Personen.
2. Legen Sie niemals Ihren Finger an den Abzug, es sei denn, Sie wollen schießen.
3. Halten Sie niemals die Waffe geladen bereit, es sei denn, Sie wollen schießen.

Auch die folgenden Sicherheitsregeln sollten Sie beachten, wenn Sie eine Waffe benutzen oder lagern:

- Sie kennen Ihr Ziel, auch was sich hinter dem Ziel befindet.
- Vergewissern Sie sich, dass die Waffe einsatzbereit ist.
- Sie haben gelernt, sicher mit der Waffe umzugehen.
- Benutzen Sie nur die vorgesehene Munition.
- Benutzen Sie, wenn möglich, Hör- und Augenschutz.
- Nehmen Sie niemals vor oder während des Schießens Alkohol oder Drogen zu sich.
- Verschließen Sie Ihre Waffen, sodass kein Unbefugter sie benutzen kann.

Der richtige Weg zu einer legalen Schusswaffe
Für den normalen Bürger und Segler in Deutschland ist es schwierig, an eine Schusswaffe zu gelangen, es sei denn, er ist Sportschütze. Als Mitglied eines Schießsportvereins (mindestens ein halbes Jahr Mitgliedschaft) dürfen Sie eine Schusswaffe erwerben. Sie müssen das Bedürfnis nach einer Waffe als Sportschütze nachweisen. Darüber hinaus müssen Sie die Sachkunde nachweisen, die Sie in einer Sachkundeprüfung bei einem Schießsportverein oder bei der Polizeibehörde ablegen. Wenn Sie als zuverlässig gelten und keine Vorstrafen aufweisen, haben Sie ein Recht auf die Erteilung einer Waffenbesitzkarte. Sachkunde- und Schießausbildung können durch eine professionelle Schießschule erfolgen.

Inzwischen gibt es sogar Fälle, in denen die zuständigen Ordnungsämter das Bedürfnis zum Erwerb einer Waffe allein zum Zweck einer Weltumseglung bejaht und eine Waffenbesitzkarte ausgestellt haben: zeitlich limitiert auf die Dauer der Weltumseglung und örtlich begrenzt für den Gebrauch an Bord. Bei einem Segler hatte bereits genügt, dass er eine Sammlung von Pressemeldungen über Piratenangriffe auf Yachten zur Begründung eingereicht hat. Die einzelnen Bundesländer handeln hier unterschiedlich.

Über ganz andere Waffen

Wenn man von Waffen spricht, denkt jeder sogleich an Feuerwaffen. Aber es gibt auch ganz andere Mittel der Verteidigung, zum Teil recht »intelligente Waffen«. Erfinderische Blauwassersegler haben eine ganze Palette von Ideen produziert, um sich effektiver zu verteidigen.

Diese Abwehrmittel werden besonders den Waffengegnern praktikable Hinweise liefern, wie man sich präventiv oder in der Not helfen kann. Einige davon werden die Kreativität anregen und Segler herausfordern, sich einen persönlichen Abwehrplan aus diesen Taktiken und »Behelfswaffen« zu entwickeln. Ich möchte zur besseren Übersicht diese Abwehrmaßnahmen in passive und aktive trennen:

Passive Maßnahmen:

- Es gibt heute eine ausgefeilte Technik an Sensoren, die Bewegungen um das Schiff und auf dem Schiff anzeigen. Diese Sensoren oder Bewegungsmelder lassen sich an die unterschiedlichsten Warngeber anschließen: Deckbeleuchtung, Bordsirene oder externen Wachdienst bis hin bei Diebstahl über einen GPS-gesteuerten Melder, der die Position des entwendeten Schiffes anzeigt und dem Handy des Eigners jeweils die Koordinaten mitteilt. Bei der sensorenunterstützten Abwehrtechnik sind dem modernen Yachtie keine Grenzen gesetzt.
- Es bietet sich an, ein extra Stroboskoplicht auf dem Masttopp und Starktonfanfaren zu installieren, die auch von innen angestellt werden können.
- Ein Segler hat auf seinem Kassettenrekorder mächtiges Hundegebell aufgenommen. Meldet einer seiner Sensoren, dass sich ein Einbrecher am Schiff befindet, geht automatisch der Kassettenrekorder an und lautes Hundgebell schallt über die Bordlautsprecher.
- Einer der Überfallenen hatte an den Luken und am Niedergang Edelstahlstäbe angebracht. Wenn er und seine Frau unter Deck sind, werden die Gitter geschlossen, nachts immer.
- Die Tür zum Niedergang beziehungsweise das Steckschott und die Schiebeluke sollten nicht aus Sperrholz sein, sondern aus einem stärkeren Material, möglichst aus Stahl.
- Die Niedergangstür teilweise verriegeln oder aber von innen mit einer Metallstange das Einsteigen erschweren. Die Metallstange könnte durch ein Alarmrelais unter Strom gesetzt werden, es brauchen ja keine 380 Volt zu sein.

- Feste Frequenz auf einem der Sender (UKW oder SSB-Transceiver) mit befreundeten Seglern ausmachen. Ein Ausbleiben der Meldung bedeutet dann automatisch den Alarmfall.
- Bei manchem Überfall ging es anfänglich nur um den Diebstahl des Dingis oder Außenbordmotors. Die beste Alarmanlage gegen Diebstahl: Befestigen Sie an dem Gegenstand zusätzlich einen Alarmdraht. Wird der Ruhestrom unterbrochen, kann der Kontakt an einen Alarmmelder wie die Sirene und/oder die Deckbeleuchtung geschaltet werden.
- Ein Tüftler hat die Reling seiner Yacht unter eine schwache Spannung gesetzt, ähnlich einer elektrischen Weideeinzäunung.
- Unterwegs in gefährlichen Gebieten ohne Navigationslichter fahren, Radarwache gehen und möglichst Funkstille halten, weil nachweislich Piraten auch schon erbeutete Peilgeräte (ADF Automatic Direction Finder) benutzt haben.
- Ein Vorschlag zur Verteidigung mutet ein wenig grotesk an: »Ich dachte als Einhandsegler daran, Flecken auf meine Segel zu malen und Roststreifen auf den Schiffsrumpf, um mein Schiff als heruntergekommen zu kennzeichnen.«

Aktive Maßnahmen:

- Erhöhte Wachsamkeit mit Nachtwachen ist die Basis.
- Die Skepsis und Wachsamkeit gipfelt in dem Kommentar eines überfallenen Seglers: Jeder, der dir auf See begegnet, kann dein Feind sein. Das gilt natürlich besonders für die gefährlichen Gebiete. Der Nachteil ist, dass viele harmlose Fischer durch diesen Hinweis zu möglichen Piraten abgestempelt werden können.
- Anwählen von Radio- und Funkmeldungen auf dem UKW-Anrufkanal 16, Grenzwelle Notfrequenz 2182 KHz, Inmarsat Satellitenfunk Notruf, Amateurfunk, EPIRB-Notsender, GMDSS etc.

- Immer wieder wird die Signalpistole als Waffe erwähnt. Mit Sicherheit kann ein Schuss auf ein sehr nahes Ziel eine verheerende Wirkung haben, aber diese Waffe birgt auch große Nachteile in sich. Sie trägt nicht weit, hat auf Distanz nur abschreckende Wirkung. Wird sie erst einmal von den Piraten als Waffe erkannt, kann es zu Schüssen kommen, die mit einer Signalpistole nicht auf eine mittlere bis weite Entfernung beantwortet werden können. Schlimmer noch: Der Schütze hat keine richtige Waffe zur Hand, ist nicht ausgebildet und mit ihr in eine tödliche Situation verwickelt.
- Pfeffersprayflaschen werden besonders auf amerikanischen Booten geführt. Es gibt Pfefferspray in allen möglichen Größen – von der kleinen Spraydose für die Damenhandtasche bis hin zu Flaschen in der Größe von Feuerlöschern. Pfefferspray nimmt dem Angreifer die Sicht; ihm wird übel, Brechreiz wird ausgelöst. Jegliche Angriffslust vergeht. Der Vorteil: schnell und hochwirksam ohne tödliche Gefahr. Der Nachteil: Je nach Windrichtung kann sich das Spray gegen den Verteidiger selbst richten. Meistens ist es kein Spray, sondern ein dünner 4 bis 5 m weit reichender Strahl. Außerdem betrachten viele (meist ehemals britische) Staaten Tränengas und Pfefferspray als illegale Waffen. In Mittel- und Südamerika gibt es Pfefferspray überall zu kaufen. Auch hier gilt: vorher üben!
- Hunde an Bord sind gute Wächter, wenn es keine Schoßhunde sind. Es ist aber zweifelhaft, ob eine Yacht der ideale Raum für einen Hund ist. Besonders Menschen aus der Dritten Welt haben einen mächtigen Respekt vor großen Hunden. Nachteil: stark eingeschränkte Routenplanung, weil in vielen Staaten (z.B. Australien, vielen ehemaligen britischen Kolonien und Commonwealth-Ländern) extreme Quarantänebedingungen für Haustiere gelten.
- Ein französischer Segler auf einem Ankerplatz in Martinique hatte eine Gans an Deck. Sie verschmutzte zwar

sein Deck, schnatterte aber stets rechtzeitig los, wenn sich ein Boot oder Schwimmer näherten. Man weiß, dass Gänse besonders gute Wächter sind. Aber mal ehrlich, möchten Sie eine Gans an Deck haben?

- Ein Weltumsegler, der viele Strecken durch Asien und das Rote Meer allein gesegelt ist und sich als besonders vorsichtig bezeichnet, hatte sich »Mollies« (Molotow-Cocktails) gebaut und immer 2–5 Glasflaschen, gefüllt mit Benzin und Stofflunte, griffbereit in einer Kiste an Deck. Als nichts passierte, hat er den Kraftstoff wieder in seinen Außenbordertank gefüllt.
- Ein Segler nannte als Waffen alle akustischen und optischen Hilfsmittel: Nebelhorn, Sirene, Notmunition, starker Handscheinwerfer, Feuerlöscher, Keule zum Töten größerer Fische, Fischhaken oder Machete.
- Krach wird immer wieder als nützlich erwähnt. Egal wie man ihn herstellt, vom Schreien bis zu Sirenen. Sogar Zweitonsirenen wurden eingesetzt und irritierten die Angreifer enorm.
- Ein Segler riet: »Wenn sich ein kleines Fischerboot nähert und ich habe das Gefühl, jemand möchte ungebeten an Bord kommen, dann kreise ich mit meiner Yacht so eng wie möglich und erhöhe die Geschwindigkeit. Dann können die ganz schlecht an Bord kommen. Gleichzeitig können wir schnell unsere Abwehrmaßnahmen planen.«

Notrufe über Funk

Die authentischen Berichte, die diesem Buch zu Grunde liegen, haben gezeigt, dass es sehr viele unterschiedliche Erfahrungen mit den Notrufen über Funk gibt. Deshalb möchte ich die verschiedenen Funktechniken getrennt bewerten.

UKW-Radio, Kanal 16

UKW-Funk ist in der Regel nur sinnvoll in einer vorab schon verabredeten Nahbereichskommunikation mit anderen Yachten und Schiffen – seltener mit Küstenfunkstationen. Es hat sich gezeigt, dass sich in gefährlichen Gebieten auf dem Not- und Anrufkanal 16 oft keine Station meldet. Segler haben berichtet, dass während des Überfalls in Sichtweite Berufsschiffe fuhren und kein Wachhabender die Anrufe angenommen hat. Die Erklärung ist so einfach wie enttäuschend: Die Herren auf der Brücke haben Angst. Einerseits vor den Strafen durch ihre Reeder, wenn sie die Fahrtzeit nicht einhalten, andererseits vor den Piraten selbst, denn ein fingierter Notruf könnte natürlich auch eine Falle sein, auch ihr Schiff könnte dann angegriffen werden.

Natürlich ist und bleibt der Notruf über UKW der Erste, den jeder Skipper abzusetzen versucht. Aber die Reichweite ist begrenzt, oft gibt es Sprachschwierigkeiten mit Landstationen und manchmal melden sich aus den erwähnten Gründen Schiffe nicht.

Mit Übergang zu den neuen digitalen Verfahren des GMDSS ist die Zeit der Hörwache auf Kanal 16 für Berufsschiffe ohnehin zu Ende. Nur die wenigsten Yachten auf großer Fahrt dürften der Umrüstung auf den digitalen Funk rasch folgen, zumal die neuen Geräte wesentlich teurer sind und auch noch ein neues Funkzeugnis dafür erlangt werden muss, das viel mehr Wissen erfordert, als bisher für das Allgemeine Sprechfunkzeugnis erforderlich war.

Grenzwelle, Frequenz 2182 KHz

Mehrere überfallene Segler haben versucht, über diese Not- und Anruffrequenz einen Anruf zu tätigen – ohne Erfolg. Oder lag es daran, dass sie nicht darauf geachtet haben, über zirka 30 Sekunden lang das Sprechfunkalarmzeichen zu geben? Die Anruf- und Notfrequenz 2182 KHz ist ohnehin out. Es gibt kaum noch Küstenfunkstellen. Mit der neuen Ausrüstungspflicht im GMDSS entfallen die Hörwachen auf der alten Not- und Anruffrequenz. Nur wer künftig über ein zugelassenes und registriertes digitales Grenz- und Kurzwellengerät mit DSC-Controller verfügt, kann an der maritimen Kommunikation teilnehmen. Dann allerdings wird der Ruf mit GPS-Position und Art des Notfalls an eine Rettungszentrale geleitet.

Telefonieren über Handy
GSM-Cellular-Phones (Handys) operieren nur in sehr begrenzter Reichweite zu Küstenantennen und auch das nur in bestimmten Gebieten. Das Gerät muss mit dem System der Region kompatibel sein und der Netz-Provider ein so genanntes Roaming-Abkommen mit dem Land haben. GSM wurde bei keinem der vorliegenden Überfälle eingesetzt.

Satellitenfunk
Sehr brauchbar ist Satellitenfunk mit Iridium. Er nutzt ein Netz von 64 niedrig umlaufenden Satelliten (LEOs). Das System ist nach seinem wirtschaftlich zweiten Anlauf kostengünstiger geworden. Die bisherigen Nutzer berichten von einem guten Empfang selbst an entfernten Stellen des Pazifiks. Sinnvoll ist es, geeignete Notrufnummern (Botschaften, AA, DGzRS, Segelverbände etc.) vorab zu speichern.

Einige Segler haben mit Inmarsat, dem ältesten und bewährtesten, aber auch teuersten Satellitensystem gute Erfahrungen gemacht. Für Yachten kommen die Typen Inmarsat M bzw. Mini-M und C in Frage. M und Mini-M sind nur für Telefon und Fax (ohne GPS-Anbindung!) geeignet und unterscheiden sich nur in der Antennengröße. C ist nur für Telex/E-Mails, dafür aber mit GPS gekoppelt und mit GMDSS-Notfunk.

Ein Segler berichtete: ›Dann schaltete ich das Inmarsat-C-Gerät ein und wählte im Distress Menü *Piracy Attack* – alle anderen Daten wie Position, Kurs und Geschwindigkeit hält der Sender automatisch fest.‹ Diese Daten gehen in die Zentrale nach London und werden an Hand der Kennungsnummer direkt an die zuständige Landes-Seenotstelle weitergeleitet. In diesem Fall handelte es sich um ein deutsches Schiff, daher ging die Nachricht nach Bremen. Die wiederum benachrichtigen die zu dem gemeldeten Schiffsort nächstgelegene ausländische Seenotstelle.

Kurzwellenradio auf Seefunkfrequenzen

Viele Segler haben sich auf bestimmten Frequenzen zu bestimmten Zeiten verabredet. In der Karibik und auf der ›Barfußroute‹ gibt es einige Funknetze, auf denen täglich ein- oder zweimal gesprochen wird. Auf diesen Frequenzen kann man sich in kurzen Abständen von zirka zwei Stunden verabreden und auf Standby sein. Meldet sich einer nicht, ist anzunehmen, dass etwas passiert ist. Außerdem kann man mit Landstationen in Kontakt bleiben und gegebenenfalls Warnungen durchgeben. Es gibt auch die Möglichkeit eine E-Mail – oder mehrere gleichzeitig – im Notfall zu verschicken (siehe Pactor). Manche Segler hatten solch eine Notruf-E-Mail vorbereitet und hätten sie auf Knopfdruck verschicken können. Aber: Es gilt abzuwägen, denn die sendende Yacht kann auch angepeilt werden und so Piraten auf ihre Fährte locken.

Amateurfunk

Nach wie vor ist der Amateurfunk das preiswerteste Kommunikationssystem, allerdings mit einigen Einschränkungen. Es dürfen strikt nur lizenzierte Funkamateure untereinander kommunizieren. Die Bänder sind belebt und es wird rund um die Uhr irgendwo gesprochen. Schnell kann man da im Notfall in eine Verbindung »hereinbrechen« und seinen Fall erklären, wozu der anrufende Funker »break, break, break« sagt. Auf dieses Stichwort hört jeder Funker wie auf Pan-Pan-Zeichen und unterbricht sofort sein Gespräch.

Es gibt weltweit tausende von Beispielen, in denen Amateurfunker ihren Freunden in Not geholfen haben – egal ob es sich hierbei um eine regionale oder eine internationale Operation handelte. Für diejenigen Fahrtensegler, die bisher keine Amateurfunklizenz erworben haben, mag folgende Bewertung eines *ham operators* Denkanstoß sein: »Blauwassersegler planen jahrelang ihre Reise, sie geben ein Vermögen für ihr Schiff aus – aber außer den notwendigsten Segelscheinen bereiten Sie sich kaum vor. Dabei ist die Prüfung für das Amateurfunkzeugnis eines der wichtigsten Examen, die ein Fahrtensegler ablegen sollte. Denn nirgendwo erhält der Segler so viele wichtige Information über Wetter, Seegebiete und Sicherheit wie über den Amateurfunk. Deshalb gehört für mich zur gewissenhaften Vorbereitung auf einen langen Törn das Amateurfunkzeugnis dazu.«

Allerdings kann sich auch jeder Segler im Falle eines Notfalls der Amateurfunkfrequenzen bedienen. Denn: Not kennt kein Gebot.

Pactor

Pactor ist ein technisch ausgereiftes, sehr sicheres, digitales Verfahren, um Daten per Kurzwelle zu übertragen. Auf Fahrtenyachten, bei denen ein lizenzierter Amateurfunker mitfährt, wird Pactor immer beliebter. Es gehört bei segelnden Amateurfunkern schon fast zur Standardausrüstung. Über ein Modem werden Laptop und SSB-Transceiver verbunden, sodass man dann E-Mails senden und empfangen kann. Für Funker ohne Amateurfunklizenz gibt es das sehr ähnliche »Sailmail-Verfahren«, das gegen einen geringen Kostenbeitrag ebenfalls E-Mails – aber auf den Berufsfrequenzen – überträgt.

Über eine Standard-Schnittstelle mit dem GPS-Empfänger oder anderen Navigationsinstrumenten verbunden, können mit jeder E-Mail Schiffsposition, Kurs, Geschwindigkeit sowie Wind- und Wetterdaten übertragen werden. Ein findiger Weltumsegler hatte vorsorglich eine Notmeldung vorformuliert und zusammen mit Empfängeradressen, von denen er sich Hilfe versprach, eingespeichert. Neuerdings wird das Pactor-Verfahren auch von kommerziellen Funkdiensten wie Kiel-Radio und Bern-Radio eingesetzt. Sogar Direktzugriffe zum Internet sind inzwischen möglich.

EPIRB
Von ähnlicher Qualität ist im Übrigen auch ein Notruf über das EPIRB, die Satelliten-Notrufbojen. Hier gibt es drei Systeme. Das Zuverlässigste ist zweifelsohne über Inmarsat, ein sehr gut bewährtes System ist auch Cospas/Sarsat. Sich auf billige 121,5 MHz-Sender aus dem Flugfunk zu verlassen, die immer noch verkauft werden und falsche Sicherheit vorgaukeln, ist Unfug: Ohne Schiffsidentifizierung, ohne GPS-Position und berüchtigt wegen zahlloser Fehlalarme werden die Dinger praktisch nirgendwo ernst genommen.

Eine funktechnisch ideal ausgerüstete Yacht sollte mit wenigstens zwei völlig unabhängig voneinander funktionierenden Kommunikationssystemen ausgerüstet sein.

Psychologische Abwehrmaßnahmen

Vielleicht vorab ein Tipp – für den einen Segler ist er eine Selbstverständlichkeit, der andere tut sich wegen Sprachschwierigkeiten damit schwer. Es hat sich immer wieder gezeigt, dass Sprachkenntnisse sehr wichtig sind: Grundkenntnisse für die Begrüßung, die Zahlen und die Basisverständigung. Das lässt sich zum Beispiel in Spanisch oder Indonesisch verhältnismäßig leicht erlernen, sicherlich ist Arabisch dagegen weitaus schwieriger. In einem Fall hat sogar das Beherrschen des Fluchvokabulars und der *4-letter-words* mit dazu beigetragen, die Kriminellen in die Flucht zu schlagen.

An Land:
Falsches oder richtiges Verhalten beginnt bereits an Land. Wie verhält man sich Einheimischen gegenüber? Protzig, prahlend, nach Geld riechend – oder bescheiden? Dominierend, rechthaberisch – oder verständnisvoll? Abweisend oder einfühlsam? Das sind keine rhetorischen Fragen. Es gibt viele Segler, die sich in der Fremde schlecht anpassen können. Dabei ist es eine Tatsache, dass viele Opfer bereits an Land ausgesucht werden.

Wer an Land freundlich, zuvorkommend, aber in der Sache bestimmt mit seiner Forderung auftritt, hat bessere Karten. Klar, wer angetrunken aus Kneipen kommt und sich nach dem Kauf von Drogen erkundigt, ist im Zweifelsfall das erste Opfer. Einige Überfälle waren ausschließlich darauf zurückzuführen, dass die Segler sich mit Kleindealern angefreundet hatten, diese auf den Yachten über einen längeren Zeitraum ein und aus gingen und die Eigner dann bei passender Gelegenheit überfallen haben.

Vorsicht, wenn Sie in gefährlichen Gebieten ausgefragt werden: Wo geht die Reise hin? Wie viele Leute sind an Bord? …

Leider fehlt es so mancher Crew an Land an einer gewissen Sensibilität gegenüber ihrem Umfeld. Die Frage sei erlaubt, ob es richtig ist, mit Goldkette und Schmuckuhr, die Videokamera um den Hals, durch Armenviertel zu schlendern. Es genügt meistens, den gesunden Menschenverstand, der täglich in der Seemannschaft gefordert wird, auch an Land walten zu lassen.

An Bord:
Es gibt gewisse selbstverständliche Vorkehrungen, die eigentlich wenig mit psychologischem Verhalten zu tun haben. Dazu gehört: nachts das Dingi an Deck zu nehmen, den Niedergang von innen zu verschließen, die Luken so zu stellen, dass zwar ein Luftzug durchkommt, aber ein Öffnen von außen nicht möglich ist.

Mental sollte man sich auf zwei Situationen einstellen: Erstens müssen alle Abwehrmaßnahmen sozusagen auf ›Standby‹ und abrufbereit sein. Man muss diese Aktivitäten vorher geübt haben – wie ein Segelmanöver.

Ist es trotz der Abwehrmaßnahmen zu einem überraschenden Überfall gekommen, sollte man den Piraten eine gewisse Beute gönnen. Die Berichte zeigen, dass Piraten, die keine Beute gemacht haben, aus Enttäuschung unberechenbar reagieren können. Deshalb sollte man eine Opfergabe prophylaktisch bereit halten. Je mehr, desto besser. Ich hörte von einem Segler, der einen Beutel mit Geldscheinen einer kürzlich ausgelaufenen Währung, nachgemachten Rolex-Uhren und falschem Schmuck in einem Pseudoversteck zurechtgelegt hatte.

Bei einem Überfall:
Wie ein roter Faden zieht sich ein bestimmtes Verhaltensmuster durch fast alle Ratschläge: Verhaltet euch passiv, erfüllt die Befehle der Piraten, macht, was sie wollen! Immer wieder steht offen oder zwischen den Zeilen, dass Piraten bei einem Überfall sehr nervös sind. Natürlich stehen auch sie unter erheblichem Stress und großer Angst, selbst bei diesem Überfall zu Schaden zu kommen. Deshalb ist es gefährlich, ihre Forderungen zu verweigern. Ganz im Gegenteil: Diejenigen Opfer haben sich besonders gut mit den Eindringlingen arrangiert, die es fertig brachten, trotz ihrer schwierigen Situation entgegenkommend zu sein, ihnen Vertrauen einzuflößen, sogar zu lächeln. Freundlichkeit baut bei Piraten angestauten Stress ab. Und weniger Anspannung heißt weniger Gewaltbereitschaft. Übrigens wurde mehrfach von Überfallenen erwähnt, dass die Eindringlinge unter dem Einfluss von Drogen standen.

Ganz entscheidend ist: keine schnellen, unbedachten Bewegungen zu machen, nichts heimlich zu verstecken, wenn man erwischt werden könnte; nichts zu tun, was auf Angriff oder Befreiung schließen lässt. Alles andere macht die Piraten nur noch aggressiver und unberechenbarer.

Man muss sich unbedingt einbläuen, dass Piraten primär Geld und Wertsachen wollen. Der Höchstbetrag, den nach meinen Unterlagen Piraten erbeutet haben, waren um die 15000 US-$. Die Summe setzte sich aus dem Wert von Geräten und Bargeld zusammen. Was sind 15000 US-$ gegen eine Verletzung oder gegen ein Leben?

Das Resümee kann nur heißen: kooperieren – niemals opponieren!

Achtung vor fremden Schiffen

In den gefährlichen Gebieten muss man eine ausgeprägt defensive Haltung gegenüber Fremden auf See einnehmen. Gegenüber sich nähernden Booten mit reiner Männerbesatzung sollte man äußerst skeptisch reagieren – etwas anderes ist es, wenn eine Familie mit Kindern im Boot sitzt (trotzdem: Vorsicht Falle!). Nähert sich ein Schiff, sollte man es eher abweisen und auf Distanz halten, als gutmütig heranwinken. Zu viele Beispiele belegen, dass Segler beim ersten Anblick zu gutgläubig waren, sodass sie dann aus nächster Nähe überfallen werden konnten. Die latente Gefahr verleitet leider dazu, dass man auch Einheimische abweist, die einem Fische oder Früchte verkaufen wollen oder nur nach einem Schluck Wasser fragen; dennoch: Vorsicht ist die Mutter der Porzellankiste. Deshalb sei der Satz eines betroffenen Seglers wiederholt: Jedes Schiff, das sich nähert, kann dein Feind sein.

Achtung: Es hat sich gezeigt, dass auch Offizielle – mit und ohne Uniform – Bakschisch verlangen und sehr aufdringlich sein können. Im schlimmsten Fall führen sie sogar einen Überfall auf eigene Rechnung durch. Es gibt aber auch Fälle, in denen sich Piraten nur als Offizielle ausgegeben haben, um abzukassieren. Hiergegen gibt es außer ständiger Skepsis kein Patentrezept.

Eine aktuelle Strategie: der Konvoi

Fast jeder, der nach einem Überfall Befragten hatte beschlossen, in Zukunft mit mehreren Yachten in einem Konvoi zu segeln. Das Wort kommt aus der Militärsprache und bedeutet, im Geleitzug oder Schiffsverband im Schutz von See- oder Luftstreitkräften fahren. Segler übernahmen diesen Begriff, meinen aber etwas anderes. Natürlich werden gemeinsam segelnde Yachten nicht von Streitkräften geschützt. Sie suchen vielmehr den Schutz vor Piraten, indem sie annehmen, dass eine kleine Flottille von Yachten von Übergriffen abschreckt. Nach dem Motto: Gemeinsamkeit macht stark.

Sicherlich unterstützt das die einzelnen Segler psychologisch. Und vielleicht hält es auch die Piraten ab, die sich spontan zu einem Überfall entscheiden oder die nur in einem Boot auf Raubzug gehen. Aber es scheint nicht die traditionellen Seeräuber in Südostasien und im Golf von Aden zu beeindrucken und Gegenbeispiele belegen, dass Piraten sich auch nicht durch eine Vielzahl von Yachten – in einem Fall waren es elf – abhalten lassen, den Konvoi auf hoher See zu bedrohen.

Eine Strategie hielt jedoch erfolgreich Piraten ab: Die Yachten fuhren zu der letzten im Konvoi zurück, als sie von drei Piratenbooten bedroht wurde, bildeten einen Kreis und filmten die Situation. (Übrigens, im Jemen steht auf Piraterie die Todesstrafe!) Das bedeutet, dass der Konvoi an sich keine ausreichende Abwehrmaßnahme ist. Erst wenn die Segler vorher eine Strategie entwickelt haben, falls eine Auseinandersetzung mit Piraten erfolgt, kann sich ein Konvoi wehren.

Der Abwehrplan

Nennen Sie Ihre Abwehrmaßnahme Plan A oder Plan B. Entscheiden Sie zunächst, ob Sie ein Waffentyp sind (Plan

A) oder nicht (Plan B). Gehen Sie von hier aus systematisch weiter. Entscheiden Sie, welche Waffe Ihnen liegt oder mit welchen anderen intelligenten Waffen Sie reisen möchten. Sie sollten sich vor dem Ablegen auf jeden Fall Ihren individuellen Piraten-Abwehrplan erarbeitet haben.

Ist die Fahrtensegelei durch Piraten gefährdet?

Wenn wir militärische Begriffe wie Konvoi für unseren friedlichen Segelsport anwenden, wenn wir paramilitärisches Verhalten diskutieren, wenn wir uns über todbringende Waffen informieren, wenn wir mit unseren Yachten Wagenburgen auf hoher See bilden, ist die Frage erlaubt: Können Piraten uns von der Fahrtensegelei abhalten?

Die klare Antwort heißt: Nein!

So selbstverständlich es in der Vergangenheit für einen Blauwassersegler war, sich nach den Wetterbedingungen der unbekannten Region zu erkundigen, so wichtig ist es heute, sich zudem um die Sicherheit in dem neuen Revier im Voraus zu informieren. Gebiete mit erhöhter Piratengefahr sind auf der Weltkarte verschwindend klein. Man kann sie meiden. Und man sollte sie meiden. Wen es trotzdem dorthin zieht, der muss sehr gut informiert und vorbereitet sein.

Nützliche Adressen

Cornell, Jimmy, England, www.noonsite.com
Viele Informationen. Mit besonderem Teil über Piratenmeldungen und Konvois im Golf von Aden und im südlichen Roten Meer.

Höbel, Peter, www.pandarea.de
Umfangreiche praktische Informationen über Kommunikation an Bord von Fahrtenyachten. Die Homepage des Weltumseglers wird laufend aktualisiert.

ICC International Maritime Bureau, Barking, England, www.icc.ccs.org
Far East Regional Office: Kuala Lumpur, Malaysia
Wöchentlicher ›Piracy Report‹. Alle gemeldeten Überfälle – meist auf Berufsschiffe – werden hier registriert. Das geschieht mit Position, Zeitangabe und kurzer Beschreibung. Skipper können hier aktuelle Vergleiche mit den Regionen anstellen, in die sie fahren wollen. Der Service steht auf der Webseite der Welthandelskammer (ICC): www.iccwbo.org/ccs/imb_piracy/weekly_report.asp

IMO, International Maritime Organisation, London, www.imo.org
Dieses ist eine Unterorganisation der UN, zuständig für Sicherheit und Umwelt auf den Meeren.

IMRAY, www.imray.com/corrections/images
Hier findet man sehr nützliche Hinweise zur Region Rotes Meer, Golf von Aden, Somalia.

ISAF, International Sailing Federation, www.sailing.org/regulations/imo/piracy.asp
Veröffentlicht einige Beispiele von Überfällen (keine Namennennung).

Maritime Security, www.maritimesecurity.com
Kommerzielles Unternehmen mit Erfahrung von Schutz, Sicherheit, Rückführung gestohlener Yachten, Waffen an Bord etc.

Onsa, Luis G. Inciarte, www.org.ve
Eine Organisation von Freiwilligen in Venezuela, die sich für Sicherheit auf See, Navigation und Umwelt einsetzt. Die Homepage ist in Spanisch, Korrespondenz kann in Englisch erfolgen.

Sailnet, USA, www.sailnet.com
Internetseite mit einigen Hinweisen und Erfahrungsberichten zum Thema Piraterie.

SSCA, Seven Seas Cruising Association, www.ssca.org
Amerikanischer Verein für Fahrtensegler mit einzelnen Berichten von Überfällen. Die interessanten Bulletins kann man auch kaufen, ohne Mitglied zu sein.

Trans Ocean e.V., www.trans-ocean.org
Deutscher Verein zur Förderung des Hochseesegelns
Mit dieser Homepage ist auch folgende Internetseite verbunden, die Informationen über Blauwassersegeln gibt: www.bluewater.de

Whitestable Scene,
www.canterburyscene.org.uk/pirate.htm
Enthält Kurzbeschreibungen von Piratenüberfällen auf Yachten.

Yacht-Piraterie, Info-Center für Blauwassersegler,
www.yachtpiracy.org

(Diese Auflistung erhebt keinen Anspruch, alle Internetseiten und Adressen zum Thema Piraterie zu beinhalten.)

Danksagung

Natürlich gilt mein besonderer Dank in erster Linie allen Seglern, die mir auf meine Anfrage geantwortet haben. Ich weiß, dass einigen das sehr schwer gefallen ist. Auch denjenigen, die mir keinen Bericht schickten, weil sie dadurch zu sehr an diese schreckliche Zeit erinnert worden wären, möchte ich mein Verständnis versichern.

Dieses Buch ist mit der Hilfe vieler Segler und Nichtsegler auf der ganzen Welt entstanden. Auch etliche Institutionen, Behörden und Segelzeitschriften haben hierbei geholfen. Bei ihnen möchte ich mich ebenfalls sehr bedanken.

Sollte ich den einen oder anderen in der folgenden Danksagung nicht aufgezählt haben, dann bitte ich um Entschuldigung. Einige Adressen habe ich verloren, da mein Computer unterwegs abgestürzt ist, was beinahe so schlimm ist wie ein Schiffbruch.

ARRL, American Radio Relay League

Bangerter, Hugo, Operator des deutschsprachigen Karibiknetzes, SY MATAHARI

Bartolo, Gillian, Scanmar Int., Richmond, CA, USA

Bowman, Phil, USA

Braden, Twain, Editor of *Ocean Navigator*, Portland, Maine, USA

Bumb, Dr. Manfred, Neuss

Bundesministerium für Verkehr, Bau- und Wohnungswesen, Oberregierungsrat Markus Niesen

Bunting, Elaine, Features Editor of *Yachting World*, England

Burg, Luise, Sydney, Australien

Burnett, Kathryn, Royal Yachting Association, England

Cairns, Peter, Clacton-on-Sea, England

Caribbean Compass Magazine

Cauger, Robert A., North Attleboro, MA, USA

Christmann, Volker, Wiesbaden

Conrich, Bob, Anguilla, British West Indies
Cruising Club Schweiz
Danish Ocean Cruising Association, Arhus, Dänemark
Davies, Stephen, Corneilla de la Rivière, Frankreich
DSV, Deutscher Segelverband
Eigel, Dr. Thomas, Palma de Mallorca, Spanien
Eschborn, Ralph J., Rancho Mirage, CA, USA
Farrow-Gillespie, Liza & Alan, SY HEARTSONG III
Fehle, Jacqueline, Lausanne, Schweiz
Franklin, Robert M., USA
Gazzari, Luis, Chefredakteur *Yacht Revue*, Wien, Österreich
Graf, Ute, Thoiras, Frankreich
Groll, Edith und Paul, Nukualofa, Tonga
Hamacher, Günther S., Isla Contadora, Panama
›Hanna by the Sea‹, Chaguaramas, Trinidad
Harrison, Pete, Reuters, London, England
Hinck, Sigrid, Düsseldorf
Höbel, Peter, Frankfurt, SY PANDAREA
Hörmann, Helmuth, Russel, Neuseeland SY KLEINER BÄR
Inceören, Cengiz, Yachtcharter ARGOS, Wiesbaden
Janssen, Uwe, stellv. Chefredakteur der *Yacht*, Hamburg
Jörnstedt, Bengt, Editor *Segling*, Schweden
Kelly, Captain Clive, SY SURVIVAL
Klokoff, Amy, Kanada
Knauth, John A., Editor of *Scuttlebutt*, USA
Koch, Hellmut und Nelly, MY THALASSA V
Langer, Hajo, Münster
Lengkeek, Jimmy und Tineke, Holland, SY GABBER
Leonello, Lorenzo, Rimini, Italien, SY WALKABOUT
MacLean, Neil, Pakuranga, Neuseeland
Magnum Düsseldorfer Schießsportzentrum, Gerhard Schiefke
Martini-Laprell, Angela, Düsseldorf
McCormick, Herb, Editor of *Cruising World*, USA
McDowell, Jack, Dallas, USA
Milne, Craig , Maritime Coast Guard Agency, England

Morgan, Elaine, Corneilla de la Rivière, Frankreich
Morgan, Sue, Editor of *Latitude & Attitude*, USA
Murto, Matti, Editor *Vene*, Finnland
Neubauer, Bernd-Jörg, SY MOTU
Norberg, Hakan, Schweden
Ocean Cruising Club, Flushing, Cornwall, England
Österreichischer Segel-Verband, Wien,
Philipps, Dr. Steve, Fulford Harbour, Salt Spring Island, B.C., Kanada
Pringle, William, (Capt. Billy Bones), Carriacou Isl., Caribbean
Registrar of Ships, Andrew Eliasin, Australien
RINA SPA, Luca Bertozzi, Italien
Riise, John, Managing Editor *Latitude 38*, USA
Ritchie, Samantha, Beyond International, Sydney, Australien
Robertson, Kate, Formula 1 Events Ltd., England
Schaedle, Otmar, Hotel Mount Pleasant, Bequia Island, Karibik
Schenk, Bobby, SY THALASSA
Schmid, Artur, SY TANGAROA
Schröder, Stan und Doris, SY EOS
SSCA, Seven Seas Cruising Association, USA
Strauss, Holger und Christa, Marbella, Spanien
Strainig, Caroline, Editor of *Cruising Helmsman*, Australien
Stumpe, Elke und Werner, Hunga Isl., Tonga, SY ANTAIA
Trans Ocean Verein, Cuxhaven
Verlinden Wim, WDR, Köln
Versen, Dr. Rolf, Oberhausen
Voigt, Heide und Günther, Hamburg, SY PUSTEBLUME
Wierig, Caroline-M., Hamburg
Yacht Club Austria, Wien, Österreich
Zimmermann, Gerd und Eva, SY DADDELDU